한국어와 중국어의 차원 형용사에 관한 인지의미론적 대조 연구

한국어와 중국어의
차원 형용사에 관한
인지의미론적
대조 연구

임 평(林苹) 著

역락

머리말

　이 책은 저자가 한국외국어대학교에 제출한 박사학위논문 「한국어와 중국어의 차원 형용사에 관한 인지의미론적 대조 연구」(2024년 8월)를 일부 다듬어 책으로 펴낸 것이다. 박사 과정 동안, 두 언어의 차원 형용사가 지닌 복잡성과 그 이면에 숨겨진 인지적 메커니즘에 대한 깊은 탐구는 저자에게 끊임없는 지적 호기심과 연구 열정을 불러일으켰다. 특히, 언어라는 창을 통해 인간의 사고방식과 세계를 인지하는 방식의 차이점과 보편성을 동시에 발견하는 과정은 매우 흥미로운 경험이었다.

　차원 형용사는 단순히 물리적 공간을 묘사하는 데 그치지 않고, 추상적인 개념과 감정, 사회적 관계 등을 표현하는 데에도 광범위하게 사용된다. '길다/짧다', '높다/낮다', '크다/작다'와 같은 기본적인 차원 형용사들이 시간, 감정, 인간관계 등 다양한 영역에서 어떻게 은유적으로 확장되어 사용되는지를 분석하는 과정에서, 언어와 인지 사이의 밀접한 연관성을 실감할 수 있었다. 이러한 깨달음은 이 책을 집필하는 데 있어 중요한 동기 부여가 되었다.

　이 책은 기존의 차원 형용사 연구들이 주로 형태론, 통사론, 의미론적 관점에서 이루어진 것에 비해, 인지 의미론이라는 새로운 관점을 도입하여 차별성을 가진다. 인지 의미론은 언어 현상을 인간의 인지 능력과 경험을 통해 설명하고자 하는 이론으로, 이 책에서는 환유, 구조적 은유, 지향적 은유, 존재론적 은유 등의 인지적 기제를 통해 한국어와 중국어 차원 형용사의 의미 확장 과정을 심층적으로 분석하고자 하였다.

연구 과정은 여간 힘든 일이 아니었다. 방대한 양의 자료를 수집하고 분석하는 과정은 시간과 노력을 요구하는 지난한 작업이었다. 특히, 한국어와 중국어라는 두 개의 언어를 동시에 분석하고, 그 결과를 비교 대조하는 과정에서 예상치 못한 어려움에 직면하기도 했다. 하지만, 이러한 어려움은 오히려 연구를 더욱 심도 있게 진행할 수 있도록 자극하는 원동력이 되었다.

이 책은 총 7장으로 구성되어 있다. 1장에서는 연구의 목적과 필요성, 선행 연구 검토, 연구 방법 및 구성을 제시한다. 2장에서는 인지 의미론의 이론적 배경을 상세히 논하고, 이 책에서 적용될 주요 이론적 틀을 제시한다. 3장과 4장에서는 한국어와 중국어 차원 형용사의 의미 분석 결과를 구체적으로 제시하며, 각 언어 내에서 나타나는 의미 확장 양상과 그 특징을 분석한다. 5장과 6장에서는 양 언어의 의미 대응 양상을 비교 분석하여 공통점과 차이점을 도출하고, 이를 바탕으로 언어 보편성과 개별성에 대한 논의를 진행한다. 마지막 7장에서는 이 책의 결론을 제시하고, 연구 결과를 요약하며, 향후 연구 과제를 제언한다.

이 책을 통해 한국어와 중국어 차원 형용사에 대한 이해를 넓히고, 나아가 인지 의미론 연구에 기여할 수 있기를 진심으로 바란다. 또한, 이 책이 한국어와 중국어 교육 분야에 조금이나마 도움이 되는 자료로 활용되기를 기대한다.

이 책이 세상에 나오기까지 많은 분들의 도움과 격려가 있었다. 먼저, 학문적으로 깊이 있는 지도와 아낌없는 지원과 격려를 보내주신 김재욱 교수님께 깊은 감사를 드린다. 교수님의 끊임없는 지지와 가르침은 내가 어려움을 이기고 이 연구를 완성할 수 있는 버팀목이 되어주었다. 또한, 박사 논문 심사 과정에서 소중한 조언과 가르침을 주신 교수님들께도 진심으로 감사드린다. 거친 문장과 논리의 부족함을 세심하게 바로잡아 주시고 연구의 완성도를 높여 주신 임형재 교수님, 방대한 원고를 꼼꼼히 검토하시며 세부 사항까지 세심하게 교정해 주신 강남욱 교수님, 연구의 전반적 구조와 논리를 날카롭게 지적해 주시며 더욱 탄탄한 연구가 될 수 있도록 이끌어 주신 함계임 교수님, 그리고 미흡한 부분을 꼼꼼히 가르쳐 주신 안정민 교수님께 다시 한 번 깊이 감사드린다. 그리고 한국 친구인 정윤정 선생님께 깊은 감사를 드린다. 나의 박사학위 논문은 1차 심사에서부터 최종 원고 확정에 이르기까지 매 단계마다 선생님의 세심한 교정과 수없이 많은 소중한 조언을 통해 완성도를 높일 수 있었다. 더 나아가 선생님께서는 언제나 나를 격려하고 지지해 주시며 큰 정신적 힘을 주셨다. 이와 같은 귀한 정성과 우정은 오래도록 나의 마음에 간직될 것이다. 다시 한번 진심 어린 감사의 말씀을 드린다.

　이 자리를 빌려, 박사 과정 동안 내게 아낌없는 지원과 사랑을 보내준 가족들에게도 깊은 감사의 마음을 전한다. 부모님은 넓은 어깨로 묵묵히 삶의 무게를 짊어지며, 내가 안심하고 창작에 몰두할 수 있는 환경을 만들어 주셨다. 내가 어려움에 빠지고 불안에 휩싸일 때마다, 부모님의 격려와 위로는 한 줄기 빛처럼 제 마음속 어둠을 걷어내고 다시 용기와 자신감을 찾게 해주었다. 세상의 어떤 말로도 다 표현할 수 없지만, 부모님께서 베풀어 주신 사랑과 포용에 깊이 감사드린다. 나는 이 사랑을 글자 한 줄, 한 줄에 녹여내어, 이 책이 우리 모두의 소중한 기억이자 증표가 되기를 바란다.

2025년 10월
저자 씀

차례

머리말　5

제1장 도입 — 11

1.1. 연구 목적과 의의　11

1.2. 선행 연구　14
1.2.1. 한국어 차원 형용사의 선행 연구　14
1.2.2. 중국어 차원 형용사의 선행 연구　20
1.2.3. 한·중 차원 형용사의 대조 연구　25

1.3. 연구 방법과 구성　31

제2장 이론적 배경 — 35

2.1. 개념적 은유의 성분들　35

2.2. 의미 확장의 인지 기제　39
2.2.1. 개념적 환유　39
2.2.2. 개념적 은유　42

2.3. 차원 형용사　48
2.3.1. 차원 형용사의 분류 기준　48
2.3.2. 차원 형용사의 기본 범주　53

제3장 한·중 1차원 형용사의 의미 분석 — 58

3.1. '길다/짧다' 및 '長/短'의 의미 분석   58
- 3.1.1. '길다/짧다'의 의미   58
- 3.1.2. '長/短'의 의미   68

3.2. '높다/낮다' 및 '高/低'의 의미 분석   74
- 3.2.1. '높다/낮다'의 의미   74
- 3.2.2. '高/低'의 의미   90

3.3. '깊다/얕다' 및 '深/淺'의 의미 분석   102
- 3.3.1. '깊다/얕다'의 의미   102
- 3.3.2. '深/淺'의 의미   118

제4장 한·중 2, 3차원 형용사의 의미 분석 — 129

4.1. '넓다/좁다' 및 '寬/窄'의 의미 분석   129
- 4.1.1. '넓다/좁다'의 의미   129
- 4.1.2. '寬/窄'의 의미   136

4.2. '굵다/가늘다' 및 '粗/細'의 의미 분석   142
- 4.2.1. '굵다/가늘다'의 의미   142
- 4.2.2. '粗/細'의 의미   151

4.3. '크다/작다' 및 '大/小'의 의미 분석   159
- 4.3.1. '크다/작다'의 의미   159
- 4.3.2. '大/小'의 의미   173

제5장 한·중 1차원 형용사의 의미 대응 양상 — 189

5.1. '길다/長' 및 '짧다/短'의 의미 대응 양상   189
5.1.1. '길다/長'의 의미 대응 양상   189
5.1.2. '짧다/短'의 의미 대응 양상   198

5.2. '높다/高' 및 '낮다/低'의 의미 대응 양상   204
5.2.1. '높다/高'의 의미 대응 양상   204
5.2.2. '낮다/低'의 의미 대응 양상   218

5.3. '깊다/深' 및 '얕다/淺'의 의미 대응 양상   229
5.3.1. '깊다/深'의 의미 대응 양상   229
5.3.2. '얕다/淺'의 의미 대응 양상   241

제6장 한·중 2, 3차원 형용사의 의미 대응 양상 — 253

6.1. '넓다/寬' 및 '좁다/窄'의 의미 대응 양상   253
6.1.1. '넓다/寬'의 의미 대응 양상   253
6.1.2. '좁다/窄'의 의미 대응 양상   263

6.2. '굵다/粗' 및 '가늘다/細'의 의미 대응 양상   271
6.2.1. '굵다/粗'의 의미 대응 양상   271
6.2.2. '가늘다/細'의 의미 대응 양상   281

6.3. '크다/大' 및 '작다/小'의 의미 대응 양상   290
6.3.1. '크다/大'의 의미 대응 양상   290
6.3.2. '작다/小'의 의미 대응 양상   306

제7장 맺음말 — 319

참고문헌   323

제1장

도입

1.1. 연구 목적과 의의

본 연구는 한국어와 중국어의 차원 형용사를 대상으로, 이들의 기본의미와 확장의미를 인지의미론의 관점에서 분석하고 다각도에서 의미 확장 원인을 밝히는 것을 목적으로 한다.

물리적 대상이 가지는 공간적 특징을 표현할 때 사람들은 '선(線)', '면(面)', '부피'의 특징을 묘사하는 차원 형용사(dimensional adjective)[1]를 적용하여 의

---

[1] 한국어와 중국어의 선행 연구에 사용된 용어를 살펴보면 '차원 형용사' 이외에 '공간어', '공간감각어' 등의 용어가 사용되었다. 한국어에서는 '감각어'(강석준, 1989), '공간어'(민현식, 1990), '차원 형용사'(이민우, 2000), '감각 형용사'(송정근, 2007), '공간감각어'(민영란, 2010), '공간 차원 어휘'(한희우, 2012), '공간 차원어'(박건희·오금희, 2014), '공간 개념어'(이총민, 2018), '공간형용사'(이선희, 2021), '척도 형용사'(임평, 2022) 등 용어가 쓰였고 중국어에서는 '空間維度詞'(金海燕, 2011), '空間形容詞'(孫宜琦, 2014), '維度形容詞'(伍瑩, 2014), '空間量度形容詞'(劉桂玲, 2017), '量度形容詞'(馬學梅, 2020) 등의 용어가 사용되었다. 이는 선행 연구자들의 연구 관점이 서로 다른 것과 관련이 있다 하겠다. 본 연구에서는 주로 차원적 특성에 입각하여 이러한 형용사들을 연구하고자 하여 '차원 형용사'라는 용어를 사용하고자 한다.

미를 나타낸다. 구체적인 예시는 다음과 같다.

(1) a. 녹음기의 <u>긴 끈</u>을 어깨에 걸고 있었다.
   b. <u>짧은 끈</u>에 매어 있다.
   c. 나는 <u>넓은 도로</u> 위를 유유히 걸었다.
   d. 구급차를 <u>좁은 도로</u> 옆에 주차시킨다.
   e. 영석은 성큼성큼 걸어 <u>큰 건물</u> 안으로 들어섰다.
   f. 혜미가 어떤 <u>작은 건물</u> 앞으로 달려갔다.

위의 예시 (1a)와 (1b)에서는 '끈'은 1차원 형용사 '길다/짧다'와 함께 사용되어 '선' 특징을 나타낸다. 또한, 예시 (1c)와 (1d)에서는 '도로'가 2차원 형용사 '넓다/좁다'와 결합하여 '면'의 특징을 나타낸다. 그리고 예시 (1e)와 (1f)에서는 '건물'이 3차원 형용사 '크다/작다'와 함께 쓰여 '부피'의 특징을 나타낸다. 상술한 '끈', '도로', '건물' 뿐 아니라 주변의 수많은 물리적 대상들은 차원 형용사와 연관되면 이들이 가지는 공간적 특성, 즉 '선', '면', '부피' 측면의 특징을 드러낸다. 이처럼 차원 형용사는 우리의 일상생활에 깊게 관련되어 있고 이는 또 매우 중요한 역할을 하고 있다.

차원 형용사는 구체적인 사물에 적용되었을 때 대상물의 '선', '면', '부피'의 특징을 나타낼 수 있을 뿐만 아니라 추상적인 단어와 결합하면 기본의미가 추상적 영역(abstract domain)[2]으로 확장되어 의미를 개념화할 수 있다. 이에 대한 예시를 보면 다음과 같다.

---

2   추상적 영역(abstract domain)은 궁극적으로 신체적 경험에서부터 도출되지만, 본질적으로 더욱 복잡하고 신체적 경험에 직접적으로 기초하지 않으며, 기본 영역과 대조되는 영역을 말한다(Evans, 2007:1).

(2) a. <u>긴 시간</u>을 허비하고 있었다.

　　b. <u>짧은 시간</u> 내에 일어난 일이었다.

　　c. <u>넓은 인간관계</u>를 디딤돌로 삼다.

　　d. 나의 <u>좁은 인간관계</u> 탓인지도 모르겠다.

　　e. <u>큰 권력</u>을 가지고 있었다.

　　f. 하나의 <u>작은 권력</u>에 힘입어서만 가능한 것이다.

위의 예시 (2a)와 (2b)에서는 '시간'이 1차원 형용사 '길다/짧다'의 수식을 받아 어떤 사건 또는 활동이 오랫동안 계속되거나 짧은 기간에만 일어나는 은유적 의미가 된다. 또한, 예시 (2c)와 (2d)에서는 '인간관계'가 '넓다/좁다'라는 2차원 형용사와 함께 사용되어 다양한 사람들과 관계를 유지하고 있거나 한정된 인원과 관계가 있다는 것을 나타낸다. 그리고 예시 (2e)와 (2f)에서 '권력'은 3차원 형용사 '크다/작다'의 수식을 받아 어떤 개인이나 기관이 가지고 있는 특정한 영향력 또는 통제력이 상대적으로 강하거나 약하다는 것을 의미한다. 이처럼 차원 형용사를 통한 시간, 인간관계, 권력 등 추상적 영역에서의 의미 확장은 일상생활에서 흔히 볼 수 있는 보편적이고 자연스러운 현상이다.

일상 언어 체계에서 차원 형용사의 역할과 중요성에 집중하여 많은 언어학자는 이를 대상으로 하는 적극적 연구를 다양하게 진행해 왔다. 이미 진행된 연구들은 주로 형태론, 통사론, 의미론 등의 관점에서 논한 것들이 많은데, 이러한 연구들은 특히 차원 형용사의 기본의미 특징을 밝히고, 확장의미와 확장 영역을 분석하는 것에 매우 중요한 연구의의를 지닌다고 여긴다.

그러나 선행 연구는 주로 다음과 같은 몇 가지 문제점이 존재한다. 첫째, 차원 형용사가 어떠한 인지 기제를 사용해 물리적 개념이 추상적 영역으로 확장되어 개념화되는지를 분석하지 않았다는 점이 있다. 둘째, 선행 연구에서 각 차원 형용사의 추상적 의미가 확장하게 된 원인을 다양한 측면에서 밝혀내지 못했다는 부분이 있다. 셋째, 한국어와 중국어의 차원 형용사 주제의 대조 연구에서 특히 인지 기제 관련 분석과 의미 확장 원인에 대한 연구가 아직까지 미흡한 상태임을 알 수 있었다.

이러한 문제점들을 고려하여 본 연구는, 한국어와 중국어의 차원 형용사를 연구 대상으로 인지의미론의 관점에서 개념적 환유와 개념적 은유 인지 기제를 통해 이러한 형용사들의 기본의미가 추상적 영역으로 확장되는 양상을 살펴보고자 한다. 또한, 확장의미의 개념화 원인을 물리적, 신체적, 문화적 그리고 인지적 측면에서 분석하고자 한다.

본 연구는 향후 한국어와 중국어의 차원 형용사 연구 분야에서 유의미한 기여를 할 수 있을 것이라 기대하며, 한·중 차원 형용사의 의미 대응 양상의 이해 측면에 기초 자료의 역할로써 일조하는 데 목적이 있다.

1.2. 선행 연구

차원 형용사에 대한 선행 연구를 한국어 차원 형용사의 연구, 중국어 차원 형용사의 연구, 그리고 한·중 차원 형용사의 대조 연구 이렇게 세 부분으로 구분하여 살펴보고자 한다.

1.2.1. 한국어 차원 형용사의 선행 연구

한국어 차원 형용사를 대상으로 하는 연구는 임지룡(1984), 양태식(1985), 노대규(1988), 임재숙(1998), 김준기(2004), 노재민(2009), 정수진(2010), 주송희(2012), 안명철(2013), 김억조(2021), 우준령(2022) 등이 있다.

임지룡(1984)은 여덟 쌍의 '공간 감각어'[3]의 대립어가 나타내는 의미적 특성을 살펴보았다. 논문에서는 먼저 공간 감각어의 기본범주를 '그림씨가 중심이 되는 것', '짝말로 된 것', '고유어로 한정한 것'이라는 세 가지 분류 기준에 따라 분류하였다. 또한, 공간 감각어 대립어 쌍의 [±방향] 극대칭 관계,[4] 무표항의 편향성 특성과 공간 감각어 대립어 쌍의 의미 전이 양상을 분석하였다.

양태식(1985)은 1, 2, 3차원 단어들의 기본적인 의미 특성을 대조 분석하였으며, 차원 낱말 대립어 쌍들의 변이의미를 연구하였다. 그리고 차원 낱말을 구성 요소로 하는 파생어, 합성어의 의미 특성을 살폈는데, 이 논문은 차원 낱말에 대한 초기 연구로서 각 차원 낱말들의 변이의미를 다루었다는 측면에서 매우 큰 가치가 있다.

노대규(1988)는 한국어 공간 표시어의 차원적 특징을 분석하였으며, 각 차원 표시어의 의미 특성에 대해서도 고찰하였다. 또한, 한국어 공간 표시어의 편향성, 즉 문맥에 따라 '길다', '높다', '깊다', '넓다', '두껍다', '굵다', '크다' 등의 무표항의 사용이 가능하지만 '짧다', '낮다', '높다', '얕다', '좁다', '얇다', '가늘다', '작다' 등 유표항의 사용은 불가능하다는 특성을 분석하였다.

임재숙(1998)은 크기 그림씨의 범주를 '크다류', '작다류', '높다류', '낮다류', '깊다류', '얕다류', '길다류', '짧다류' 등으로 분류하였다. 또한, '크다류', '작다류' 등과 같이 각 낱말밭에 수록된 낱말들을 '형태 유지형', '의미

---

[3] 차원 형용사에 대한 용어는 선행 연구마다 다양하게 사용되고 있다. 본 연구에서는 선행 연구를 검토할 때 각 연구에서 사용된 용어를 그대로 제시하고자 한다.

[4] 리이치(Leech)는 극대칭을 반의관계 가운데서 어느 쪽에도 포함되지 않은 중간지점을 두고 서로 다른 방향으로 향하고 있는 어휘 유형이라고 지적했다. 이는 '크다', '작다', '깊다', '얕다' 등을 포함한다(임지룡, 1984:4).

유지형', '확장 의미형'에 따라 구분하여 해당 낱말의 특성을 고찰하고 각 크기 그림씨의 의미를 분석하였다.

김준기(2004)는 '높다', '깊다', '멀다', 그리고 '넓다', '굵다', '두껍다'라는 한국어 척도 형용사의 기본의미와 확장의미를 분석하였다. 논문에서는 척도어의 의미 확장이 '공간성'과 '구체성', '시간성', 그리고 '추상성', '관용성'의 방향으로 확장된다고 지적하였다. 그러나 이 연구에서는 척도 형용사의 의미 확장만을 분석하였으며, 의미 확장의 인지 기제 또는 원인 등을 제시하지 않았다.

노재민(2009)은 인지의미론적 관점에서 1차원, 2차원, 3차원 공간어의 원형의미와 확장의미의 특성을 분석하였는데 공간어의 비대칭성을 구조적 비대칭성, 빈도적 비대칭성, 인지적 비대칭성, 공간어의 유표성으로 구분하였다. 여기서 공간어의 확장의미는 '공간성', '시간성', '추상성'의 의미유형별로 분류하였으나 이에 대한 근거가 충분히 설명되지 않았다.

정수진(2010)은 인지언어학 관점에서 한국어 공간어의 의미 확장 양상에 대한 조사를 실시하였다. 이 연구에서는 먼저, 공간어의 유형을 품사별로 공간 명사, 공간 형용사, 공간 동사, 공간 조사로 분류하였다. 또한, 각 공간어의 의미 확장 양상을 살펴보았으며, 추상적인 개념이 발생된 원인을 분석하였다.

주송희(2012)는 공간형용사의 '공간성', '지각성',[5] '척도성'이라는 세 가지 공유 속성, 그리고 '차원성', '고유성', '방향성' 등 변별적 속성을 분석하였다. 또한, 이러한 속성을 토대로 각 공간형용사의 기본의미와 확장의미

---

[5] 시각, 청각, 촉각, 미각, 후각과 같은 감각기관으로부터 수집된 정보를 분류, 분석, 해석하고 통합하는 과정을 '지각'이라고 한다(김원형 외, 2009:43). 예를 들어, 물건의 높이나 크기는 시각, 촉각 등의 감각기관을 통해 지각될 수 있으며, 이러한 물건의 공간적 특성을 나타내는 차원 형용사는 [+지각성]을 나타낸다.

를 분석하였으며, 공간형용사의 확장의미는 주로 '시간성', '관계성', '양성', '평가성', '정도성', '인지성', '현저성'의 7개 의미장을 이룬다는 것을 제시하였다.

안명철(2013)은 한국어 공간 형용사에 대한 각각의 인지 과정에서 시간성이 어떻게 획득되는지를 검토하였다. 그중에서 '길다', '멀다' 유형의 공간 형용사만이 [+시간성]의 의미 용법을 가지는 특성을 보인다고 하였는데, '높다', '깊다', '크다' 유형의 공간 형용사가 시간성 명사를 연어로 취하지 못해 그 특성을 지니고 있지 않다는 점을 지적했다. 또한, '길다', '멀다' 유형의 형용사가 가지는 공간 개념 특징의 차이로 인해 [+시간성]을 모두 갖더라도 시간성 명사와의 결합에 세밀한 차이점이 나타난다는 점을 제시하였다.

김억조(2021)는 한국어 차원 형용사의 의미 대립 양상을 분석하였다. 연구에서는 먼저 사전에 수록된 한국어 차원 형용사의 의미 항목들이 가지는 문제점을 제시하고, 각 사전에서의 의미 기술의 차이점을 살펴보았다. 또한, 말뭉치에 수록된 사례들을 바탕으로 차원 형용사의 의미 대립 양상, 그리고 원형의미와 확장의미 사용 빈도의 비대칭성을 분석하였다. 마지막으로 한국어 차원 형용사의 의미 대립에 대한 사람들의 대립 의미 인식 실태를 조사하여 그 원인을 밝혔다.

우준령(2022)은 한국어 감각 형용사의 의미 파생 양상을 살펴보았다. 그중에서 감각 형용사의 하위 유형인 크기 형용사에 대해 각 단의(單義)의 배열 순서를 분석하고, 의미 파생의 방향을 지적하였다. 또한, 단의 사이의 내재적인 관련성을 분석하였다는 점에서 매우 큰 의의가 있다. 그러나 이 연구는 사전에 수록된 의미 항목만을 대상으로 한국어 감각 형용사의 단의를 분석하였다는 것이 아쉬운 부분으로 보인다.

이상의 한국어 차원 형용사의 선행 연구 내용을 정리하면 다음 <표 1>과 같다.

<표 1> 한국어 차원 형용사의 연구 현황

저자	발표 연도	연구 대상	연구 방법	연구 내용	용어
임지룡	1984	길다/짧다, 높다/낮다, 깊다/얕다, 멀다/가깝다, 넓다/좁다, 굵다/가늘다, 두껍다/얇다, 크다/작다	낱말밭 이론	① 공간감각어의 기본 범주 ② [±방향]의 극대칭 관계 ③ 무표항의 편향성 ④ 전이 의미 분석	공간 감각어
양태식	1985	길다/짧다, 높다/낮다, 깊다/얕다, 멀다/가깝다, 넓다/좁다, 굵다/가늘다, 두껍다/얇다, 크다/작다	낱말밭 이론	① 기본 의미의 특성 ② 변이 의미 ③ 차원 낱말을 구성 요소로 하는 파생어, 합성어의 의미 특성 분석	차원 낱말
노대규	1988	길다/짧다, 높다/낮다, 깊다/얕다, 넓다/좁다, 굵다/가늘다, 두껍다/얇다	의미론	① 차원 특징 분석 ② 의미 분석 ③ 공간 표시어의 편향성 분석	공간 표시어
임재숙	1998	크다류, 작다류, 높다류, 낮다류, 깊다류, 얕다류, 길다류, 짧다류, 넓다류, 좁다류, 두껍다류, 얇다류, 굵다류, 가늘다류/잘다류	의미론	① 크기 그림씨의 범주를 정함 ② 크다류, 작다류 등 각 낱말밭에 수록된 낱말들의 특성 분석 ③ 각 크기그림씨의 의미 분석	크기 그림씨
김준기	2004	깊다, 높다, 멀다, 넓다, 굵다, 두껍다	의미론	① 기본의미 ② 확장의미	척도 형용사
노재민	2009	공간 명사: 위/아래, 앞/뒤, 안/밖 공간 형용사: 길다/짧다, 높다/낮다, 깊다/얕다, 멀다/가깝	형태·통사론, 인지 의미론	① 원형 의미 ② 확장의미 ③ 공간어의 비대칭성	공간어

		다, 넓다/좁다, 두껍다/얇다, 굵다/가늘다, 크다/작다,			
정수진	2010	크다, 길다, 높다, 넓다, 굵다, 깊다, 두껍다, 멀다	인지 의미론	① 공간어의 유형을 정함 ② 의미 확장 양상 분석 ③ 추상적인 개념이 생긴 원인 분석	공간 형용사
주송희	2012	길다/짧다, 높다/낮다, 깊다/얕다, 멀다/가깝다, 넓다/좁다, 굵다/가늘다, 두껍다/얇다, 크다/작다	구조 의미론	① 공간형용사의 공유 속성과 변별적 속성 분석 ② 기본의미 ③ 확장의미	공간 형용사
안명철	2013	길다/짧다, 멀다/가깝다	의미론	① 공간 형용사의 시간성 특징 분석	공간 형용사
김억조	2021	길다/짧다, 높다/낮다, 깊다/얕다, 멀다/가깝다, 넓다/좁다, 굵다/가늘다, 두껍다/얇다, 크다/작다	인지 의미론	① 사전에 수록된 차원 형용사 뜻풀이의 문제점 ② 사전에 기록된 의미와 말뭉치에 나타난 의미 간에 차이 ③ 원형의미와 확장의미 사용 빈도의 비대칭성 ④ 언중들의 의미 대립 인식 실태 조사	차원 형용사
우준령	2022	길다/짧다, 높다/낮다, 깊다/얕다, 넓다/좁다, 굵다/가늘다, 두껍다/얇다, 크다/작다	의미론	① 각 단의의 배열 순서 ② 의미 파생의 방향 ③ 의미 파생 관계	크기 형용사

위의 <표 1>에서 알 수 있듯이, 한국어 차원 형용사에 대한 선행 연구는

주로 낱말밭이론,[6] 형태론, 통사론, 의미론, 구조의미론, 인지의미론의 관점에서 진행되었다. '차원 형용사'라는 용어는 학자들의 연구 관점에 따라 '공간 감각어', '차원 낱말', '공간 표시어', '크기 그림씨', '척도 형용사', '공간어', '공간 형용사', '차원 형용사', '크기 형용사' 등의 여러 가지 형태로 사용되고 있다.

한국어 차원 형용사의 연구를 종합적으로 살펴본 결과, 두 가지 문제점을 찾을 수 있었다. 첫째, 차원 형용사의 의미를 분석할 때 사전에 수록된 의미 항목만을 통해 살펴보는 것에서 한계가 드러난다는 것이다. 둘째, 기존의 연구는 주로 한국어 차원 형용사의 기본의미, 확장의미, 그리고 확장 영역에 대한 연구에 집중되어 있으며, 인지 기제나 의미 확장의 원인에 대한 연구는 아직 부족한 상태임을 알 수 있다.

1.2.2. 중국어 차원 형용사의 선행 연구

중국어의 차원 형용사를 대상으로 연구한 학자로는 陸儉明(1989), 任永軍(2000), 任永軍·騰向農(2001), 정성임(2004), 李東梅(2008), 沈莹(2011), 伍莹(2011), 장가영(2014), 王芳(2017), 王內(2020), 周連英(2020) 등이 있다. 구체적인 내용은 다음과 같다.

陸儉明(1989)은 도량 형용사의 기본 범주를 먼저 분류하였다. [+도량] 의미를 가지는지에 대한 여부에 따라, 도량 형용사를 길이 의미를 지니는 형용사, 넓이 관련 의미를 가지는 형용사, '輕(가볍다)', '重(무겁다)'와 같은 중량과

---

[6] '밭(feld)'이라는 개념이 언어연구의 분야에 받아들여진 것은 게쉬탈트 심리학(Gestalt Psychology)에서였다(허발, 1979:22). 낱말밭은 개념적(의미적) 공통성을 보유하고 있는 일련의 낱말들이 형성하고 있는 것이므로, '의미장'이나 '어휘장'이라고도 일컬을 수 있다(박종갑, 2001:64).

관계있는 의미를 나타내는 형용사, '快(빠르다)', '慢(느리다)'와 같은 속도 의미를 표시하는 형용사 등으로 분류하였다. 또한, 논문에서는 여러 가지 문법 구조를 사용하여 도량 형용사의 문법적 특징을 분석하였다.

任永軍(2000)은 공간 차원 대립어를 일곱 쌍으로 제시하고 그 기본의미를 분석하였다. 또한, 인지의미론의 관점에서 공간 차원어의 기본적인 의미가 시간, 소리, 나이, 색채, 냄새, 지력, 지위, 학문, 감정, 품질, 힘이라는 여러 측면의 추상 영역으로 확장하여 의미를 개념화한다는 것을 고찰하였으며 이 외에도 확장의미의 확장 원인에 대한 분석을 하였다. 그러나 이 연구에서는 중국어 공간 차원어의 기본 범주에 대한 분명한 분류 기준을 제시하지 않았다.

任永軍·騰向農(2001)은 인지의미론적 관점에서 공간 차원어 '深(깊다)', '淺(얕다)'의 기본의미와 은유적 의미를 고찰하였다. 논문에서는 공간 차원어가 [+實体性(실체성)], [-可視性(가시성)] 등의 공간 의미 특성을 지닌다는 것을 제시하였으며, 시간, 색채, 내용, 감정, 학식, 인상과 같은 추상적 개념을 지닌다고 언급했다. 이 연구는 '深(깊다)', '淺(얕다)'이 가지는 공간 측면의 의미와 확장의미의 특성을 논하였고, 이와 더불어 확장의미의 발생 원인을 분석하였다는 점에서 매우 큰 학술적 의의를 가진다. 그러나 각각의 은유적 개념을 분석할 때 관련된 사례를 통한 입증은 없었다는 점이 아쉽다.

정성임(2004)은 현대 중국어의 1차원, 2차원, 3차원 낱말이 지닌 '방향성', '기준점' 등 공간적 속성을 분석하였다. 또한, 각 차원 낱말의 변이의미를 살펴보았으며, 현대 중국어의 차원 관련 의미를 가지는 낱말들이 구성하는 의미장의 모양새를 살펴보았다.

李東梅(2008)는 아홉 가지 공간 도량 형용사의 통사론적 특성을 분석하였다. 그는 '數+量+形(수사+양사+형용사)', '名+形(명사+형용사)', '形+數量(형용사+수량)', '不+形(부정+형용사)' 등의 네 가지 문법 구조에서 공간 도량 형용사 '長(길다)', '寬(넓다)', '高(높다)', '遠(멀다)', '深(깊다)', '粗(굵다)', '厚(두껍다)', '大(크다)', '小(작다)' 등의 적용 특징을 연구하였다.

沈瑩(2011)은 형용사 '高(높다)'의 공간적 의미와 은환유 의미에 대한 특성을 제시하였다. 또한, '高(높다)'와 '低/矮(낮다)'의 비대칭성, 즉 의미 확장 영역의 비대칭성과 조어 방식의 비대칭성, 조어 능력의 비대칭 양상을 분석하였다. 그러나 이 연구에서는 주로 공간 형용사 '高(높다)'의 공간 의미에 관련된 특징에 대한 분석만 있었고 반의어인 '低/矮(낮다)'의 공간 관련 의미에 대해서는 다루지 않았다.

伍瑩(2011)은 인지의미론의 관점에서, 일곱 쌍의 중국어 공간 차원 형용사 대립어에 나타난 공간 의미와 확장의미의 특성을 분석하였다. 연구에서는 각 공간 차원 형용사의 '방향', '기준점' 등의 공간적 의미 속성을 파악하고, 각 공간 차원 형용사와 연어 관계에 있는 명사들의 특성을 살펴보았다. 또한, 각 공간 차원 형용사의 시간, 분량, 감정 등 추상적 영역에서의 의미의 확장 양상을 분석하였다.

장가영(2014)은 현대 중국어의 공간 척도사 대립어 쌍의 자형(字形) 의미와 원형 의미를 살펴보았다. 또한, 구조적 은유와 지향적 은유, 그릇 영상 도식적 은유 등 다양한 인지 기제에 의해 원형 의미가 추상 영역으로 확장되어 나타난 의미를 분석하였다. 이외에 확장의미가 발생하는 원인을 신체적, 인지적, 문화적 측면 등 다양한 각도에서 연구하였다.

王芳(2017)은 공간 형용사 '深(깊다)', '淺(얕다)'의 기본의미를 분석하였다. 또한, 이러한 형용사의 확장의미의 개념화 양상, 즉 공간적 의미가 색채, 시간, 지식, 감정, 행위 등의 영역으로 확장되어 개념화하는 양상을 인지의미론의 관점에서 살펴보았다. 그리고 '深(깊다)', '淺(얕다)'의 확장의미에 비대칭 양상이 나타나는 원인을 분석하였다.

王內(2020)는 먼저 공간 형용사 '深(깊다)', '淺(얕다)'의 원형 의미가 공간

의미임을 확인하였다. 이어서 그릇 영상 도식과 신체적 경험을 기반으로, 이들의 공간적 의미가 색채, 시간, 지식, 감정, 정도 등과 같은 비공간 영역으로 확장하는 양상을 인지의미론의 관점에서 분석하였다. 그러나 논문에서는 '深(깊다)', '淺(얕다)'의 원형 의미 특성에 대해 충분히 설명하지 않았으며, 확장의미를 분석할 때 예를 들어 설명하지 않은 것은 아쉬운 부분이다.

周連英(2020)은 '長/短(길다/짧다)', '深/淺(깊다/얕다)', '寬/窄(넓다/좁다)' 등을 비롯한 일곱 쌍의 현대 중국어 공간 차원어의 '차원', '방향', '기준점' 등의 기본의미 특성을 분석하였다. 또한, 공간 차원어와 함께 사용되는 어휘들의 특성도 살펴보았으며 각 공간 차원어의 의미 확장 영역을 인지의미론적 관점에서 고찰하였다.

위에서 언급한 중국어 차원 형용사와 관련된 선행 연구 내용을 종합하면 아래의 <표 2>와 같다.

<표 2> 중국어 차원 형용사의 연구 현황

저자	발표연도	연구 대상	연구 방법	연구 내용	용어
陸儉明	1989	長/短, 高/低, 深/淺, 遠/近, 寬/窄, 厚/薄, 粗/細, 大/小	통사론	① 도량 형용사의 기본범주 분류 ② 도량 형용사의 문법적 특성 분석	도량 형용사
任永軍	2000	大/小, 長/短, 高/低, 深/淺, 寬/窄, 厚/薄, 粗/細	인지의미론	① 기본의미 ② 은유 의미 ③ 확장의미의 확장 원인	공간 차원어
任永軍·滕向農	2001	深/淺	인지의미론	① 기본의미 ② 확장의미 ③ 확장의미의 발생 원인	공간 차원어

정성임	2004	長/短, 高/低, 深/淺, 遠/近, 寬/窄, 厚/薄, 粗/細, 大/小	어휘의미론	① 차원 낱말의 의미 자질 분석 ② 차원 낱말의 변이 의미 ③ 의미장을 제시함	차원 낱말
李東梅	2008	大, 小, 長, 寬, 高, 遠, 深, 粗, 厚	통사의미론	① 아홉 개 차원 형용사의 통사론적 특성 분석	공간 도량 형용사
沈莹	2011	高/低(矮)	인지의미론	① 공간 의미 ② 환유와 은유 의미 ③ '高'와 '低/矮'의 비대칭성	공간 형용사
伍莹	2011	長/短, 高/低, 深/淺, 寬/窄, 厚/薄, 粗/細, 大/小	인지의미론	① 공간 의미 ② 차원 형용사와 연어 관계에 있는 명사들의 의미 특성 ③ 확장의미	공간 차원 형용사
장가영	2014	長/短, 高/低, 深/淺, 遠/近, 寬/窄, 厚/薄, 粗/細, 大/小	인지의미론	① 차원 형용사의 자형 의미, 원형 의미 분석 ② 확장의미 분석 ③ 의미가 확장된 원인 분석	공간 척도어
王芳	2017	深/淺	인지의미론	① '深/淺'의 기본의미 ② 확장의미 ③ 확장의미의 비대칭 양상이 나타나는 원인 분석	공간 형용사
王內	2020	深/淺	인지의미론	① 공간 의미 ② 의미 확장 양상 분석	공간 형용사

周連英	2020	長/短, 高/低(矮), 深/淺, 寬/窄, 厚/薄, 粗/細, 大/小	인지의미론	① 공간 의미 ② 차원 형용사와 연어 관계에 있는 어휘들의 의미 특성 ③ 확장 영역 분석	공간 차원어

위의 <표 2>에서 언급한 바와 같이 중국어 차원 형용사에 대한 연구는 통사론, 통사 의미론, 어휘 의미론, 인지 의미론 등의 다양한 측면에서 진행되었다. '차원 형용사' 관련 명칭은 연구자들의 연구 관점에 따라 '도량형용사', '공간 차원어', '공간 차원 형용사', '공간 도량 형용사', '차원 낱말', '공간 형용사', '공간 척도어' 등으로 사용되고 있다.

중국어의 차원 형용사에 대한 선행 연구에는 몇 가지 문제점이 있다. 첫 번째는 차원 형용사의 기본 범주가 명확하게 정의되지 않았다는 것이다. 둘째, 차원 형용사의 확장의미를 살펴볼 때 충분한 예시를 제시하지 않았다. 세 번째로 개별 중국어 차원 형용사의 연구는 주로 사용 빈도가 높은 '高/低', '深/淺'과 같은 형용사에 집중되어 있으며, 사용 빈도가 낮은 '寬/窄', '粗/細' 등에 대한 연구는 상대적으로 소홀히 여겨지고 있다는 점을 들 수 있다.

1.2.3. 한·중 차원 형용사의 대조 연구

한국어와 중국어 차원 형용사를 대상으로 한 대조 연구는 沈賢淑(2002), 田美花(2006), 민영란(2009), 郭一誠(2012), 閔子(2012), 쉬양(2013), 吳佳(2015), 이천택(2017), 羅云燕(2018), 권희정(2019) 등이 있다.

沈賢淑(2002)은 중·한 공간 차원어 '大/크다', '小/작다'의 확장의미를 대조, 분석하였다. 그 결과 '大/크다', '小/작다'는 '바람', '비', '눈' 등 날씨 관련 단어와 결합하여 확장의미에서 대응 관계를 이룬다고 하였고, 반면

'시간', '나이', '소리', '냄새', '색채', '정도' 등의 단어와 결합할 때는 확장의 의미에서 대응되지 않는다고 제시하였다. 해당 논문에서는 공간 차원어의 확장 의미에 대한 대조 분석을 진행하였으나, 이들의 기본적 의미가 지니는 특성에 대하여는 논하지 않았다.

田美花(2006)는 중·한 공간 차원어 '大/小', '크다/작다'의 의미 특징을 대조, 분석하였다. 연구는 먼저 이러한 차원 형용사들의 공간적 의미의 특징을 분석하였고 이어서 인지의미론의 관점에서 이들의 확장의미에 나타나는 대립 양상을 연구하였다. 그리고 '大/小', '크다/작다'의 비대칭 양상을 문법 기능의 비대칭성, 의미의 비대칭성, 사용 빈도의 비대칭성 등의 측면에서 분석하였다.

민영란(2009)은 한·중 공간 감각어 여덟 쌍을 제시하고, 이들의 기본 의미와 전이 의미에서 나타나는 공통점과 차이점을 대조언어학적 관점에서 분석하였으며 해당 공간 감각어의 공감각적 의미에 대한 전이 현상을 분석하였다. 그러나 해당 연구는 공간 감각어의 전이 의미가 발생한 원인에 대해서는 제시하지 않았다.

郭一誠(2012)은 형태론적 관점에서 한·중 공간 감각 형용사의 형태 구조와 조어 방식, 접사의 분포양상, 어근의 결합방식 등을 대조, 분석하였다. 분석을 통해 한·중 공간 감각 형용사의 기본적 의미의 특징을 의미론의 관점에서 제시하였다는 것에 큰 연구 의의를 지닌다. 그러나 이 연구에서는 공간 감각 형용사의 확장의미는 분석하지 않았다.

閔子(2012)는 인지의미론의 관점에서, 7쌍의 한국어와 중국어의 공간 차원 대립어를 대상으로 그 기본의미가 가지는 특징을 분석하였고 공간 차원어의 환유 의미와 은유 의미의 특성을 살펴보았다. 한국어와 중국어 공간 차원어의 비대칭 양상, 즉 공간 차원 대립어와 함께 사용되는 명사들과의 결합 양상에서 보이는 비대칭성, 문법 기능의 비대칭성, 기타 특수 용법의 비대칭성을 분석하였다.

쉬양(2013)은 대조언어학 및 인지언어학적 측면에서 한국어와 중국어의 척도 형용사 반의어를 대상으로 이들의 원형 의미의 대응 양상, 그리고 확장 의미의 대응 양상을 살펴보았다. 해당 논문에서 한국어와 중국어 척도 형용사들의 원형의미와 확장의미의 대응 양상을 분석한 것은 연구적 의의가 있다고 본다. 그러나 의미를 개념화하게 된 인지 기제나 확장의미가 발생하게 된 원인을 제시하지 못하였다는 점에서 한계점이 존재한다.

吳佳(2015)는 '크다/大', '작다/小'라는 한국어와 중국어 공간 감각어의 기본의미, 전이의미가 가지는 공통점과 차이점을 의미론적 관점에서 대조 분석하였다. 그러나 사전에 수록된 차원 형용사들의 의미 항목만을 기반으로 전이의미를 대조 분석하였다는 점에서 연구의 한계가 보이는데 그 이유는 사전에 수록된 의미 항목만으로 '크다/大', '작다/小'의 전체적인 의미 양상을 파악하기 어렵기 때문이다.

이천택(2017)은 대조언어학적 관점에서 사전에 수록된 한·중 크기 형용사의 의미 항목 대응 양상을 분석하였다. 논문에서는 먼저 각 크기 형용사의 의미 항목이 중복적으로 등장하거나, 선후 순서가 잘못 나열된 문제점을 지적하였다. 이어서 이러한 문제점을 해결하기 위한 방안을 제시하였다. 그러나 해당 연구에서는 사전에서 나타난 의미 항목만으로 각 크기 형용사들의 의미 대응 양상이나 선후 순서를 파악했다는 것에 한계를 보였다.

羅云燕(2018)은 한국어와 중국어 공간 형용사 '높다/낮다' 및 '高/低(矮)'의 기본적인 의미와 전이 의미의 대응 양상을 의미론적 관점에서 분석하였다. 그 결과 이러한 차원 형용사들의 기본적 의미는 대응 양상을 이루고 전이 의미에는 공통점과 차이점이 각각 드러난다고 하였는데, '높다/高'의 전이 의미가 '낮다/低(矮)'보다 더욱 다양하다는 결론을 도출하였다. 그러나 해당 논문에서는 '높다/낮다' 및 '高/低(矮)'의 전이 의미에서 발생하는 비대응 양상에 대한 원인은 분석하지 않았다.

　권희정(2019)는 인지의미론의 관점에서 중국어와 한국어 1차원, 2차원, 3차원 공간도량 형용사의 원형의미와 확장의미의 공통점과 차이점을 분석하였다. 또한, 각 공간도량 형용사의 공감각 전이 현상을 분석하고, 중화 현상, 사용 빈도 등 측면의 비대칭성을 살펴보았다. 논문에서는 중·한 공간 도량 형용사의 개념화 양상을 공간, 시간, 추상 영역으로 구분하여 분석하였으나 시간적 영역과 추상 영역을 따로 구분하여 분석한 이유는 제시하지 않았다.

　이상으로 한·중 차원 형용사를 주제로 한 선행 연구를 살펴보았으며, 연구 내용을 종합해 보면 다음 <표 3>과 같다.

<표 3> 한·중 차원 형용사의 연구 현황

저자	발표 연도	연구 대상	연구 방법	연구 내용	용어
沈賢淑	2002	大/크다, 小/작다	의미론	① 은유 의미의 대립 양상	공간 차원어
田美花	2006	大/小, 크다/작다	인지 의미론	① 공간 의미 ② 은유 의미 ③ 비대칭 양상	공간 차원어
민영란	2009	크다/작다, 大/小 멀다/가깝다, 遠/近 길다/짧다, 長/短 높다/낮다, 高/低 깊다/얕다, 深/淺 넓다/좁다, 寬/窄 굵다/가늘다(잘다), 粗/細 두껍다/얇다, 厚/薄	대조 언어학	① 기본의미 ② 전이 의미 ③ 공감각적 의미 전이 현상	공간 감각어
郭一誠	2012	길다/長, 짧다/短 멀다/遠, 가깝다/近 깊다/深, 얕다/淺	형태론, 의미론	① 형태구조와 조어 방식, 접사의 분포양상, 어근의 결합방식 분석	공간 감각형용사

		높다/高, 낮다/低 넓다/寬, 좁다/窄 크다/大, 작다/小 굵다/粗, 가늘다/細 두껍다/厚, 얇다(엷다)/薄		② 기본의미 분석	
閔子	2012	길다/짧다, 長/短 높다/낮다, 高/低 깊다/얕다, 深/淺 넓다/좁다, 寬/窄 굵다/가늘다(잘다), 粗/細 두껍다/얇다, 厚/薄 크다/작다, 大/小	인지 의미론	① 기본의미 ② 환유 의미와 은유 의미 ③ 비대칭성	공간 차원어
쉬양	2013	길다/長, 짧다/短 깊다/深, 얕다/淺 넓다/寬, 좁다/窄 크다/大, 작다/小	대조 언어학, 인지 언어학	① 원형 의미의 대응 양상 ② 확장의미의 대응 양상	척도 형용사
吳佳	2015	크다/大, 작다/小	의미론	① 기본의미 ② 전이 의미	공간 감각어
이천택	2017	길다/長, 짧다/短 깊다/深, 얕다/淺 높다/高, 낮다/低 넓다/寬, 좁다/窄 크다/大, 작다/小 굵다/粗, 가늘다/細 두껍다/厚, 얇다(엷다)/薄	의미론	① 크기 형용사의 사전적 의미의 문제를 밝힘② 사전적 의미의 문제를 해결하기 위한 방안을 제시함	크기 형용사
羅云燕	2018	높다/낮다, 高/低(矮)	의미론	① 기본의미 ② 전이 의미	공간 형용사
권희정	2019	長/길다, 短/짧다 遠/멀다, 近/가깝다 深/깊다, 淺/얕다 高/높다, 低/낮다 寬/넓다, 窄/좁다	인지 의미론	① 원형 의미 ② 확장의미 ③ 비대칭성	공간 도량 형용사

	大/크다, 小/작다 粗/굵다, 細/가늘다(잘다) 厚/두껍다, 薄/얇다			

위의 <표 3>을 보면, 한·중 차원 형용사의 연구는 형태론, 통사론, 의미론, 대조언어학, 인지의미론 등의 다양한 관점에서 이루어졌다. 이러한 연구에서 '차원 형용사'에 대한 명칭은 선행 연구에 따라 '공간 차원어', '공간 감각어', '공간 감각 형용사', '척도 형용사', '크기 형용사', '공간 형용사', '공간 도량 형용사' 등 여러 가지 용어로 사용되고 있다.

한국어와 중국어 차원 형용사 주제의 선행 연구를 종합적으로 살펴본 결과, 각 차원 형용사의 공간적 의미 특징, 확장의미 비교, 추상적 의미의 확장 영역, 비대칭 양상 등에 관한 분석은 연구적 측면에 커다란 의의가 있음을 알 수 있었다. 그러나 선행 연구에서는 다음과 같은 몇 가지 문제점이 여전히 존재하고 있음을 발견하였다.

첫째, 선행 연구 중 일부에서는 차원 형용사의 기본 범주가 어떤 분류 기준에 따라 분류되는지를 명확히 제시하지 않았다. 또한, 1차원, 2차원, 3차원 형용사의 하위 유형에는 어떤 것들이 있는지, 또 그렇게 분류되는 근거가 무엇인지를 제시하지 않았다.

둘째, 연구의 설득력을 높이기 위해서는 충분한 사례를 통해 입증하는 것이 중요하다. 그러나 일부 선행 연구에서는 차원 형용사의 의미 대립 양상을 주제로 하여 구체적 사례를 통한 연구를 시행하지 않았다.

셋째, 일부 선행 연구에서는 사전에 수록된 의미 항목만을 대상으로 하여 차원 형용사의 확장의미의 대립 양상을 분석하였다. 사전에서 수록된 어휘의 뜻풀이는 어휘의 전체적인 의미 특징을 나타내지 않기 때문에 말뭉치를 사용하여 더 많은 사례를 수집하고, 어휘의 확장의미를 관찰, 분석하는 것이 중요하다.

　넷째, 인지의미론의 관점에서 차원 형용사에 대한 연구는 기본의미와 확장의미, 그리고 확장 영역에 대한 분석에 치중되어 있다. 이보다 한 걸음 더 나아가 추상적 의미의 확장 과정에서 어떠한 인지 기제를 사용하여 개념화하는지, 의미를 개념화하게 된 원인을 깊이 있게 분석하는 것이 필요한 것으로 보인다.

1.3. 연구 방법과 구성

　본 연구는 한·중 차원 형용사의 기본의미와 확장의미를 고찰하기 위해 말뭉치를 통해 수집한 예를 사용하였다. 한국어의 경우, 연세대학교 언어정보연구원이 개발한 연세 20세기 한국어 말뭉치[7]를 참고하고, 중국어의 경우 베이징 언어대학 언어능력연구원과 언어교육연구소가 개발한 北京語言大學漢語語料庫(BLCU Chinese Corpus(약칭: BCC))[8]를 활용하여 예시들을 수집하고자 한다. 한국과 중국의 인터넷에서 수집할 수 있는 말뭉치는 매우 다양하나 상기한 말뭉치 자료를 사용하고자 하는 이유는 다음과 같다. 첫째, 위의 말뭉치는 구어, 문어 등이 포함되어 있어, 한 가지의 주제, 장르, 사용 영역에 국한되지 않고 다양한 주제의 텍스트를 포함하여 자료의 다양성을 보장하기 때문이다. 둘째, 연세 20세기 한국어 말뭉치는 1억 5천만 어절을 넘는 대규모의 말뭉치이며, BCC 말뭉치도 13억 글자 수를 포함하는 비교적 큰 말뭉치이

---

[7] 연세 20세기 한국어 말뭉치는 20세기의 소설, 수필, 산문, 일반 서적, 교과서 등 다양한 주제 분야의 문헌 자료를 망라하여 구축한 문어 원시 말뭉치이며, 약 1억 5천만 어절이 포함되어 있다.

[8] 北京語言大學漢語語料庫(BCC)는 신문, 뉴스, 문학, 웨이보, 과학기술 등 다양한 분야의 언어 자료를 포함하며, 현대 사회의 언어생활을 종합적으로 반영하는 약 130억 자의 대규모 말뭉치이다.

다. 이러한 큰 규모의 말뭉치는 주로 신문, 잡지, 뉴스, 산문, 소설 등 다양한 언어적 자원이 종합적으로 수록되어, 드문 표현에 대한 데이터를 많이 포함하고 있기 때문에 작은 말뭉치보다 더욱 적합한 것으로 보인다. 따라서 본 연구에서 사용되는 예시를 위의 말뭉치를 통해 수집하고자 한다.

말뭉치에서 수집한 예시들을 사용하여 각 차원 형용사의 의미를 분석하기 전에 사전에 각 차원 형용사의 의미 항목이 어떻게 수록되어 있는지 살펴보는 것도 유익한 일이다. 한국어의 경우 국립국어원『표준국어대사전』[9]을, 중국어의 경우에는 중국사회과학원 언어연구소 사전편집실에서 편찬한『現代漢語詞典』[10]을 참고하고자 한다. 한·중 차원 형용사의 의미 확장 양상의 분석에서 사전적 의미 항목만을 참고하는 것은 분명 제한적인데, 그것은 사전에 수록된 각 차원 형용사의 의미 항목들이 그 차원 형용사의 전체적인 의미를 다 포함하지 않을 수 있다는 가능성이 있기 때문이다. 이런 점을 고려하여, 본 연구에서 한·중 차원 형용사의 기본의미와 확장의미를 살펴볼 때 사전적 의미 항목을 참고하는 것뿐만 아니라 말뭉치를 통해 수집한 예시들을 사용하여 각 차원 형용사의 기본의미와 확장의미를 구체적으로 분석하도록 한다.

한·중 차원 형용사의 기본의미와 확장의미를 분석한다는 것은 궁극적으로 각 차원 형용사와 관련되어 쓰이는 어휘를 함께 관찰하고 분석하는 것이다. 따라서 말뭉치를 통해 각 차원 형용사와 관련된 어휘를 대량으로 수집하여 정리한 후 기초 자료로 삼는 것이 적당하다. 본 연구에서는 연세 20세기

---

[9] 국립국어원『표준국어대사전』은 국내에서 최초로 정부가 지원하는 최대 규모의 국어사전이다. 이 대사전은 풍부한 용례와 어원을 제공하며, 방대한 전문 용어와 최신 정보를 수용하여 백과사전과 전문사전의 역할을 수행하고 있다.

[10] 『現代漢語詞典』은 중국사회과학원 언어연구소 사전편집실에서 편찬한 중국 최초의 표준화된 현대 중국어 사전이다. 이 사전에는 총 10만여 개의 현대 중국어 단어가 수록되어 있다.

한국어 말뭉치와 BCC 말뭉치를 활용하여, 한국어와 중국어의 차원 형용사와 함께 사용되는 어휘를 각각 300개씩 수집한 후, 이를 유형별로 분류하고 어휘 목록을 작성하여 차원 형용사의 기본의미와 확장의미를 살펴보고자 한다. 예를 들어, '높다'와 함께 사용되는 어휘를 수집하기 위해 연세 20세기 한국어 말뭉치에서 '-높다', '높은-', '-높기-', '-높아', '-높아서', '-높으면', '-높을-', '-높더라도' 등의 언어 표현 형식을 입력한 후, 이들 앞이나 뒤에 나타나는 어휘를 수집하여 유형별로 정리하고 목록을 작성하였다. 이렇게 작성된 '높다' 관련 어휘 목록은 '높다'의 기본의미와 확장의미를 분석할 수 있는 기초 자료로 활용되었다.

이 책은 위의 사전과 말뭉치 자료를 바탕으로 연구 및 분석을 진행하고자 하며, 논의는 다음과 같은 순서에 의한다.

1장에서는 본 연구의 배경과 필요성을 서술하고, 연구의 목적과 범위를 명확히 하며, 핵심적인 연구 문제를 제시한다. 또한 연구 방법과 연구의 전체 구성에 대해 간략히 서술함으로써 이후 장에서의 논의를 위한 이론적 틀과 연구 방향을 마련하고자 한다.

2장에서는 먼저 개념적 은유의 성분으로서의 근원 영역, 목표 영역, 그리고 사상의 특징을 분석한다. 또한, 추상적 의미를 확장하는 개념적 환유, 그리고 개념적 은유의 하위 유형인 구조적 은유, 지향적 은유, 존재론적 은유 등의 인지 기제에 대해 논의하고, 이어서 차원 형용사의 분류 기준과 기본 범주를 정한다.

3장에서는 한국어와 중국어 1차원 형용사 '길다/짧다', '長/短', '높다/낮다', '高/低', '깊다/얕다', '深/淺'의 기본의미가 가지는 특징을 분석하고, 개념적 환유와 개념적 은유를 통해 기본의미가 확장된 추상적 의미를 살펴보도록 한다.

4장에서는 한국어와 중국어 2차원 형용사 '넓다/좁다', '寬/窄', 그리고 3차원 형용사 '굵다/가늘다', '粗/細', '크다/작다', '大/小'의 기본의미 측면의 특징을 살펴보고 추상적 의미의 개념화 양상을 인지적 기제를 통해 분석하고자 한다.

   5장과 6장에서는 3장 및 4장에서 진행한 한·중 차원 형용사 각각의 기본의미와 확장의미에 대한 분석을 토대로, 한국어와 중국어 차원 형용사의 의미 대조 양상을 살펴보고자 한다. 또한, 의미를 확장하게 된 원인을 전체적으로 파악하여 살펴보고자 한다.

   마지막 7장은 본 연구의 결론에 해당한다. 해당 장에서는 본 논문의 전체적인 내용을 요약하고 분석 결과에서 드러난 중점적 내용을 논한다.

제2장

이론적 배경

본 장에서는 먼저 차원 형용사의 확장의미를 분석하는 데 필요한 이론적 배경으로, 개념적 은유의 성분들인 근원 영역, 목표 영역, 사상의 개념과 특징을 분석하고자 한다. 이어서 추상적 의미의 확장에 적용된 인지 기제인 개념적 환유와 개념적 은유에 대해 논하고, 차원 형용사의 분류 기준과 기본 범주를 제시하고자 한다.

2.1. 개념적 은유의 성분들

인간이 최초로 인식하는 사물은 주로 물리적 측면의 구체적인 물체이다. 사회 문명이 발전하고 인지 능력이 발달함에 따라, 이미 알려진 구체적인 사물에 대한 개념적 인식을 바탕으로 비 물리적이고 추상적인 개념을 은유적으로 정의하는 능력이 생긴다. 다시 말해, 은유적 개념은 새로운 단어를 만들어 지칭하는 것이 아니라, 구체적인 사물을 묘사하는 기존 단어의 의미를 유연하고 창조적으로 확장하여 서로 다른 개념 간 상호 연관된 은유 언어를 형성해 사용하는 것이다(Radman, 1997:60).[1] 예를 들어 '그 사람은 회사에서 비교적 지위가 낮은 편이다'라는 말을 한다면, 물리적이고 구체적인 '높이' 개념을 통해 비 물리적이고 추상적 개념인 '지위'를 은유적 방식으로 이해한다는 것이다(Evans & Green, 2006:39). 일상생활 속에서 시간, 분량, 감정, 관계 등 다양한 추상 개념들이 은유(metaphor)[2]를 통해 인식되고 이해되는 것처럼, 은유는 일상에서 광범위하게 쓰이고 있으며 매우 중요한 역할을 한다(Dabrowska & Divjak, 2015:169, 171).

은유에 대한 연구는 매우 오랜 역사를 지니고 있을 뿐만 아니라 수사학, 철학, 심리학, 언어학, 문학, 기타 인지과학 등의 다양한 영역에서 중요한 문제로 주목받아 왔다(이종열, 2003:51). 전통적 개념에서 은유는 문학 작품에 드러나는 수사적 측면에 대한 분석의 한 범주로, 문체를 아름답게 꾸미는 것과 관련 되어 있을 뿐 의미의 본질에 대해 밝힐 수 있는 것은 아니라고 간주되어 왔다(Johnson, 1987:66; Riemer, 2010:246). 그러나 20세기에 들어서며 Lakoff & Johnson(1980), Lakoff(1987), Johnson(1987), Kövecses(1990, 2002), Dancygier & Sweetser(2014) 등 학자들은 은유가 단지 시나 수사학의 문제에 국한되지 않고, 사람의 사고와 행동에서 핵심적인 역할을 한다는 새로운 인식을 강조한다(張敏, 1998:90; 김욱동, 1999:108). 이처럼 은유에 대한 새로운 관점은 Reddy(1979)의 도관 은유(conduit metaphor)[3] 논의에서 시작하

---

1 사회 문명이 발전함에 따라 일상에는 다양하고 새로운 사물과 현상이 부단히 생겨난다. 하지만 이러한 사물이나 현상을 지칭하기 위해 새로운 어휘를 만들어 사용하는 경우는 극히 드물다. 일반적으로는 기존의 단어에 새로운 성분을 첨가하거나, 기존 단어 구성 요소들을 재결합하는 방식을 적용한다. 즉 기존 어휘에 적절한 변화를 주어 새로운 의미를 생성함으로써 새로운 사물이나 현상을 지칭하려는 경향이 높다((Aitchison, 2003:153).
2 은유는 한 영역의 경험을 통해 다른 하나의 영역을 인지하는 과정이다(Kövecses, 1986:17; Lee, 2002:6; 束定芳, 2000:139; 陳家旭, 2007:65; 王文斌, 2008:66).
3 도관 은유(Conduit metaphor) 개념은 Michael Ready가 1979년에 발표한 『도관 은유: 언어에 관한 우리 언어의 프레임 충돌』에서 처음으로 제시되었다. Reddy(1979)는 우리의 언어

여 1980년대에 접어들면서 Lakoff & Johnson(1980)의 개념적 은유 이론으로 체계화 되었다(권연진, 2017:92).

개념적 은유(conceptual metaphor)는 근원 영역에서 나온 요소의 목표 영역을 향한 단일 방향적 사상이다(Dancygier & Sweetser, 2014:14). 근원 영역(source domain)은 일상 경험에서부터 나온 것으로서 구체적이고, 물리적이며, 명확하고, 구조화된 경험 영역이다(임지룡, 2017:171). 목표 영역(target domain)은 개념화하게 된 영역으로서 추상적이고, 불명확하며, 구조화되지 않은 경험 영역이다(임지룡, 1995:166-167).[4] 일반적으로 하나의 근원 영역은 단지 하나의 목표 영역에 사상하는 것이 아니라, 여러 목표 영역으로 확장되어 은유적 의미를 나타낸다(王寅, 2014:457). 예를 들어 근원 개념인 '물'은 '시간', '소리', '감정' 등 여러 가지 추상 영역에 확장되어 은유적 의미를 개념화할 수 있다.[5] 목표 영역 또한 근원 영역과 마찬가지로 하나의 목표 영역이 여러 가지 근원 영역에 의해 특징지어져 개념화하게 된 경우가 많다. '사랑'이라는 추상적 개념을 '여행', '불', '꽃' 등 여러 가지 근원 영역의 특징을 통해 이해하고 개념화하는 것이 그러한 예이다.

근원 영역을 구성하는 개념적 요소들이 목표 영역의 구성 요소에 대응된다는 의미에서, 근원 영역과 목표 영역 간에 발생하는 일련의 체계적인 대응 관계를 사상(mapping)이라고 정의한다(임지룡, 2008:175). 근원 영역과 목표

가 [아이디어는 물건이다], [언어 표현은 그릇이다], [의사소통은 전달하는 것이다]라는 도관 은유를 통해 구조화된다고 지적하였다(胡壯麟, 2004:59).

4   일상에서 가장 많이 사용하는 근원 영역으로는 인간의 신체, 동물, 식물, 건물, 기계와 도구, 게임과 스포츠, 열과 차가움, 돈, 음식, 움직임과 방향, 빛과 어두움, 힘 등이 있다(Kövecses, 2002:16-20). 그리고 가장 많이 개념화된 목표 영역은 감정, 욕구, 도덕성, 사회, 정치, 경제, 사고, 삶과 죽음, 종교, 인간관계, 의사소통, 시간, 사건과 행동 등이 있다(Kövecses, 2002: 21-24).

5   '물'을 근원 영역으로 하는 은유에 대한 연구는 구체적으로 진혜영(2020:125)을 참고할 수 있다.

영역 간의 사상을 도식으로 보면 다음 <그림 1>과 같다.

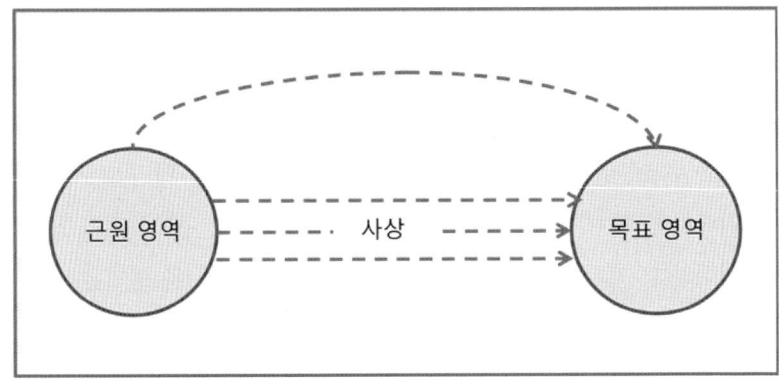

<그림 1> 개념 영역 간의 사상(Ungerer & Schmid, 2006:119)

근원 영역에서 목표 영역까지의 사상이 몇 가지 특징이 있는데 먼저, 사상은 단일 방향성(unidirectional)을 지닌다.[6] 즉, 목표 영역은 근원 영역의 사상에 의해 개념화된 것이며, 그 역방향은 성립되지 않는다(Croft & Cruse, 2004:198). 또한, 근원 영역과 목표 영역 간의 사상은 부분적 사상이다(김동환, 2010:15). 다시 말해, 은유적 사상은 근원 영역의 부분 구성 요소가 목표 영역에 사상하여 구조화된 것이다. 만일 근원 개념의 전체 구성 요소들이 목표 개념에 사상 된다면 한 개념은 다른 개념의 측면에서 이해되는 것이 아닌 다른 개념

---

[6] 일반적으로 일차적 은유(primary metaphor)는 단일 방향성을 가지는 것으로, 이는 일관적이고 절대적인 특성을 나타내지만 복잡한 은유의 경우는 그렇지 않을 수 있다. 예를 들어 [많음은 위이다], [목적은 목적지이다] 등과 같은 개념적 은유는 체험적 상관관계에서 직접 일어나는 은유이다(Evans, 2007:166). 이러한 간단한 은유적 표현은 근원 영역과 목표 영역의 전환이 불가한 단일 방향성의 특성을 나타내며, 일차적 은유에 속한다. 반면 [인생은 연극이다]라는 복잡한 은유에서는 목표 영역인 '인생'과 근원 영역인 '연극' 사이의 관계를 뒤바꾼다 해도 뜻이 통하는 은유가 생길 수 있으므로 단일 방향성의 특성으로 설명할 수 없다.

으로 변화될 것이다(Lakoff & Johnson, 1980:13). 그리고 사상이 생성될 때, 근원 영역 및 목표 영역 사이의 기본적인 골격이 유지되는 불변성 원리를 지닌다(임지룡 외, 2015:21). 예를 들어 그릇 영상의 도식적 사상에서 내부는 내부에, 외부는 외부에, 경계는 경계에 사상할 것이며, 경로 도식적 사상은 출발지는 출발지에, 목표지는 목표지에, 경로는 경로에 사상할 것이다.

2.2. 의미 확장의 인지 기제

2.2.1. 개념적 환유

1950년대에 로만 야콥슨을 비롯한 이론가들이 환유(metonymy)에 대해 관심을 기울이기 시작하였고, 1980년대에 들어서면서 야콥슨의 뒤를 이은 여러 학자들이 환유에 주목하였다(김욱동, 1999:188). 환유는 은유와 마찬가지로 언어뿐만 아니라 인간의 사고와 태도, 행동을 구조화하는 인지 기제로, 일상적 경험에 바탕을 두고 있다(Lakoff & Johnson, 1980:39). 인지언어학의 관점에서 환유를 은유와 동일한 반열로 올려놓은 것에는 Lakoff & Johnson(1980), Lakoff(1987), Kövecses & Radden(1998) 등 언어학자들이 크게 기여하였다.[7]

환유는 사람들이 가지는 인지의 기본 특성 중 하나로서, 어떤 사물에서 일반적으로 이해하기 쉽거나 지각하기 쉬운 한 부분을 이용하여 사물의 전체 혹은 기타 부분을 지칭하는 경향을 의미한다(Lakoff, 1987:94). 다시 말해, 환유는 한 영역 내 개념들 사이의 인접성(contiguity)에 근거하며, 목표 개념을

---

[7] 환유가 의미 확장의 가장 기본적인 과정 중의 하나이며, 사실은 은유보다 더 기본적이라는 것이 입증되었다(Taylor, 1989:124). 그 이유는 두 대상이 인접해 있음으로써 의미적 연상, 즉 의미 전이가 신속하고도 자연스럽게 발생하기 때문이다(임지룡, 2017:201).

더 구체적으로 이해시키기 위한 인지 방법이다(오예옥, 2011:31). 일상적인 언어표현에서 많이 사용되는 환유적 유형은 Lakoff & Johnson(1980:38-39)에서 상세하게 제시하였다.

  (3) a. THE PART FOR THE WHOLE(부분으로 전체를 대신함)
    b. PRODUCER FOR PRODUCT(생산자로 생산품을 대신함)
    c. OBJECT USED FOR USER(사용되는 물건이 사용자를 대신함)
    d. CONTROLLER FOR CONTROLLED(통제자로 피통제자를 대신함)
    e. INSTITUTION FOR PEOPLE RESPONSIBLE(기관으로 책임자를 대신함)
    f. THE PLACE FOR THE INSTITUTION(장소로 기관을 대신함)
    g. THE PLACE FOR THE EVENT(장소로 사건을 대신함)

 Lakoff & Johnson(1980)에서 제시된 위와 같은 환유적 유형을 바탕으로 Kövecses & Radden(1998:49)에서는 환유의 유형을 한층 더 체계화하였다.[8] 그 유형을 살펴보면 다음과 같다.

  (4) a. Whole ICM and its part(s)
    b. Parts of an ICM

 위의 유형 (4a)는 부분-전체 구조와 관련된 환유로 한 개체의 부분이 전체를 지시하거나, 반대로 전체가 부분을 지시하는 방식으로 이루어진다. 유형

---

[8] 환유 유형에 대한 분석은 Lakoff & Johnson(1980:38-39), Kövecses & Radden(1998:53-55), 임혜원(2013:142-143), 임지룡(2017:191-200) 등에서 구체적으로 참고할 수 있다.

(4b)는 개념 영역 내의 한 요소가 다른 요소를 대신 지시하는 환유 유형이다. 이러한 환유적 유형을 다음의 표현들을 통해 살펴보자.

(5) 부분-전체 구조와 관련이 있는 환유
    a. 전체 사물은 사물의 부분을 대표함
    예: 라디오를 듣다.
    b. 사물의 부분은 전체 사물을 대표함
    예: 안경이 너를 찾더라.

(6) 개념 영역 내의 한 요소가 다른 요소를 대신 지시하는 환유
    a. 도구는 행동을 대표함
    예: 스키를 타다.
    b. 행위자는 행동을 대표함
    예: 책을 저술하다.

위에서 보듯이, (5a)의 예시인 '라디오를 듣다'는 겉보기에는 전자기기인 '라디오'를 듣는 것처럼 보이지만, 실제로는 라디오에서 나오는 소리나 방송 내용을 듣는 것을 의미한다. 여기서 '라디오'는 전체 기기이며, 청각적으로 인지 가능한 부분인 '소리'를 환유적으로 대표하고 있다. 이는 전체(기기)가 그 기능적 부분(소리)을 대신하는 환유의 전형적인 사례라 할 수 있다. 반대로, (5b)의 '안경이 너를 찾더라'라는 표현은 사물의 부분이 전체를 지시하는 환유의 대표적인 예로 볼 수 있다. 여기서 '안경'은 사람의 일부분인 착용된 물건이지만, 실제로는 그 안경을 착용한 사람 전체를 지시하고 있다. 이는 시각적으로 두드러지는 부분 정보를 통해 전체 인물을 인식하고 지시하는 환유의 한 방식으로 이해할 수 있다. 또한 (6a)의 예시인 '스키를 타다'에서 '스키'는 도구이지만, 실제 의미는 스키를 이용한 행동(즉, 미끄러져 내려가는

운동)을 의미한다. 이는 도구와 행위가 동일한 개념적 영역(스포츠 활동)에 속하고, 도구가 행위 수행의 필수 구성 요소일 때 도구가 행위를 환유적으로 대체할 수 있는 가능성을 보여준다. (6b) '책을 저술하다'에서 '저술'(행위)은 '작가'(행위자)를 대표하는 환유적 표현이다. 이러한 환유는 전문적 행위와 수행자가 밀접하게 결합되어, 행위 자체가 행위자의 정체성을 내포할 때 나타난다. 예를 들어, '지휘하다'라는 행위가 '지휘자'를, '감독하다'가 '감독'을 자연스럽게 연상시키듯, 특정 행위는 해당 분야의 행위자를 인지적으로 단축하는 기능을 한다.

2.2.2. 개념적 은유

Lakoff & Johnson(1980)은 개념적 은유에 대한 하위 유형을 구조적 은유와 지향적 은유, 그리고 존재론적 은유라는 세 가지 유형으로 구분하였다. 이러한 개념적 은유의 특징을 살펴보면 다음과 같다.

2.2.2.1. 구조적 은유

인지의미론에서 구조적 은유(structural metaphors)는 근원 영역이 목표 영역에 상대적으로 풍부한 구조를 제공하여 추상적인 목표 영역이 구체적인 근원 영역의 수준으로 구조화되는 은유이다(권연진, 2017:121). 다시 말해, 구조적 은유의 인지적 기능이란 개념화자가 목표 영역 A를 근원 영역 B의 구조에 의해 이해할 수 있도록 하는 것이다(Kövecses, 2002:30).[9] 구조적 은유는 존재

---

9   예를 들어, [인생은 여행이다]라는 구조적 은유 표현에서, 목표 영역인 A(인생)의 여러 측면을 근원 영역인 B(여행)를 통해 더 명확하고 상세하게 이해할 수 있다. 추상적인 개념인 '인생'과 구체적인 개념인 '여행' 사이의 일련의 구조적 대응 관계는 Lakoff & Turner(1989:3-4)에서 구체적으로 살펴볼 수 있다.

론적 은유나 지향적 은유에 비해 더욱 많은 구조를 목표 영역에 제공한다는 특징이 있다(서은, 2004:16). 구조적 은유의 개념화 양상은 다음 예시(7)에서 설명할 수 있다.

(7) a. 사랑은 불과 같다.
b. 愛情如火. (사랑은 불과 같습니다.)

위의 (7a)와 (7b)는 '불'이라는 구체적인 개념의 구조를 빌려 '사랑'이라는 추상적인 개념을 이해하도록 하는 구조적 은유의 예이다. 이러한 구조적 은유를 통해 사랑의 여러 측면을 불의 특징과 비교함으로써 사랑의 복잡한 감정을 보다 구체적으로 전달할 수 있다. 근원 영역인 '불'과 목표 영역인 '사랑' 간의 체계적인 대응 양상을 살펴보면 다음 <표 4>와 같다.

<표 4> [사랑은 불이다]의 사상[10]

근원 영역: 불	사상	목표 영역: 사랑
불이 처음으로 붙는 순간	→	사랑의 시작점
불 꺼짐	→	사랑의 종료
불이 타는 과정	→	연애 과정
불이 뜨거운 특성	→	사랑이 열정으로 충만함
불이 어느 정도의 위험성을 내포함	→	사랑이 상대방에게 심리적인 상처를 줌

위의 <표 4>에서는 물리적 대상물인 '불'은 근원 영역이며, 추상 개념인 '사랑'은 목표 영역이다. 근원 영역의 일련의 요소가 추상 개념인 '사랑'에 사상하여 은유적 의미를 구조화한다. 구체적으로 보면, 사랑 관계의 시작점

---

[10] <표 4>에 제시된 추상적 개념 '사랑'과 구체적인 개념 '불' 사이에 발생하는 일련의 대응 관계에서, 일부는 Kövecses(1990:48)의 내용을 참고하였다.

은 불이 처음 붙는 순간이고, 사랑의 종료는 불이 꺼졌다는 것과 대응하며, 연애 과정은 불타는 과정으로 간주될 수 있다. 또한, 열정 가득한 상태의 사랑은 뜨거운 불의 특성과 대응된다. 사랑이 상대방에게 심리적인 상처를 줄 수 있다는 것은 불이 어느 정도의 위험성이 있다는 특성과 대응된다. '불'과 '사랑' 사이의 이러한 일련의 구조적 대응 관계를 통해 [사랑은 불이다]라는 구조적 은유가 생성된다.

구조적 은유와 관련하여, 또 다른 표현인 [인생은 연극이다]라는 은유를 들어 설명할 수 있다. 이에 대한 예는 아래 (8)에 나와 있다.

(8) a. 인생은 연극과 같다.
    b. 人生如戲. (인생은 연극과 같습니다.)

위의 예시 (8a)와 (8b)는 구체적이고 이해하기 쉬운 개념인 '연극'을 통해 추상적 개념인 '인생'을 이해하는 구조적 은유의 예이다. 근원 영역인 '연극'과 목표 영역인 '인생' 사이의 체계적인 대응 양상을 다음 <표 5>를 통해 살펴볼 수 있다.

<표 5> [인생은 연극이다]의 사상

근원 영역: 연극	사상	목표 영역: 인생
연극의 무대	→	사회
무대에 서 있는 연극배우	→	사람
연극의 시작	→	생명의 출생
연극의 끝남	→	생명의 죽음
연극이 지속된 시간	→	인생 과정
연극의 풍부한 줄거리	→	인생의 다양한 경험

위의 <표 5>에서는 '연극'을 근원 영역으로, '인생'을 목표 영역으로 규정

하였고 '연극'의 여러 가지 구성 요소가 '인생'과 대응 관계를 이루며 확장의 미를 개념화한다. 즉, 사람이 생활하는 사회가 연극의 무대로 간주되고 사회에 생활하는 사람이 무대에 서 있는 연극배우가 되는 것이다. 또한, 생명의 출생이나 죽음이 연극의 시작 또는 끝남으로 여겨지고, 인생의 과정이 연극이 지속되는 시간이 되며 인생의 다양한 경험이 연극의 풍부한 줄거리로 간주된다. 이처럼, 근원 영역인 '연극'에서 목표 영역인 '인생'까지의 일련의 체계적인 사상을 통해 [인생은 연극이다]라는 구조적 은유가 형성된다.

2.2.2.2. 지향적 은유

인지의미론에서 지향적 은유(orientational metaphors)는 인간이 인지하는 기본적인 공간 방향과 연관되며 비롯된다(Kövecses, 2002:35). 이러한 은유에는 위-아래(up-down), 앞-뒤(front-back), 안-밖(in-out), 깊음-얕음(deep-shallow), 접촉(on)-분리(off), 중심(central)-주변(peripheral) 등이 있다. 공간적 지향성은 임의적인 것이 아닌 우리의 일상 경험과의 상관관계에 기반을 두고 있다(Santibáñez Sáenz, 1999:179).

[많음은 위이다], [적음은 아래이다]라는 지향적 은유의 개념화 양상을 예로 들어 보면 다음과 같다.

> (9) a. 그들은 그 자리에서 <u>높은 연봉</u>을 유지할 수 있다.
> b. <u>總裁年薪高</u>. (사장의 연봉이 높습니다.)
> c. 나는 그동안 상대적으로 <u>낮은 연봉</u>을 감수해 왔다.
> d. <u>高管的年薪低</u>一些. (임원의 연봉은 좀 낮습니다.)

위의 예시 (9a)에 쓰인 '높은 연봉'과 예시 (9b)의 '年薪高'라는 표현은

[많음은 위이다]라는 지향적 은유를 통해 연봉이 많다는 은유적 의미를 나타내는 것이다. 또한, 예시 (9c)에 쓰인 '낮은 연봉'과 예시 (9d)의 '年薪低'라는 표현은 [적음은 아래이다]라는 지향적 은유를 통해 연봉이 적다는 것을 의미한다. 이러한 지향적 은유의 형성 원인은 일상 경험을 통해 설명할 수 있다. 일반적으로 쌓아둔 물건 위에 더 많은 물체가 나타나면 그 높이가 상승하게 되며 반면에 물건들이 더미에서 제거되면 높이가 낮아진다(Lakoff, 1987:276). 예를 들어 책을 더 많이 쌓으면 높이가 더 높아지고, 책을 뺄수록 높이가 더 줄어든다(Clausner & Croft, 1999:14). 쌀을 쌓으면 양이 늘어나고, 그에 따라 쌀더미의 높이도 높아진다. 반면에 쌀을 빼면, 높이도 낮아지게 된다. '분량'과 '높이' 사이의 이러한 관계를 바탕으로 [많음은 위이다], [적음은 아래이다]라는 위-아래 지향적 은유 인지 기제의 토대가 형성된다. 그러므로 양이 많다는 의미를 '높다/高'를 통해 인식하고 개념화하게 되는 것이다. 양이 적다는 의미는 '낮다/低'로 인식된다.

2.2.2.3. 존재론적 은유

인지의미론의 관점에서 존재론적 은유는, 구체적이며 이해하기 쉬운 근원 영역의 구성 요소가 추상적이며 이해하기 어려운 목표 영역으로 사상하여 개념화하는 은유적 표현 방식이다(王寅, 2014:456). 근원 영역으로서 목표 영역까지의 사상은 임의적인 것이 아니라 우리의 선개념적 경험을 바탕으로 이루어진 것이다(Lakoff, 1990:16). 존재론적 은유는 구조적 은유보다 더욱 적은 인지적 구조를 제공한다(Kövecses, 2002:34). 존재론적 은유의 개념화 양상을 예로 들어 보면 다음과 같다.

(10) a. 술은 <u>마음을 열고</u> 가식을 벗긴다.

b. *孩子較容易打開心扉*. (아이는 비교적 쉽게 마음을 열 수 있다.)

c. 그는 남의 <u>마음을 읽</u>는 능력이 있다.

d. *她教我如何<u>讀懂內心</u>*. (그녀는 마음을 읽는 방법을 가르쳐주었다.)

e. <u>머리가</u> 제대로 <u>돌아갈</u> 수 있는 분위기를 만들다.

f. *<u>大腦</u>正常<u>運轉</u>*. (뇌는 정상적으로 돌아가고 있다.)

위의 예시 (10a) '마음을 열다'와 (10b) '打開心扉'는 [마음은 문이다]라는 존재론적 은유에 기반한 것이다. '열다'는 본래 문이나 상자를 여는 물리적 행위이지만, 은유적으로는 감정이나 생각을 타인에게 드러내는 심리적 행위를 의미한다. 이러한 표현은 마음이라는 추상적이고 내면적인 개념을 물리적 공간으로 구체화함으로써, 심리 상태의 변화를 직관적으로 표현할 수 있게 한다. 또한 예시 (10c) '마음을 읽는다'와 (10d) '讀懂內心'이라는 표현은 [마음은 책이다]라는 존재론적 은유에 기반한다. 여기서 '읽다'는 본래 문자나 텍스트를 해석하는 행위지만, 은유적으로는 타인의 감정이나 내면을 이해하는 인지 활동을 의미한다. 이처럼 마음이라는 추상적인 개념을 구체적이고 해석 가능한 대상으로 전환함으로써, 내면 세계에 대한 이해를 보다 직관적으로 전달할 수 있게 한다. 이외의 예시 (10e) '머리가 돌아간다'와 (10f) '大腦運轉'이라는 표현은 [머리는 기계이다]라는 존재론적 은유에 기반하며, 인간의 인지 활동이 기계나 장치의 원활한 작동으로 개념화되어 표현된 것이다. 이러한 은유적 표현은 추상적인 정신 작용을 물리적이고 시각적인 개념(기계의 회전 운동)에 빗대어 설명함으로써, 사고의 명료성이나 효율성, 혹은 그 장애 상태를 보다 구체적이고 직관적으로 전달할 수 있게 한다.

2.3. 차원 형용사

본 절에서는 차원 형용사의 몇 가지 분류 기준을 정의하고, 차원 형용사의 기본적인 범주를 제시하고자 한다.

2.3.1. 차원 형용사의 분류 기준

기하학에서 차원(dimension)은 한 점을 결정하기 위해 필요한 좌표의 수를 의미한다. 다시 말해 차원은 한 점을 기준으로 몇 개의 방향과 크기를 가지는 지에 따라 1차원, 2차원, 3차원 등의 세 가지로 구분된다(양태식, 1985:24). 이는 다음 <그림 2>를 통해 살펴볼 수 있다.

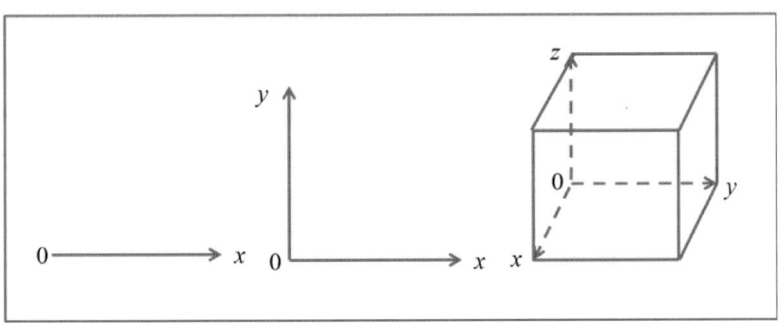

<그림 2> 차원의 특징(양태식, 1985:25)

위의 <그림 2>에서 볼 수 있듯이, 1차원(one dimensional)은 한 점을 기준으로 하나의 x축 좌표만을 따라 양쪽으로 무한히 뻗어 나가는 개념으로, '선(線)'의 특성을 갖는 것으로 여겨진다(趙亮, 2008:101). 또한, 2차원(two dimensional)은 어떠한 하나의 점이 좌표 평면상 x축과 y축 값의 조합으로

나타나는 것으로써, '면(面)'의 특성을 가지는 것으로 보인다(고양, 2020:22). 그리고 3차원(three dimensional)은 한 점의 위치를 x축, y축, z축 상에서 해당 점의 위치를 표기하는 값을 조합하여 표현하는 개념으로, '부피'의 특성을 갖는 것으로 인식된다(齊滬揚, 1998:7).

일상에서 눈으로 보고, 느끼고, 접촉하는 물건들의 '선', '면', '부피'적 특성은 차원 형용사를 통해 인식할 수 있다. 이러한 '선', '면', '부피'의 특성에 따라, 차원 형용사는 1차원, 2차원, 3차원 형용사의 하위 분류를 구성할 수 있다. 본 연구에서는 한국어와 중국어의 1차원, 2차원, 3차원 형용사를 연구 대상으로 논의를 진행하고자 한다.[11] 먼저 한·중 차원 형용사의 선정 기준[12]을 다음 세 가지 조건에 따라 설정하였다.

첫째, 본 연구는 한국어와 중국어의 차원 형용사 중, 합성어나 파생어가 아닌 단일어를 연구 대상으로 삼았다.[13] 한국어의 경우, '기나길다', '높디높다', '넓디넓다', '크디크다' 등의 합성어와 '기다랗다', '높다랗다', '굵다랗다', '가느다랗다', '커다랗다' 등의 파생어를 연구 대상에서 제외하였다. 그

---

11 본 연구에서 차원 형용사를 연구 대상으로 정한 까닭은 다음의 현상에 주목했기 때문이다. 첫째, '위', '아래' 등의 공간 명사, '오르다', '내리다' 등의 공간 이동 동사, '에', '에서' 등의 공간 조사에 있어 차원 의미는 중심 의미가 아닌 반면 차원 형용사의 경우에는 차원적 의미가 가장 두드러진 중심 의미가 된다(徐 今·尹嫣然, 2022:30). 두 번째는 차원 형용사가 구체물의 성질과 상태를 가장 적합하게 나타내는 어휘 범주에 해당한다(임지룡, 1984:121). 다시 말해 차원 형용사로 나타나는 구체물의 길이, 높이, 깊이 등의 특성은 안정적이고, 영구적인 성질을 가지며, 이러한 특징은 언어적 보편성을 지니기 때문에 언어 대조 연구에 가능성을 제공한다는 것이다.

12 차원 형용사의 구체적 선정기준은 임지룡(1984:120), 민영란(2009:4-6) 등의 연구를 참고할 수 있다.

13 '흙'처럼 하나의 형태소로 구성된 단어를 '단일어'라고 한다. 또한, '시아버지'와 같이, 어근인 '아버지'에 접두사인 '시-'를 붙인 표현이나 '나무꾼'처럼, 어근인 '나무'에 접미사인 '-꾼'을 결합하는 표현은 '파생어'라 한다. 그리고 '밤낮'처럼, 어근인 '밤'과 '낮'이 결합하는 표현은 '합성어'라고 한다. 단어의 형성 방식과 분류에 대해서는 김의수(2016:136-140)를 참고할 수 있다.

리고 중국어의 경우, '長短(길고 짧다)', '高低(높고 낮다)', '深淺(깊고 얕다)', '寬窄(넓고 좁다)', '粗細(굵고 가늘다)', '高大(높고 크다)' 등의 합성어와 '長長的(기다랗다)', '高高的(높다랗다)', '寬寬的(넓적스름하다)', '大大的(크디크다)', '小小的(자그맣다)' 등의 파생어를 연구 대상에서 제외하였다.

둘째, 본 연구에서는 양극 대립 관계로 이루어진 단일어 차원 형용사를 중심으로 연구를 진행한다. 구체물의 공간적 성질이나 상태를 파악할 때, 활용되는 기준이 대립 관계이기 때문이다(노재민, 2009:12). 예를 들어 어떤 대상의 길이를 나타낼 때, 대부분 '길다'와 그의 반의어(antonym)[14]인 '짧다'라는 어휘를 사용한다. 이러한 양극 대립 관계가 동시에 존재하기 때문에 해당 대상의 길이 개념을 더욱 쉽게 인지할 수 있다. 그러나 양극 대립 관계로 이루어진 한국어와 중국어의 단일어 차원 형용사에는 '일대일(一對一)'의 대립 관계 이외에도 '일대다(一對多)'의 대립 관계도 존재한다. 예를 들어 '일대일'의 경우, '길다/짧다', '長/短' 등이 있다. '일대다'의 경우, '낮다'라는 한국어의 차원 형용사는 중국어 차원 형용사 '低/矮'와 대응되며, 중국어 차원 형용사 '細'는 한국어 차원 형용사 '가늘다', '잘다'와 대응되어, 이와 같이 차원 형용사에 '일대다'의 대응 관계도 존재한다. 하지만 본 연구에서는 각 차원 형용사의 사용 빈도, 의미 항목의 수, 대조 분석의 가치 등의 요소를 고려하여 분석하기 적합한 한·중 차원 형용사를 선별해 '일대일'의 관계로 조합하고자 한다.[15] 이에 따라 본 연구에서는 '일대일' 관계가 가장 적합한

---

14   반의어(antonym)란 두 표현이 가능성의 범위에서 두 대립적 극단 의미를 나타내는 것이다 (Löbner, 2002:88). 반의어 표현의 원형적 예는 '위/아래', '크다/작다', '많다/적다' 등의 대립쌍이 있다.

15   예를 들어 중국어 차원 형용사 '細(가늘다)'와 대응 관계인 한국어 차원 형용사로는 '가늘다', '잘다'가 있다. '가늘다'의 사용 빈도는 0.0015%이며, '잘다'의 사용 빈도 0.0009%로 '가늘다'의 사용 빈도가 더 높다(서상규, 2019:34, 447).『표준국어대사전』을 보면 '가늘다'의 의미 항목은 7개, '잘다'는 5개의 의미 항목이 있고,『現代漢語詞典』의 '細(가늘다)'의

한국어와 중국어의 단일어 차원 형용사를 선정하여 연구의 대상으로 삼는다.

셋째, 본 연구에서는 사용 빈도가 높은 한국어 고유어 차원 형용사, 그리고 중국어 차원 형용사를 대상으로 연구를 전개하고자 한다. 먼저 '길다', '짧다', '크다', '작다' 등의 한국어 고유어 차원 형용사들의 사용 빈도를 살펴보면 다음 <표 6>과 같다.

<표 6> 한국어 고유어 차원 형용사의 사용 빈도[16]

한국어 고유어 차원 형용사	전체빈도합	전체빈도율
크다	1671	0.0939%
작다	520	0.0280%
높다	385	0.0207%
길다	335	0.0180%
깊다	312	0.0168%
가깝다	253	0.0136%
넓다	239	0.0129%
짧다	163	0.0088%
낮다	113	0.0061%
좁다	101	0.0054%
굵다	40	0.0022%
두껍다	40	0.0022%
멀다	36	0.0019%
얇다	36	0.0019%
가늘다	27	0.0015%
얕다	16	0.0009%

<표 6>은 서상규(2019)에 수록된 한국어 고유어 차원 형용사의 사용 빈도를 보여준다. 표에 따르면 '크다'가 1,671회로 가장 높은 빈도를 보이며, '작

의미 항목은 7개가 있어 '가늘다'와 '細(가늘다)'의 의미 항목 개수가 같다. 사용 빈도, 의미 항목의 수를 종합해 고려하면 '가늘다'와 '細(가늘다)'라는 차원 형용사를 대조 분석하는 것이 더 적합하므로 두 항목을 분석 대상으로 정하고자 한다.

[16] 한국어 고유어 차원 형용사의 사용 빈도는 서상규(2019)가 편찬한 『한국어 기본어휘 의미 빈도 사전』을 참고하여 정리한 것이다.

다'는 520회로 2위, '높다'는 385회로 3위, '길다'는 335회로 4위를 차지하고 있다. 이들 형용사는 공간이나 물리적 특성을 나타내는 기본적인 차원 형용사로, 실제 언어생활에서 자주 사용되는 경향을 보인다. 반면, '굵다', '두껍다', '멀다', '얇다', '가늘다', '얕다' 등은 상대적으로 낮은 사용 빈도를 보이며, 이는 해당 형용사들이 보다 구체적인 상황에서만 사용되거나 활용 범위가 상대적으로 좁기 때문으로 볼 수 있다.

다음으로 '長', '短', '大', '小' 등의 중국어 차원 형용사의 사용 빈도를 살펴보면 다음 <표 7>과 같다.

<표 7> 중국어 차원 형용사의 사용 빈도[17]

중국어 차원 형용사	단어 출현횟수	빈도율
大	5294	0.40277%
小	3821	0.29070%
高	1447	0.11009%
長	727	0.05531%
遠	674	0.05128%
低	538	0.04093%
深	383	0.02914%
近	347	0.02640%
短	235	0.01788%
細	199	0.01514%
厚	150	0.01141%
寬	120	0.00913%
粗	112	0.00852%
薄	80	0.00609%
淺	72	0.00548%
窄	30	0.00228%

<표 7>은 중국어 차원 형용사의 사용 빈도를 보여준다. 표에 따르면 '大'가

---

17 중국어 차원 형용사의 사용 빈도는 北京語言學院語言敎學硏究所(1986)가 편찬한 『現代漢語頻率詞典』을 통해 정리한 것이다.

5,294회로 가장 높은 출현 빈도를 보이며, '小'는 3,821회로 2위를 차지하고 있다. 이어서 '高'가 1,447회, '長'이 727회로 각각 3위와 4위를 기록하고 있다. 이들 형용사는 크기, 높이, 길이 등 기본적인 공간 속성을 나타내는 보편적인 차원 형용사로, 실제 언어생활에서도 자주 사용되는 경향이 있다. 반면, '薄', '淺', '窄' 등은 상대적으로 낮은 빈도를 보이는데, 이는 이들 형용사가 사용되는 문맥이 보다 한정적이기 때문으로 볼 수 있다.

한국어 고유어 차원 형용사와 중국어 차원 형용사는 모두 사용 빈도가 비교적 높을 뿐만 아니라 전체적인 순위에서 일정한 대응 관계를 이룬다. 이러한 특성이 한국어와 중국어 차원 형용사의 의미 확장 양상을 연구하는 데 있어 매우 중요한 전제가 된다고 여긴다. 따라서 본 연구에서는 한국어 고유어 차원 형용사와 중국어 차원 형용사를 대상으로 연구를 진행하고자 한다.

2.3.2. 차원 형용사의 기본 범주

본 절에서는 한·중 1차원, 2차원, 3차원 형용사의 기본 범주를 살펴보도록 한다. 먼저 1차원 형용사의 하위 유형을 <그림 3>을 통해 살펴볼 수 있다.

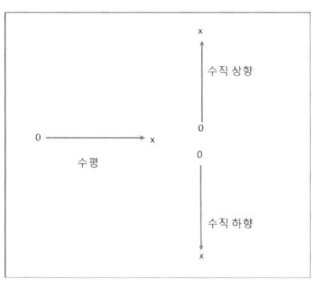

<그림 3> 1차원 형용사

위의 <그림 3>에서 보면 알 수 있듯이, 차원 형용사 '길다/짧다'와 '長/短'은 대상의 한쪽 끝에서 다른 쪽 끝까지 이르는 길이를 나타낸다. 또한, '높다/낮다'와 '高/低'는 대상이 위로 뻗은 길이나 아래로 내려간 거리를 지시한다. 그리고 '깊다/얕다'와 '深/淺'은 대상의 아래로 파고든 깊이나 수평적으로 안쪽으로 들어간 거리, 혹은 위로 솟아 있는 높이를 표현한다. 마지막으로 '멀다/가깝다'와 '遠/近'은 둘 이상의 대상 사이에 존재하는 공간적 거리를 드러낸다. 위에서 언급한 한국어와 중국어 차원 형용사들은 모두 한 점을 기준점으로 x축만을 따라 양쪽으로 무한히 뻗어 나가는 '선'의 성질을 전제로 하며, 이러한 특성 때문에 1차원 형용사의 기본 범주에 속한다.

1차원 형용사의 하위 범주에 대한 분류는 학자마다 서로 다른 견해를 보인다. 예를 들어 박상진(2011), 박동근(2013), 정혜란(2022) 등의 선행 연구에서는 '멀다/가깝다', '遠/近'을 1차원 형용사의 하위 개념 유형으로 분류하였다. 그러나 徐今·閆華(2015), 왕난난(2016), 이천택(2017) 등의 연구에서는 '멀다/가깝다', '遠/近'을 차원 형용사의 하위 개념 유형에서 제외하였다. '멀다/가깝다', '遠/近'은 물리적 대상물 자체의 1차원적 선의 특성이 아닌 대상물 사이의 거리 특성을 나타내는 개념이다. 그러나 거리의 개념은 서로 떨어져 있는 두 사물 사이의 길이를 나타내는 것으로 공간적 척도의 특성을 나타낸다(홍달오, 2011:166). 그러므로 길이와 거리의 개념은 1차원 형용사의 범주로 분류하는 것이 적합하다. 이러한 근거로 한·중 1차원 형용사의 하위 유형을 '길다/짧다', '長/短', '높다/낮다', '高/低', '깊다/얕다', '深/淺', '멀다/가깝다', '遠/近'으로 정한다.

또한, 한·중 2차원 형용사의 하위 유형을 <그림 4>를 통해 살펴볼 수 있다.

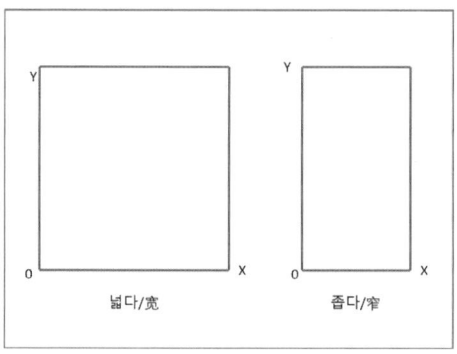

<그림 4> 2차원 형용사

<그림 4>를 보면, 차원 형용사 '넓다/좁다', '寬/窄'은 두 개의 방향과 크기에 의해 구축된 '면'을 나타내는 개념이다. 이러한 '면'은 수평과 수직 방향에 대한 제약을 받지 않는 특성을 지닌다. 2차원 형용사의 하위 범주의 분류는 학자마다 서로 다른 의견이 나타난다. 먼저 한지오(2013), 劉桂玲(2017), 권희정(2019) 등의 연구에서는 2차원의 하위 유형에서 '넓이'만을 논하였다. 그러나 양태식(1985), 노대규(1988), 정성임(2004) 등의 선행 연구에서 2차원의 하위 유형에 '넓이'와 '두께'가 있음을 제시하였다. '두께'라는 개념을 2차원 하위 유형으로 포함한 것은 입체적 대상물의 음영(陰影)이 들어있는 면이 활성화되는 것과 관련이 있다(김억조, 2009:20). 이것은 '음영이 있는 면'을 활성화하여 2차원으로 포함한 것인데, 실제로 어떠한 물체의 두께는 가로, 세로, 높이가 모두 적용되어 생성된 결과이다. 이런 점을 고려하였을 때, '두께'는 3차원의 하위 개념 유형으로 보는 것이 적합하다고 여긴다. 그러므로 본 연구에서 한·중 2차원 형용사의 하위 개념 유형을 '넓다/좁다', '寬/窄'로 정의하고자 한다.

한국어와 중국어 3차원 형용사의 하위 개념 유형은 다음의 <그림 5>를 통해 살펴보도록 한다.

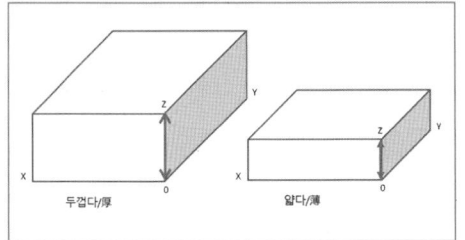
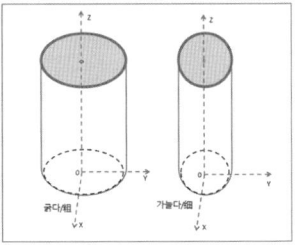
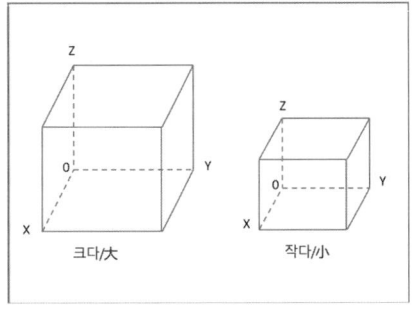

<그림 5> 3차원 형용사

위의 <그림 5>에서 알 수 있듯이 '두껍다/얇다', '厚/薄' 등은 길이, 너비, 높이가 뚜렷한 입체적 물체에 적용된 개념으로서 음영(陰影) 부분의 면이 활성화된 특성을 가진다. 또한, '굵다/가늘다', '粗/細' 등은 두께 의미를 나타내는 차원 형용사와 마찬가지로 길이, 너비, 높이 등을 지니는 입체적 대상물에 적용된 개념이다. 그리고 '크다/작다', '大/小' 등은 어떠한 구체적 대상물을 하나의 덩어리로 간주하고, 그 대상물이 차지하는 공간적 부피 개념을 나타낸다. 그러므로 한국어와 중국어 3차원 형용사의 하위 유형을 '두껍다/얇다', '厚/薄', '굵다/가늘다', '粗/細', '크다/작다', '大/小'로 정한다.

위에서 언급한 분석에 따라 연구 대상인 한·중 차원 형용사의 기본 범주를 다음 <표 8>과 같이 정리하였다.

<표 8> 한·중 차원 형용사의 기본 범주

한·중 차원 형용사		기본 범주
1차원 형용사	길이	길다/짧다, 長/短
	높이	높다/낮다, 高/低
	깊이	깊다/얕다, 深/淺
	멀기	멀다/가깝다, 遠/近
2차원 형용사	넓이	넓다/좁다, 寬/窄
3차원 형용사	두께	두껍다/얇다, 厚/薄
	굵기	굵다/가늘다, 粗/細
	크기	크다/작다, 大/小

<표 8>을 보면, 한국어와 중국어의 차원 형용사는 각각 1차원, 2차원, 3차원 형용사로 구분되며, 각 차원 형용사는 하위 개념 유형을 지닌다. 1차원 형용사의 하위 유형으로는 '길다/짧다', '長/短', '높다/낮다', '高/低', '깊다/얕다', '深/淺', '멀다/가깝다', '遠/近' 등이 있다. 2차원 형용사의 하위 유형은 '넓다/좁다', '寬/窄' 등이 있으며, 3차원 형용사의 하위 유형은 '두껍다/얇다', '厚/薄', '굵다/가늘다', '粗/細', '크다/작다', '大/小' 등이 있다.

위의 한·중 차원 형용사의 기본 범주를 바탕으로 각 차원 형용사의 의미의 개수, 의미의 사용 빈도,[18] 한국어와 중국어 차원 형용사 사이의 대조 분석의 가치성, 논문의 양 등을 고려하여, 본 연구에서는 1차원 형용사 '길다/짧다', '長/短', '높다/낮다', '高/低', '깊다/얕다', '深/淺', 2차원 형용사 '넓다/좁다', '寬/窄', 그리고 3차원 형용사 '굵다/가늘다', '粗/細', '크다/작다', '大/小', 이렇게 총 6쌍의 한국어와 중국어의 차원 형용사를 대상으로 연구를 진행하고자 한다.

---

[18] 한국어와 중국어의 차원 형용사의 사용 빈도는 본 논문의 2.3.1. 절에서의 <표 7>, <표 8>에 제시되어 있다.

제3장

한·중 1차원 형용사의 의미 분석

본 장에서는 한국어와 중국어의 1차원 형용사가 지니는 기본 의미의 특성을 규명하고, 그것이 확장되는 과정에서 드러나는 개념화 양상을 분석하고자 한다.

3.1. '길다/짧다' 및 '長/短'의 의미 분석

3.1.1. '길다/짧다'의 의미

국립국어원『표준국어대사전』에 수록된 '길다/짧다'의 의미에는 다음의 항목들이 있다.[1]

---

1   본 연구에서는 국립국어원『표준국어대사전』웹사이트를 이용하여 각 한국어 차원 형용사의 사전적 의미를 수집하고 정리하였다.

<표 9> '길다/짧다'의 사전적 의미

길다	짧다
① 잇닿아 있는 물체의 두 끝이 서로 멀다. ② 이어지는 시간상의 한 때에서 다른 때까지의 동안이 오래다. ③ 글이나 말 따위의 분량이 많다. ④ 소리, 한숨 따위가 오래 계속되다.	① 잇닿아 있는 공간이나 물체의 두 끝의 사이가 가깝다. ② 이어지는 시간상의 한 때에서 다른 때까지의 동안이 오래지 않다. ③ 글이나 말 따위의 길이가 얼마 안 되다. 또는 행동을 빠르게 하다. ④ 자본이나 생각, 실력 따위가 어느 정도나 수준에 미치지 못한 상태이다.

위의 <표 9>를 보면, '길다'의 ①번은 기본의미이고 ②번, ③번, ④번 의미는 확장된 의미이다. 또한, '짧다'의 의미 항목 중 ①번은 기본의미이고 ②번, ③번, ④번 의미는 확장된 의미이다. '길다/짧다'의 ②번 의미는 시간 영역으로 의미가 확장된 것이고, ③번 의미는 분량 영역으로 의미가 확장되었다. 그리고 '길다'의 ④번 '소리 따위가 지속된 시간'이라는 의미 항목은 시간 영역으로 분류될 수 있다. '짧다'의 사전적 의미에서는 이와 같은 의미 항목을 별도로 제시하지 않고, 대신 분량 의미와 같이 ③번 의미에 귀속된다. 이외에는 '짧다'의 ④번 의미는 '길다'의 의미 목록에서 이와 대응된 의미 항목을 보이지 않았다.

사전에 수록된 '길다/짧다'의 의미가 말뭉치에서 어떻게 나타나는지 구체적으로 알아보기 위해, '길다/짧다'와 함께 사용되는 어휘 목록을 작성하여 분석하였다. 연세 20세기 한국어 말뭉치에서 이들과 어울려 함께 사용되는 어휘들을 각각 300개를 수집해 '길다/짧다'의 의미를 분석하기로 한다. '길다/짧다'와 함께 사용되는 어휘의 목록을 정리해 보면 다음 <표 10>과 같다.

<표 10> '길다/짧다'와의 결합어

의미		길다		짧다	
		결합어	출현 횟수	결합어	출현 횟수
기본 의미	길이	칼(17), 목(1), 팔(1), 수염(2), 식탁(1), 얼굴(3), 터널(1), 벽(1), 의자(1), 기차(1), 철판(1), 치마(5), 다리(2), 골목(2), 소매(3), 옷(3), 속눈썹(3), 털(2), 못(1), 나뭇가지(1), 끈(7), 그림자(2), 담뱃대(1), 길(1), 머리카락(4)	67	다리(7), 소매(5), 목(6), 골목(1), 가지(3), 팔(1), 칼(4), 담뱃대(2), 치마(4), 털(2), 양말(1), 바지(3), 수염(1), 길(3), 옷(8), 끈(2), 그림자(2)	55
확장 의미	시간	밤(12), 날(3), 세월(14), 시일(2), 하루(10), 여름날(3), 겨울(7), 시간(9), 가을(1), 순간(3), 기간(9), 봄(6), 수명(4), 역사(11), 동안(1), 생애(1), 여행(3), 싸움(3), 이별(5), 전쟁(9), 사귐(1), 숨(2), 한숨(6), 탄식(2), 소리(6), 하품(1), 대답 소리(5), 외침(1), 신음소리(4), 웃음소리(1), 기침(1), 탄식하다(2), 말하다(2), 울리다(3), 웃다(5), 이야기하다(3), 말(4), 얘기(2), 말씀(3), 잔소리(1), 설명(2), 고통(7), 사랑(2), 기쁨(1), 슬픔(1), 고민(2), 인연(3), 관계(1), 우정(1)	191	밤(5), 세월(4), 순간(9), 여생(4), 여름(1), 동안(2), 시기(1), 역사(5), 인생(6), 생명(1), 하루(4), 임기(1), 시일(5), 생애(4), 기간(8), 시간(9), 일생(4), 겨울날(3), 봄(3), 수명(6), 가을(1), 평생(1), 사귐(2), 전쟁(1), 여행(5), 이별(4), 파업(1), 탄식(6), 소리(2), 하품(4), 기침 소리(1), 웃음소리(4), 한숨(2), 대답(3), 외침(2), 신음(3), 비명(2), 목소리(3), 대화(3), 말하다(4), 울리다(5), 외치다(3), 대답하다(6), 이야기하다(2), 웃다(4), 탄식하다(1), 행복(2), 흥분(1), 고통(1), 사랑(5), 기대(1), 고민(1), 슬픔(1), 인간관계(1), 말(5), 인연(3), 설명(2)	183

분량	편지(6), 소설(3), 글(3), 시(7), 논문(4), 문장(2), 내용(2), 분량(2), 이야기(13)	42	글(8), 시(1), 편지(5), 분량(5), 내용(5), 소설(6), 문장(2), 메시지(1), 논문(2), 이야기(10),	45
능력	-	-	지식(4), 재주(1), 학문(2), 식견(5), 경험(4), 견문(1)	17
합계		300	합계	300

위의 <표 10>을 보면, '물리적 대상물의 길이'라는 기본의미의 출현횟수는 '길다'는 67회, '짧다'는 55회로 나타나 상대적으로 높은 횟수를 차지하고 있다. 또한, 은유 의미 가운데 특히 '시간' 개념의 출현횟수가 '길다'는 191회, '짧다'는 183회로 나타나며, 다른 확장의미보다 활성화되어 있다는 것을 알 수 있다. 그리고 분량 영역으로의 사용 횟수는 '길다' 42회, '짧다'는 45회로, 비슷한 횟수를 보이고 있다. 이외에 말뭉치에서 '짧다'는 '지식', '재주', '학문', '식견' 등의 능력과 관련된 추상적인 단어와 함께 사용되는 횟수가 17회로 나타나는데, '길다'가 이와 같은 어휘들과 함께 사용되는 예시는 보여주지 않았다.

말뭉치에서 수집한 자료를 기반으로 차원 형용사 '길다/짧다'의 기본의미와 확장된 의미를 살펴보도록 한다. 먼저 '길다/짧다'의 기본의미가 가지는 특징은 다음과 같이 나타난다.

(11) a. 아내는 <u>끈이 긴</u> 핸드백을 샀다.

b. 개는 <u>짧은 끈</u>에 묶인 채 두 귀를 힘없이 늘어뜨리고 있다.

c. <u>긴 그림자</u>가 종이 위에 머물러 있다.

d. 그녀 앞에 <u>짧은 그림자</u> 하나가 드리운다.

e. 넌 <u>긴 목</u>이 있으니 좋잖니.

f. <u>짧은 목</u> 때문에 그는 흡사 푸줏간 주인을 연상시킨다.

예시 (11)에서 '길다/짧다'는 선(線)의 특징을 가지는 '끈', 면의 특징이 있는 '그림자', 부피의 특징을 가진 '목' 등과 결합하여 해당 대상물의 길이가 일반적인 기준을 초과하거나 미치지 못한다는 의미를 나타낸다. 현실의 모든 물체는 3차원 공간의 대상물이며, 눈에 보이지 않는 먼지도 크기가 있다. 이러한 물체들은 도식화 과정을 통해 물체의 세 차원 중 하나의 중요한 차원 특징을 부각하는 경향이 있다(伍莹, 2011:3). 그러므로 '길다/長'은 '선', '면', '부피' 특징을 가진 '끈', '그림자', '목' 등 물건을 수식할 수 있으며 해당 대상의 길이를 부각하여 나타낸다.

다음으로 '길다/짧다'의 기본의미가 어떤 추상적인 개념 영역으로 확장되는지 살펴보도록 한다. 먼저 '길다/짧다'의 기본의미가 시간 영역으로 확장되는 양상을 살펴보면 다음과 같다.

(12) a. 이왕에 긴 밤이니까 마음껏 이야기해 보소.
b. 초여름의 짧은 밤을 지새우고 있다.
c. 춥고 배고픈 긴 겨울을 생각해 보라.
d. 짧은 겨울 오후의 햇빛이 이제 얼마 안 남아서였다.
e. 한 시간이나 어쩌면 그보다 더 긴 시간을 지나간지도 몰랐다.
f. 십 분이나 그보다 짧은 시간이었는지 모른다.

예시 (12)에서 '길다/짧다'는 '밤', '겨울', '시간' 등과 같은 시간적 의미를 나타내는 어휘와 함께 사용되어 어떤 상황이나 사건이 오래 지속되거나 짧은 시간 동안 지속되었음을 나타낸다. 시간은 추상적인 개념이지만, 과거, 현재, 미래의 틀에서 선형적으로 흐르는 특징을 가지고 있다. 또한, 시간은 시계 등의 도구를 통해 얼마 동안 지속되는지를 측정할 수 있는 대상이다. 이러한 특징들은 구체적인 대상물의 여러 가지 길이 특성과 대응된다. 따라서 인지

의미론의 관점에서 '길다/짧다'는, 구조적인 은유를 통해 기본의미가 추상적인 개념인 시간 영역으로 투사되어 은유적 의미를 나타내는 것이다.

차원 형용사 '길다'는 기간성(期間性) 의미를 나타내는 어휘와 함께 사용될 수 있을 뿐만 아니라, 순간성(瞬間性) 의미를 나타내는 어휘와도 결합될 수 있다. 아래의 예시를 보자.

(13) a. 이 긴 순간을 견딜 수가 없다.
　　　b. 건너편 소파에 마주 앉아 꽤 긴 순간이 흘렀다고 생각됐다.

예시 (13)에서 '길다'는 '순간'이라는 어휘와 함께 사용되어, 실제 시간은 짧지만 화자의 심리적 기준에 따라 시간이 오래된 듯한 느낌을 나타낸다. 물리적 대상의 길이를 기준으로 길고 짧음을 판단하는 것처럼, '길다'는 시간 영역에 적용되어 보통은 시간적 간격이 긴 기간성(期間性) 어휘와 자연스럽게 결합한다. 반면, '짧다'는 순간성(瞬間性)을 나타내는 어휘와 주로 함께 쓰인다. 그러나 특정 순간이 오래 지속된다는 느낌을 강조할 때는 '길다'가 순간성 의미를 지닌 어휘와도 함께 사용될 수 있다. 이는 일상 경험에 기반한 현상으로, 예를 들어 고통이나 충격을 겪는 순간, 화자는 심리적으로 시간이 느리게 흐르는 듯한 주관적 경험을 한다. 이로 인해, 짧은 순간임에도 불구하고 '길다'라는 차원 형용사가 사용되어 그 시간의 심리적 길이를 표현할 수 있다.

'길다/짧다'는 시간성을 지닌 사건 명사들과 결합할 때 그 의미 영역이 시간 범주로 확장되는 현상을 보인다.

(14) a. 십 년에 걸친 긴 전쟁을 승리로 이끌었다.
　　　b. 이 싸움이 역사상 가장 짧은 전쟁이라던가.

c. 우리는 지금까지 긴 여행을 했다.
d. 내가 작년에 짧은 여행을 하였다.
e. 이 멀고 긴 이별을 예고하는 조짐을 발견했다.
f. 당신과의 긴 만남을 위해서는 짧은 이별을 필요로 합니다.

위의 예시들에서 '전쟁', '여행', '이별'과 같은 명사들은 모두 시간의 흐름 속에서 발생하고 전개되는 사건적 개념이다. (14a)의 '긴 전쟁'과 (14b)의 '짧은 전쟁'에서 '전쟁'은 명확한 시작과 끝을 지닌 채 갈등이 지속적으로 전개되는 사건이며, (14c)의 '긴 여행'과 (14d)의 '짧은 여행'에서 '여행'은 시간의 흐름에 따라 전개되는 이동 활동이다. 또한 (14e)의 '긴 이별'과 (14f)의 '짧은 이별'에서 '이별'은 관계가 단절되는 사건을 의미한다. 이처럼 해당 명사들은 단순한 사물이나 행위를 지시하는 것이 아니라, 시간적 배경을 전제로 전개되는 일련의 사건으로 개념화된다.

이때 '길다/짧다'는 사건의 물리적 거리나 크기가 아니라, 사건이 지속되는 시간적 길이를 나타내는 것이다. 이는 '사건의 시간적 길이'가 '사건 전체'를 환기하는, 즉 부분이 전체를 대신 지칭하는 환유가 작동한 결과이다. 예컨대 '긴 전쟁'은 단지 전쟁의 한 속성으로서 '길이'를 말하는 것이 아니라, '지속 시간'이라는 한 요소를 통해 전체 전쟁을 인식하게 하는 방식으로 개념화한 것이다. 요약하자면, '길다/짧다'는 사건 명사들과 결합할 때 시간 영역으로의 의미 확장을 보이며, 이는 인지언어학적으로 공간과 시간 영역 간의 개념적 사상과 환유적 인지 기제가 함께 작용한 결과라 할 수 있다.

'길다/짧다'는 '행위가 지속되는 시간적 길이'를 나타낼 수 있으며, 이는 해당 형용사의 의미가 시간 영역으로 확장된 예로 볼 수 있다. 다음 예문들을 통해 그 양상을 살펴볼 수 있다.

(15) a. 그의 말을 다 들은 박 박사는 <u>길게 탄식하였다</u>.

　　 b. 그들이 <u>짧게 탄식</u>을 한다.

　　 c. 그녀는 계속해서 <u>길게 웃었다</u>.

　　 d. 즐거운 듯 까르르 <u>짧게 웃</u>고 총총히 사라졌다.

　　 e. 말 한 마리가 <u>길게 울</u>고 있습니다.

　　 f. 그녀는 전화벨이 <u>짧게 울리</u>는 소리를 들었다.

　예 (15)에서 '길다/짧다'는 부사형 '길게/짧게'로 활용되어, 뒤에 나타난 '탄식하다', '웃다', '울리다' 등의 행위 동사와 결합할 때 해당 행위가 지속된 시간의 길이를 나타낸다. 이러한 의미 확장은 인지의미론적 관점에서 부분(지속 시간)이 전체(행위)를 매개하거나 상기시키는 환유적 개념화를 통해 이루어진다. 즉, 행위의 지속 시간이라는 하나의 속성이 전체 행위를 떠올리게 하면서, '길다/짧다'는 물리적 공간 개념을 넘어 시간적 영역으로의 의미 확장을 보인다고 할 수 있다.

　차원 형용사 '길다/짧다'는 '감정의 지속 시간'을 나타내는 의미로도 확장되어 사용된다.

(16) a. 작가와 <u>긴 사랑</u>을 나누는 이 여인의 이야기를 읽었다.

　　 b. 한순간의 <u>짧은 사랑</u>은 그에게 있어 의미가 없다.

　　 c. <u>긴 슬픔</u>이 먼 데서 전해 오는 그런 단장의 슬픔이었다.

　　 d. 그의 <u>짧은 슬픔</u>이 끝이 났다.

　　 e. <u>긴 고민</u> 끝에 그는 지난 4월 말부터 자리를 털고 일어났다.

　　 f. <u>짧은 고민</u> 끝에 일단 사실대로 대답하기로 했다.

　위 예 (16)에서 '길다/짧다'는 '사랑', '슬픔', '고민'과 같은 감정 명사와 결합하여, 해당 감정이 일정 시간 동안 지속되었는지를 나타낸다. 감정은 시간의 흐름 속에서 변화하거나 축적되는 속성을 지니며, 이러한 시간성을 통해 개념화되는 대상이다. 이러한 의미 확장은 인지의미론적 관점에서 '지속 시간'이라는 부분이 전체 감정 상태를 대신 드러내는 환유적 개념화의 결과로 볼 수 있다. 다시 말해, '길다/짧다'는 감정이라는 추상적 개념을 시간적 틀 속에서 구체화함으로써, 감정의 양상과 정서를 간접적으로 드러내는 역할을 수행한다.

'길다/짧다'는 '감정의 지속 시간'뿐만 아니라, 인간 관계의 유지 기간, 즉 '관계의 지속성'을 나타내는 의미로도 확장된다.

   (17) a. 서준혁과의 긴 인연을 더듬었다.
        b. 아내는 짧은 인연이 다한 것 때문에 울고 있네.
        c. 그들은 긴 관계를 유지해 왔다.
        d. 마무리를 지어야 하는 짧은 인간관계가 있다.
        e. 김성수 같은 분과 긴 사귐을 가져 보지 못한 것이 유감이다.
        f. 홍대용은 그와의 짧은 사귐을 통해서 선비의 길을 더욱 밝혔다.

인간 관계는 특정 시점에서 시작되어 시간의 경과에 따라 유지되거나 단절되는 과정을 거치며, 이러한 변화 속에서 관계의 시간적 특성이 자연스럽게 부각된다. 위 예문들에서 '길다/짧다'는 '인연', '관계', '사귐' 등 관계를 지칭하는 명사와 결합함으로써, 그 관계가 지속된 시간의 길이를 통해 전체 관계의 성격이나 깊이를 암시하게 된다.

이러한 표현은 인지의미론의 관점에서, 관계의 지속 시간이라는 부분적 요소를 통해 전체 관계를 인식하게 하는 환유적 기제에 기반한 개념화로 볼 수 있다. 다시 말해, '길다/짧다'는 단순히 물리적 차원을 나타내는 것이 아니라, 인간 관계라는 추상적 개념을 시간성이라는 구체적 틀 안에서 인식하도록 하는 인지적 장치를 제공한다.

'길다/짧다'의 기본의미는 시간적 차원에 국한되지 않고, 분량의 많고 적음이라는 영역으로도 확장된다.

 (18) a. 나는 꽤 <u>긴 시</u>를 썼다.
   b. <u>짧은 시</u> 속에 상당히 절절한 마음을 담고 있더군요.
   c. 나는 <u>긴 편지</u> 한 통을 받았다.
   d. <u>짧은 편지</u> 한 장을 써서 딸 손에 들려 보냈다.
   e. <u>긴 글</u>을 끈기 있게 잘 썼습니다.
   f. 50여 편의 <u>짧은 글</u>이 실렸다.

위 예문 (18)에서 '길다/짧다'는 '시', '편지', '글' 등과 결합하여 해당 텍스트의 분량을 나타낸다. 인지의미론적 관점에서 이는 시간과 분량 사이의 경험적 연관성에 기반한 표현 방식이다. 즉, 독자는 일반적으로 '읽는 데 걸리는 시간'이라는 부분적 속성을 통해 텍스트 전체의 양적 특성을 직관적으로 인식하게 되며, 이러한 인식은 부분이 전체를 환기하는 환유적 개념화로 볼 수 있다.

'짧다'는 단순히 물리적 길이나 시간의 제약을 나타내는 데 그치지 않고, '학문', '견문', '지식' 등과 같은 추상 명사와 결합할 때 인지적·경험적 한계를 나타내는 의미로 확장된다. 다음 예문이 그 구체적 양상을 보여준다.

 (19) a. <u>학문이 짧아</u> 겨우 이름 석 자를 쓸 뿐입니다.
   b. <u>견문이 짧아서</u> 도무지 무얼 하기 위한 것인지 알 수가 없다.
   c. 고등학교 때 배운 <u>짧은 지식</u>을 약간은 확장 시켰다.

위 예문 (19)에서 '짧다'는 '학문', '견문', '지식' 등과 결합하여, 특정 영역에 대한 이해나 경험이 부족함을 나타낸다. 이는 인지의미론적 관점에서, '길이'라는 공간 개념이 '지식 수준'이라는 추상 개념에 은유적으로 전이된 개념화 양상으로 볼 수 있다. 다시 말해, 물리적 길이의 제약이 인지적으로 지식의 제한성을 표상하는 방식으로 작용하는 것이다. 한편, '길다'는 '짧다'와 달리 이러한 추상 명사들과는 일반적으로 함께 사용되지 않는다. 대신 '넓다'는 '학문', '견문', '지식' 등과 자주 결합하여, 해당 영역에 대한 폭넓고 다양한 지식이나 경험을 나타내는 데 사용된다.

3.1.2. '長/短'의 의미

『現代漢語詞典』에 수록된 '長/短'의 의미들을 살펴보면 아래 <표 11>과 같다.

<표 11> '長/短'의 사전적 의미

長	短
① 兩点之間的空間距离大. (두 점 사이의 공간적 거리가 멀다) ② 兩点之間的時間間隔大. (두 점 사이의 시간 간격이 넓다) ③ (名)長度. (길이) ④ (名)优点, 長處. (장점) ⑤ (動)對某事做得特別好. (어떤 일을 특히 잘하다)	① 兩点之間的空間距离小. (두 점 사이의 공간적 거리가 가깝다) ② 兩点之間的時間間隔小. (두 점 사이의 시간 간격이 좁다) ③ 缺少;短缺. (부족하다) ④ (名)缺点, 短處. (단점)

위의 <표 11>을 보면, 차원 형용사 '長'의 사전적 의미는 다섯 가지가

있다. 그중 ①번과 ③번은 물건의 길이를 나타내는 의미이며, ②번, ④번, ⑤번 의미는 확장의미이다. 또한, 사전에 수록된 '短'의 의미는 네 가지가 있다. ①번 의미는 기본의미이며, ②번, ③번, ④번 의미는 확장의미이다. '長', '短'은 각각 ①번, ②번, ④번 의미가 대응 관계를 이룬다. '長'의 ③번 의미는 명사형으로, ⑤번은 동사형으로 나타난다. 그러나 '短'의 의미 항목에서는 이에 대응되는 항목이 없다.

BCC 말뭉치에서 수집한 예를 바탕으로 '長/短'과 함께 사용되는 어휘 목록을 정리하면 다음과 같다.

<표 12> '長/短'와의 결합어

의미		長		短	
		결합어	출현 횟수	결합어	출현 횟수
기본 의미	길이	指甲(3), 槍(11), 木梯(1), 木箱子(1), 路(1), 頭髮(6), 衣服(11), 毛(11), 枝條(5), 胡須(2), 矛(7), 樹枝(3), 蛇(1), 身体(5), 袖(3), 堤(3), 筒靴(6), 腿(9), 竿(5), 頸項(6), 脖子(12), 繩子(10), 影子(8)	130	腿(6), 頭髮(14), 尾巴(1), 麻繩(1), 刀(13), 針(1), 衣裳(10), 槍(3), 衣服(9), 樹枝(6), 箭(1), 枝(1), 須(6), 梯(1), 脖子(14), 繩子(7), 胡子(6), 鉛筆(6), 胳臂(1), 笛(9), 毛(6), 棍(8), 袖子(7), 影子(3)	140
확장 의미	시간	冬(8), 夜(3), 晝(1), 天(2), 時間(9), 一瞬間(1), 春天(7), 壽命(17), 嘆(21), 話(15), 呼吸(1), 笑(12), 鳴(6), 聲(5), 斗(1), 戰(1), 旅(7), 別(2)	119	時間(9), 時期(8), 話(5), 晝(1), 天(3), 冬季(7), 夜(13), 冬天(9), 壽命(12), 春(9), 笑(5), 呼吸(1), 嘆(13), 聲(8), 鳴(4), 旅程(1), 旅游(2), 戰(1), 別(4)	115
	분량	詩(7), 信(13), 內容(8), 小說(12), 信息(11)	51	信(11), 小說(13), 內容(6), 信息(7), 詩(8)	45
	합계		300	합계	300

위의 <표 12>를 보면, '물리적 대상물의 길이'라는 기본의미에서 '長'은 130회, '短'은 140회의 사용 횟수를 보이며, 상대적으로 높은 출현횟수를 차지하고 있다. 또한, 이들의 기본의미가 시간과 분량 영역으로 확장되는데, 그중에서 '長'의 시간 영역은 119회, '短'은 115회의 사용 횟수로 높은 활성화가 나타난다. 그리고 '長'의 분량 영역은 51회의 사용 횟수를 보이며, '短'의 분량 영역은 45회의 사용 횟수를 나타내어 비슷한 출현횟수를 보인다.

'長/短'의 기본의미의 특징을 위의 말뭉치 자료를 바탕으로 살펴보면 다음과 같다.

(20) a. 他將一根長繩子系在腰上. (그는 긴 끈을 허리에 묶었습니다.)
 b. 一根短繩子系在門上. (짧은 끈이 문에 묶여 있습니다.)
 c. 他的影子比他們的長. (그의 그림자는 그들보다 더 길다.)
 d. 有的時候影子短. (그림자가 짧을 때도 있습니다.)
 e. 那馬的脖子長如天鵝. (말의 목은 백조만큼 길다.)
 f. 短脖子的女人們. (목이 짧은 여성들이다.)

위 예문(20)에 나타난 '長/短'은 '繩子(끈)', '影子(그림자)', '脖子(목)' 등 공간적 연장성을 지닌 대상들과 결합하여, 해당 사물의 길이가 일반적인 기준을 초과하거나 미달함을 나타낸다. 이때 '長'은 기준보다 더 길게 뻗어 있음을, '短'은 상대적으로 짧거나 덜 뻗어 있음을 의미한다.

인간은 추상적인 '시간' 개념을 이해할 때, 보다 구체적인 '공간' 경험에 의존하는 경향이 있다. 특히 '길다/짧다'는 공간적 체험은 시간의 흐름이나 지속성을 개념화하는 핵심적인 인지 구조로 작용한다. 다시 말해, [시간은 거리다]라는 개념적 은유 구조를 통해, 시간의 흐름이나 지속 기간을 물리적 길이처럼 상상하고 표현하게 되는 것이다. 따라서 '長/短'이 시간 영역으로 의미가 확장되는 것은, 개념 간의 구조적 대응 관계에 기반한 인지적 은유 작용의 결과라고 할 수 있다.

차원 형용사 '長/短'의 기본의미는 다양한 추상적 영역으로 확장된다. 먼저 '長/短'이 시간 영역으로 확장되는 양상을 살펴보도록 한다.

    (21) a. 不眠的長夜. (잠 못 이루는 긴 밤이다.)
         b. 夏天的夜短. (여름은 밤이 짧습니다.)
         c. 秋天至長冬, 總是降雪. (가을부터 긴 겨울까지 늘 눈이 온다.)
         d. 這里冬短春長. (이곳은 겨울이 짧고 봄이 깁니다.)
         e. 需要長時間的努力. (긴 시간의 노력이 필요합니다.)
         f. 短時間的沉默. (짧은 시간 동안의 침묵이다.)

위의 예시 (21)에서 보이듯이, '長'은 '夜(밤)', '冬(겨울)', '時間(시간)' 등 시간적 지속성을 지닌 명사들과 결합하여, 일정한 기간이 비교적 길거나 지속된다는 의미를 나타낸다. 반면, '短'은 시간적 길이를 나타내는 명사들과 결합하여, 일정한 기간이 비교적 짧거나 지속성이 낮음을 의미한다.

'長'은 일반적으로 지속적이거나 일정한 기간성을 지닌 명사들과 결합하는 경향이 있다. 그러나 특정한 문맥에서는 순간성을 내포한 어휘들과 함께 쓰이기도 한다. 이에 대한 예시는 다음과 같다.

    (22) a. 在這短暫然而又很長的一瞬間, 尤莉亞發現錢包里面有一張她的照片.
           (그 짧고도 길었던 일순간, 율리아는 지갑 속에서 자신의 사진을 한 장 발견했다.)

예시 (22a)에서 볼 수 있듯이, '長'은 원래 지속적인 시간을 나타내는 표현임에도 불구하고, '瞬間(일순간)'과 같은 극히 짧은 시간 단위와 결합하여, 해당 순간이 인지적으로 길게 지각되는 양상을 드러낸다. 이는 객관적인 시간의 길이와는 무관하게, 개인의 인지적·정서적 경험에 따라 시간이 확장되거나 압축되는 현상을 반영한다. 특히 지루함이나 불안, 긴장과 같이 시간의 흐름을 느리게 인식하게 되는 상황에서는, '長'이 순간적 개념과 결합하여 그 시간이 마치 길게 지속된 것처럼 형상화되는 것이다.

'長/短'은 사건과 관련된 시간적인 의미를 갖는 어휘와 함께 사용되어 은유적인 의미를 나타낼 수 있다.

(23) a. 長戰下去胜算不大. (전쟁이 길게 지속되면 이길 확률이 적다.)
　　　b. 短戰中,卡車被摧毀了. (짧은 전쟁에서 트럭이 부서졌습니다.)
　　　c. 這是一次爲時一年半的長旅. (1년 반의 긴 여행이었다.)
　　　d. 郊外短旅. (교외로의 짧은 여행이다.)
　　　e. 從此与汝等長別. (이제 여러분과 긴 이별을 한다.)
　　　f. 短別重逢. (짧은 이별 후 다시 만났다.)

예시 (23)에서 '長'은 '戰(전쟁)', '旅(여행)', '別(이별)' 등과 결합하여, 해당 상황이나 사건이 오랜 시간 동안 지속되거나 심리적으로 길게 인지됨을 의미한다. 반면, '短'은 해당 어휘들과 결합하여, 어떤 상황이나 사건이 짧은 시간 내에 발생하거나 신속하게 종료되었음을 나타낸다.

'長/短'이라는 공간적 개념은 단순한 물리적 특성에 국한되지 않고, 시간적 지속성이라는 추상적 의미로 확장된다. 그러나 이러한 은유적 의미 확장은 여기서 끝나지 않으며, 그 이면에는 환유적 인지 기제가 복합적으로 작용하고 있다. 구체적으로, '長'이나 '短'은 사건의 '시간적 지속성'이라는 부분 속성을 통해 전체 사건을 환유적으로 개념화한다. 예컨대 '전쟁'이라는 복합적 사건 자체를 직접 지칭하기보다, 그 지속 시간이라는 속성을 부각시켜 사건 전체를 간접적으로 지시한다. 이는 곧 부분(시간)을 통해 전체(사건)를 인식하는 환유적 인지 기제의 작용으로 해석할 수 있다.

'長/短'은 소리의 지속 시간과 관련된 어휘와 결합하여, 소리의 시간적 길이를 은유적으로 나타내는 의미를 갖는다.

    (24) a. 雷穎只能搖頭長嘆. (레이잉은 고개를 흔들며 긴 한숨만 내쉬었다.)
        b. 老爺在房里短嘆. (어르신은 방 안에서 짧은 한숨을 내쉬었다.)
        c. 他仰臉長笑. (그는 얼굴을 젖히고 길게 웃었다.)
        d. 他冷冷發出短笑. (그는 싸늘한 짧은 미소를 지었다.)
        e. 鳥在空中長鳴. (새가 하늘에서 길게 울었다.)
        f. 窗外汽笛短鳴. (창 밖에서 사이렌이 짧게 울립니다.)

예시 (24)에서 '長'은 '嘆(탄식하다)', '笑(웃다)', '鳴(울리다)' 등의 어휘와 결합하여, 소리가 길게 지속된다는 의미를 나타낸다. 반면, '短'은 이러한 어휘들과 결합하여, 짧은 시간 동안 발생하는 소리를 의미한다. 이때 '長'이나 '短'은 단순히 소리 자체를 기술하기보다는, 그 지속 시간을 통해 발화 행위 전반이나 정서적 상태를 간접적으로 드러낸다. 이는 곧 부분(지속 시간)을 통해 전체(발화 행위 혹은 정서 상태)를 인식하는 환유적 인지 기제가 작동하고 있음을 보여준다.

'長/短'의 기본의미는 시간 영역으로 확장되는 것 외에 분량 영역으로 확장될 수도 있다. 다음 예문에서 그 양상을 확인할 수 있다.

    (25) a. 今天又讀了一首長詩. (오늘 또 긴 시 하나를 읽었습니다.)
        b. 我最喜愛希腊的短詩. (나는 그리스의 짧은 시를 가장 좋아합니다.)

c. 我一星期寫一封長信. (나는 일주일에 한 통씩 긴 편지를 씁니다.)
d. 她寫好了一封短信. (그녀는 짧은 편지 한 통을 썼다.)
e. 寫長文章要費許多時間. (긴 글을 쓰는 데 시간이 많이 걸립니다.)
f. 他寫了一篇短文章. (그는 짧은 글을 썼습니다.)

위의 예시 (25)에서 확인할 수 있듯이, '長'은 '詩(시)', '信(편지)', '文章(글)'과 같은 어휘와 결합하여, 해당 텍스트의 분량이 일반적인 기준을 초과함을 나타낸다. 반면, '短'은 동일한 범주의 어휘들과 함께 쓰일 때, 내용이 간결하며 상대적으로 분량이 적은 상태를 지시한다.

이러한 표현은 겉으로는 단순한 양의 차이를 드러내는 것처럼 보이지만, 그 이면에는 시간적 경험에 기반한 인지적 작용이 반영되어 있다. 다시 말해, 텍스트의 분량은 독자가 이를 읽고 처리하는 데 소요되는 시간과 밀접하게 연결되어 있으며, 독자는 더 많은 분량의 텍스트를 접할 때 '더 오랜 시간이 걸린다'는 심리적 경험을 통해 이를 '長'으로 개념화하게 된다. 반대로, 분량이 적고 내용이 간단한 텍스트는 처리 시간이 상대적으로 짧아 '短'이라는 형용사로 표현된다. 이러한 양상은 '내용의 양은 처리 시간의 길이로 환산된다'는 개념적 은유 구조를 반영하며, '長/短'이 단순한 물리적 속성을 넘어 추상적 개념에까지 확장되어 사용됨을 보여준다.

3.2. '높다/낮다' 및 '高/低'의 의미 분석

3.2.1. '높다/낮다'의 의미

국립국어원 『표준국어대사전』에 수록된 '높다/낮다'의 의미들을 살펴보면 아래와 같다.

<표 13> '높다/낮다'의 사전적 의미

높다	낮다
① 아래에서 위까지의 길이가 길다.	① 아래에서 위까지의 높이가 기준이 되는 대상이나 보통 정도에 미치지 못하는 상태에 있다.
② 아래에서부터 위까지 벌어진 사이가 크다.	② 높낮이로 잴 수 있는 수치나 정도가 기준이 되는 대상이나 보통 정도에 미치지 못하는 상태에 있다.
③ 수치로 나타낼 수 있는 압력, 습도, 온도 따위가 기준치보다 위에 있다.	③ 품위, 능력, 품질 따위가 바라는 기준보다 못하거나 보통 정도에 미치지 못하는 상태에 있다.
④ 품질, 가치, 능력, 수준 따위가 보통보다 위에 있다.	④ 지위나 계급 따위가 기준이 되는 대상이나 보통 정도에 미치지 못하는 상태에 있다.
⑤ 비율이나 값이 따위가 보통보다 위에 있다.	⑤ 소리가 음계에서 아래쪽이거나 진동수가 작은 상태에 있다.
⑥ 신분이나 지위 따위가 보통보다 위에 있다.	
⑦ 소리가 음계에서 위쪽에 있거나 진동수가 큰 상태에 있다.	
⑧ 명성이나 이름 따위가 널리 알려진 상태에 있다.	
⑨ 기세 따위가 힘차고 대단한 상태에 있다.	
⑩ 어떤 의견이 다른 의견보다 많고 우세하다.	
⑪ 이상이나 꿈 따위가 크고 원대하다.	
⑫ 소리의 강도가 세다.	
⑬ (('가능성' 따위의 말과 함께 쓰여)) 일어날 확률이 다른 것보다 크다.	

위의 <표 13>에서, '높다'의 ①, ②번 의미는 대상물의 높이를 나타내는 의미이고 ③번 의미부터 ⑬번 의미까지는 확장의미이다. '낮다'의 ①번 의미는 기본의미이고 ②, ③, ④, ⑤번 의미는 확장의미이다. '높다'의 의미는 13가지로 '낮다'의 5가지 의미보다 더 세분되어 나타난다. 사전적 의미에서 '높다'의 ③, ④, ⑥, ⑦번 의미 항목은 각각 '낮다'의 ②, ③, ④, ⑤번 의미와

대응된다. 또한, '높다'의 사전적 의미에서 ①번은 '대상물의 수직 상향 길이가 길다'는 의미가, ②번은 '대상물의 수직 상향 거리가 멀다'는 의미로 수록되어 있다. '낮다'에도 이러한 두 의미가 있지만, '높다'처럼 두 가지 의미 항목으로 수록되지 않고, '대상물의 상향 높이'라는 ①번 의미만 수록되어 있다. 그리고 '높다'의 ⑤, ⑨, ⑬번 의미는 '낮다'의 의미 항목에서 대응되는 항목으로 수록되어 있지 않지만, '비율이 낮다', '사기가 낮다', '가능성이 낮다' 등의 표현을 통해 '낮다'도 관련된 의미를 갖고 있다는 점을 알 수 있다. 이외에는 '높다'의 ⑧, ⑩, ⑪, ⑫번 의미는 '낮다'의 사전적 의미와 대응되지 않는다.

'높다/낮다'와 함께 사용되는 어휘의 목록을 정리해 보면 다음과 같다.

<표 14> '높다/낮다'와의 결합어

의미			높다		낮다	
			결합어	출현 횟수	결합어	출현 횟수
기본의미	상향	길이	건물(6), 바위(5), 빌딩(5), 언덕(10), 산(19), 집(3), 건축(2), 굴뚝(2), 봉우리(4), 책상(3), 뒷굽(3), 소나무(4), 나무(2), 버드나무(1), 구비(2), 집(2), 탑(5), 돌담(1), 절벽(1)	80	건물(3), 구릉(3), 봉우리(3), 언덕(8), 지대(2), 굴뚝(2), 코(4), 집(4), 뚝(1), 산기슭(1), 책상(2), 산(8), 나무(1)	42
		거리	지붕(5), 천장(7), 구름(1), 하늘(6)	19	구름(4), 천장(11), 하늘(3), 지붕(5)	23
	하향 거리		-	-	계곡(2), 구덩이(1), 골짜기(4)	7

확장의미	분량	수치	기온(1), 온도(4), 기압(1), 물가(7), 도수(1), 체온(2), 가격(6), 숫자(3), 소득(4), 봉급(1), 점수(5), 성적(1), 값(1), 혈압(6), 수압(5), 출연료(4), 상금(1)	53	성적(2), 온도(7), 보수(1), 가격(6), 임금(8), 소득(7), 수치(6), 점수(2), 봉급(1), 세금(1), 수입(4), 값(1), 숫자(4), 도수(6), 혈압(4), 체온(3), 수압(3), 습도(1), 세율(1), 기압(1)	69
		비율	이윤율(1), 비율(7), 성장률(1), 시청률(2), 득표율(3), 사망률(1)	15	이윤율(1), 사망률(3), 대비율(3), 비율(5), 이혼율(1), 득표율(1), 성장률(5), 사망률(1), 이동률(1), 시청률(3)	24
		정도	신뢰도(2), 완성도(3), 만족도(3), 인지도(2)	10	신뢰도(1), 의존도(1), 완성도(1), 빈도(3), 인지도(2)	8
		질이나 수준	생활 수준(3), 교육 수준(4), 제품품질(1), 질(2)	10	교육 수준(2), 생활 수준(1), 질(4), 제품품질(2)	9
	평가	성품	품위(3), 인격(1), 명예(2), 도덕(1), 덕망(3), 품격(2), 악명(2), 덕(1), 인품(2), 명성(1)	18	인품(3), 덕(1), 인격(1), 명성(2), 품격(1)	8
		권력	관직(5), 계급(4), 자리(2), 직급(5), 직위(1), 지위(4), 벼슬(4), 권세(3), 신분(1), 위치(1), 직(1), 관위(1), 세력(1), 권력(1)	34	계급(9), 지위(12), 관직(1), 층(1), 계층(4), 직급(3), 위치(1), 신분(8), 권세(1), 자리(2), 벼슬(3), 지체(1)	46
		능력	학식(6), 인식(2), 식견(10), 안목(3), 능력(6), 생각(1), 의식(1), 사상(1)	30	지식(2), 인식(3), 능력(1), 학식(1)	7

감각	청각	음성(3), 풍악소리(1), 음(3), 목소리(3), 소리(5), 웃음소리(1), 외침(2), 노래소리(1), 신음소리(2), 울음소리(1), 비명소리(1)	23	음(7), 한숨(4), 웃음소리(4), 기침(4), 소음(1), 탄성(2), 탄식(1), 음성(7), 외침(2), 소리(8), 말소리(1), 울음소리(4), 목소리(7), 신음소리(2), 비명 소리(3)	57
감정		행복(1), 분노(1), 사랑(5), 기쁨(1)	8	-	-
합계			300	합계	300

위의 <표 14>에서, '수직 상향 길이'라는 의미는 '높다'가 80회, '낮다'가 42회의 사용 횟수를 나타내며, 이는 상대적으로 높은 출현횟수를 보인다. '수직 상향 거리'라는 의미는 '높다'가 19회, '낮다'가 23회의 사용 횟수를 보인다. '낮다'는 '수직 하향 거리'라는 의미가 7회의 사용 횟수를 나타내지만, '높다'는 이러한 의미를 갖지 않는다. 또한, '높다/낮다'의 물리적 개념이 비교적 많은 추상적 영역으로 확장된다. 이 중에서 '높다'는 평가 영역에서 92회, 분량 영역에서는 78회의 사용 횟수를 보이며, '낮다'는 분량 영역은 101회, 평가 영역은 70회의 사용 횟수를 나타낸다. 그리고 '높다'의 청각 영역은 23회의 사용 횟수를 보이며, '낮다'의 청각 영역은 57회의 사용 횟수를 나타낸다. 이외에 '높다'의 감정 영역은 8회의 사용 횟수를 보이지만, '낮다'는 이러한 추상적인 영역으로의 확장을 보이지 않는다.

'높다/낮다'의 높이 개념 가운데 먼저 '대상물의 수직 상향 길이'라는 의미를 살펴보면 다음과 같다.

(26) a. 높은 산 위에는 햇빛이 발갛게 물들어 퍼진다.
　　　b. 낮은 산 밑에 동네가 있었다.
　　　c. 높은 굴뚝에서 시꺼먼 연기를 마구 뿜어내고 있다.

d. 낮은 굴뚝에서 하얀 연기가 피어올랐다.

e. 높은 집 안에서 피아노 소리가 흘러나오고 있었다.

f. 낮은 집은 함박꽃 같은 눈송이로 덮였다.

위의 예시 (26)에서 나타나듯이, 형용사 '높다'는 '산', '굴뚝', '집'과 같은 명사와 결합하여 해당 대상의 아래에서 위까지의 수직적 길이가 평균 또는 일반적인 기준치를 초과함을 의미한다. 반면, '낮다'는 이와 같은 명사들과 결합하여 대상의 수직 길이가 평균 수준에 미치지 못함을 나타낸다.

'높다/낮다'는 대상물의 수직 상향 길이를 나타내는 것 외에도 물체의 수직 상향 거리를 나타낼 수 있다. 예를 들면 다음과 같다.

(27) a. 하늘에는 높은 구름이 걸려 있다.

b. 해가 낮은 구름에 들어가 있다.

c. 높은 천장에 휘황한 불빛이 쏟아져 내렸다.

d. 낮은 천장이 정수리에 닿았다.

e. 놀란 닭은 날개를 펴서 높은 지붕 위로 날아올랐다.

f. 낮은 지붕 속엔 호미가 들어 있을 것이다.

위의 예시 (27)에서 형용사 '높다'는 '구름', '천장', '지붕' 등과 결합하여, 지면으로부터 해당 대상까지의 수직적 거리가 일반적인 기준을 초과함을 의미한다. 반면, '낮다'는 이와 같은 대상의 수직적 거리가 특정 기준에 미치지 못함을 나타낸다.

'낮다'는 대상물의 상향 길이 또는 상향 거리를 나타내는 것 외에도 대상물의 수직 하향 거리를 나타낼 수도 있다.

(28) a. 이렇게 낮은 골짜기에 사람들이 옹기종기 모여 살고 있었다.
　　 b. 돌멩이가 더 낮은 계곡으로 떨어진다.
　　 c. 두 사람은 동료의 시체를 낮은 구덩이에 눕혔다.

위의 예시 (28)에서 나타나듯이, 형용사 '낮다'는 '골짜기', '계곡', '구덩이' 등과 결합하여, 해당 지형의 수직적 하강 거리, 즉 깊이가 상대적으로 크지 않음을 나타낸다. 반면, '높다'는 이와 같은 맥락에서는 자연스럽게 사용되지 않으며, 의미적 차이를 드러낸다. 또한 말뭉치 자료에 따르면, '낮다'는 이러한 수직 하향 개념을 표현할 때 일부 제한된 어휘와의 결합에서만 나타나며, 이는 '낮다'의 사용이 특정 의미 영역에 국한된다는 점을 보여준다.

한국어 차원 형용사 '높다/낮다'의 물리적 개념은 다양한 추상적 영역으로 확장된다. 그중에서 먼저 이들이 숫자나 수치와 관련된 어휘와 함께 사용되어 분량 영역으로 확장된 양상을 살펴보면 다음과 같다.

(29) a. 그 시집에서 높은 점수를 주고 싶은 시가 있다.
　　 b. 낮은 점수가 나왔다.
　　 c. 노동률이 39.4%라는 높은 숫자를 표시하고 있다.
　　 d. 낮은 숫자로 상대방을 압도시켰다.
　　 e. 과외수업을 받은 학생이 더 높은 성적을 얻겠지.
　　 f. 입학시험 성적이 낮다.

예시 (29)에서 볼 수 있듯이, 큰 수치나 숫자는 '높다'로, 작은 수치나 숫자는 '낮다'로 인식된다. 인지의미론의 관점에서 이러한 표현들은 [많음은 위이다], [적음은 아래이다]라는 지향적 은유를 통해 추상적 개념이 구체적인 공간 개념으로 구조화된 것으로 볼 수 있다. 이러한 은유는 인간이 반복적으로 경험하는 신체적, 물리적 상호작용에 기반하여 형성된다. 예컨대, 어떤 그릇이나 더미에 사물을 더 많이 쌓을수록 그것의 높이는 자연스럽게 위로 증가하고, 반대로 사물이 줄어들면 높이도 낮아진다.(Taylor, 1989:138). 이러한 경험적 상관관계는 '양'이라는 비가시적 개념을 '높이'라는 시각적·공간적 이미지와 연결시키며, 결과적으로 '많음'을 '위', '적음'을 '아래'로 개념화하게 되는 인지적 틀을 형성하게 된다.

'높다/낮다'는 숫자나 수치를 직접 표현할 수 있을 뿐만 아니라, 기계로 숫자를 측정할 수 있는 추상적 대상의 높이를 나타낼 수도 있다. 이에 대한 예시는 다음과 같다.

(30) a. 수영은 <u>도수가 높은</u> 술을 주문한다.
　　 b. <u>도수가 낮은</u> 술이다.
　　 c. 홍수에 의한 <u>높은 수압</u> 때문에 둑에 구멍이 뚫려 무너졌다.
　　 d. <u>수압이 낮은</u> 고지대라면 수돗물이 잘 나오지 않게 된다.
　　 e. 주위보다 <u>높은 기압</u>을 고기압이라고 한다.
　　 f. 주위보다 <u>낮은 기압</u>을 저기압이라고 한다.

위의 예시 (30a) '높은 도수'와 (30b) '낮은 도수'는 알코올 함량이 상대적으로 많거나 적음을 의미한다. (30c) '높은 수압'과 (30d) '낮은 수압'은 물의 흐름에서 나타나는 압력이 일반적인 기준보다 강하거나 약하다는 것을 나타내며, (30e) '높은 기압'과 (30f) '낮은 기압'은 공기의 압력 강도가 평균치를 초과하거나 그에 미치지 못함을 의미한다. '도수', '수압', '기압' 등과 같은 개념에서 강도의 정도가 수치의 높낮이를 통해 표현되는 현상은, 인지의미론의 관점에서 먼저 환유적 인지 기제에 기반한 개념화 양상으로 이해할 수 있다. 즉, 화자는 '도수', '수압', '기압'이라는 복합 개념 전체를 직접 인식하기보다는, 이 중 일부인 수치적 속성에 주목하여 이를 통해 전체의 강도 개념을 간접적으로 개념화한다. 이러한 인지 과정은 '부분을 통해 전체를 지시하는' 부분-전체 환유에 해당한다.

더 나아가 '높은 도수', '높은 수압', '높은 기압'과 같은 표현은, 실제 수치가 높다는 의미 외에도 그 강도가 일반적인 수준보다 크다는 의미를 내포한다. 이러한 의미 확장은 '강도는 위이다'라는 지향적 은유에 기반한 것으로 이해할 수 있다. 이는 인간이 일상 속에서 반복적으로 경험하는 물리적 상호작용에 그 근거를 둔다. 예컨대, 강한 압력이나 힘이 가해질 때, 나타내는 상향적 반응(예: 튕김, 상승 등)은 '강함'을 '위'라는 공간적 방향성과 자연스럽게 연결짓는 인지적 토대가 된다. 결국 이러한 표현은 개념적 환유와 개념적 은유가 상호 작용하여, 추상적 개념을 구조화하는 언어적 양상을 보여준다.

'높다/낮다'는 비율을 나타내는 어휘와 함께 사용되어 의미가 분량 영역으로 확장되기도 한다.

(31) a. 시청률이 높은 프로그램만 살아남았다.
　　 b. 시청률이 낮은 프로그램은 폐지되거나 축소된다.
　　 c. 실제 선거에서 정당의 득표율이 높다.
　　 d. 사회당이 보수당보다는 낮은 득표율을 보인다.
　　 e. 높은 출생률과 높은 사망률을 들 수 있다.
　　 f. 서양인들에 비해 심장병 사망률이 낮은 이유를 찾았다.

예시 (31)에서 '높다'는 '시청률', '득표율', '사망률'과 같은 표현들과 결합하여, 해당 비율이 일반적인 수준보다 높다는 의미를 나타낸다. 반면, '낮다'는 해당 대상의 비율이 상대적으로 낮다는 의미를 나타낸다.

시청률, 득표율, 사망률과 같은 개념들이 '높다/낮다'와 같은 차원 형용사와 함께 사용될 수 있는 이유는 환유적 인지 기제에 기반한다고 볼 수 있다. 이러한 표현에서 화자는 시청률, 득표율, 사망률이라는 복합 개념 전체를 직접적으로 지시하지 않고, 그 중 측정 가능한 한 요소인 수치 정보에 주목함으로써 전체 개념의 상태나 정도를 추론하고 이를 간접적으로 지시한다. 이는 '부분을 통해 전체를 지시하는' 환유, 즉 부분-전체 환유적 인지 기제를 통해 개념화되는 양상이라고 할 수 있다.

'높다/낮다'는 단순한 물리적 높낮이를 넘어서, 신뢰도, 완성도, 인지도 등과 같은 추상적 개념의 정도를 표현하는 데까지 의미 범위가 확장되어 왔다.

(32) a. 소비자들이 향후 경제에 대해 <u>높은 신뢰도</u>를 가지고 있다.
　　　b. <u>낮은 신뢰도</u>에 대한 원인 분석도 각각이다.
　　　c. 질적 <u>완성도가 높</u>은 새 작품이다.
　　　d. <u>완성도 낮</u>은 졸속 작품들이 쏟아져 나온다.
　　　e. 품질은 국제시장에서도 <u>높은 인지도</u>를 보이고 있다.
　　　f. 시청자의 <u>인지도가</u> 매우 <u>낮</u>다.

예시 (32a)의 '높은 신뢰도'와 (32b)의 '낮은 신뢰도'는 특정 대상에 대한 신뢰 가능성의 정도를 나타낸다. 또한, (32c)와 (32d)에 나타난 '완성도'는 작품이나 작업의 질적 완성 수준을 지시하는 표현으로, '높다/낮다'와의 결합을 통해 해당 결과물의 품질 수준이 상대적으로 판단된다. 그리고, (32e)의 '높은 인지도'와 (32f)의 '낮은 인지도'는 특정 브랜드나 제품이 공중에게 어느 정도로 인식되고 있는지를 보여준다.

'높다/낮다'의 정도 영역으로의 의미 확장은 단순한 다의어적 변화가 아니라, '정도는 수직적 위치다'라는 개념 은유의 작용과 밀접한 관련이 있다고 볼 수 있다. 이는 인간의 공간적 체험에 기반한 선개념적 인지가 추상적 정도 개념으로 확장된 데에서 기인한다. 다시 말해, 물리적으로 '높은' 것이 긍정적이고 강하다는 일상적 경험은 '높은 신뢰도', '높은 완성도', '높은 인지도' 등과 같은 추상적 개념으로의 의미 확장의 근거가 된다. 또한 '낮은' 위치가 부정적이거나 미흡하다는 일상적 경험 역시 '낮은 신뢰도', '낮은 완성도', '낮은 인지도' 등의 표현에 내포된 추상적 의미 형성의 기반이 된다.

'높다/낮다'의 높이 개념이 평가 영역으로 확장될 수 있다. 먼저 이들이 사물의 질이나 수준과 관련된 어휘와 함께 사용되는 예시를 살펴보면 다음과 같다.

(33) a. 국민들의 <u>생활 수준이 높</u>은 나라도 있다.
   b. 일반적으로 개발이 늦어 국민의 <u>생활 수준이 낮</u>은 편이다.
   c. 우리는 <u>높은 교육 수준</u>을 지닌다.
   d. 그들의 <u>낮은 교육 수준</u> 탓에 무기를 제작하는데 어려움을 겪었다.
   e. <u>질 높</u>은 상품을 경쟁력 있는 가격으로 생산한다.
   f. 값싸고 <u>질 낮</u>은 제품을 무분별하게 수입한다.

예시 (33a)의 '생활 수준이 높다', (33c)의 '높은 교육 수준', 그리고 (33e)의 '질 높다'는 모두 '높다'라는 개념이 평가적 의미 영역으로 확장된 예로, 제품이나 서비스, 혹은 삶의 질이 일반적인 기준보다 뛰어남을 나타낸다. 반면, 예시 (33b)의 '생활 수준이 낮다', (33d)의 '낮은 교육 수준', (33f)의 '질 낮다'는 모두 '낮다'라는 표현이 부정적 평가의 의미로 확장된 사례로, 해당 대상의 질이나 수준이 일반적인 기준에 미치지 못하다는 의미가 된다.

'높다/낮다'의 물리적 높이 개념이 평가 영역으로 확장되는 것은 [좋음은 위이다], [나쁨은 아래이다]라는 지향적 개념 은유의 작용에 기반한다. 이러한 은유는 인간이 일상에서 겪는 감각적이고 물리적인 경험에서 비롯된 것이다. 예를 들어, 건강할 때는 몸이 곧게 서 있는 반면, 병약할 때는 몸이 구부정해지는 자세를 취하게 되며, 어떤 성취를 이룬 사람에 대해 '올라갔다'고 표현하는 문화적 관습 등이 이에 해당한다. 이러한 공간적 경험을 바탕으로, 수직적 공간에서 '위'는 힘, 권위, 우월함 등 긍정적 특성과 결합하고, '아래'는 약함, 결핍, 실패 등 부정적 특성과 연관되는 인지적 경향이 형성되었으며, 이는 추상적 평가 영역으로 일반화되어 개념화된 결과라고 할 수 있다.

또한, '높다/낮다'는 사람의 성격이나 품성을 나타내는 어휘와 함께 사용되어 평가 영역으로 확장될 수 있다.

> (34) a. 이규영 선생은 <u>인품이 높</u>은 분으로서 주시경 선생의 제자였다.
> b. 그 사람은 <u>인품이 낮다</u>.
> c. 체육교사는 교육자로서의 <u>높은 품격</u>을 지녀야 한다.
> d. 이문욱은 <u>품격이 낮</u>은 듯한 못생긴, 어득해 보이는 인상이었다.
> e. <u>인격이 높</u>은 사람에 대해서는 누구나 의심을 품지 않는다.
> f. 똑똑한 듯하면서도 <u>인격이 낮</u>은 사람이다.

예시 (34)에서 '높다'는 '인품', '품격', '인격' 등과 결합하여, 한 사람의 품성이나 인격적 수준이 뛰어남을 나타낸다. 반면, '낮다'가 이러한 어휘들과 결합하여, 개인의 성격이나 품성이 바람직하지 않거나 수준이 미흡함을 나타낸다.

'높다/낮다'는 원래 물리적 공간에서의 수직적 위치를 나타내는 단어이지만, 인간은 일상생활에서의 감각적·경험적 체험을 바탕으로 이러한 공간적 개념을 추상적 평가 영역으로 확장해 사용한다. 특히 '인품', '품격', '인격'과 같은 도덕적·인격적 가치 판단이 수반되는 어휘들과 '높다/낮다'가 결합할 때, 이는 인간이 갖는 [좋음은 위이다], [나쁨은 아래이다]라는 지향적 개념 은유에 기반하고 있다. 즉, 인격적으로 뛰어난 사람은 '수준이 높다'고 평가 되며, 반대로 성격이나 품성이 부족하거나 부정적으로 평가되는 사람은 '낮 다'는 표현으로 개념화된다. 이는 인간이 '우수함', '고귀함', '도덕적 완성도' 와 같은 긍정적 속성을 물리적 높이에 대응시키고, '결핍', '열등함', '비도덕 성' 등의 부정적 속성은 낮은 공간 위치에 연결하는 인지적 경향에서 비롯된 것이다. 이러한 지향성 은유는 단지 언어적 표현에 그치지 않고, 사회적 판단 과 문화적 인식 구조 전반에 깊이 내재되어 있다.

'높다'는 '인품', '품격', '인격' 외에도 다음과 같은 단어와 결합하여 사용 될 수 있다.

(35) a. 하도 <u>악명이 높</u>은 놈이라서 자연스럽게 알게 되었지.
　　　b. 그 중에서 <u>악명이 높</u>은 집단이었다.
　　　c. 인도는 바가지로 <u>악명이 높</u>은 나라이기도 하다.

위의 예시 (35)에서 보이듯이, '악명이 높다'는 표현은 특정 인물, 국가, 단체 등에 대해 부정적인 평판이나 나쁜 이미지가 강하게 형성되어 있음을 의미한다. 반면, '낮다'는 '악명'이라는 단어와 일반적으로 결합하지 않기 때문에, '높다'와의 사용 양상에서 차이를 보인다.

'높다/낮다'는 사회적 지위나 권력과 관련된 표현들과 결합하여, 개인이나 집단의 권력 수준이나 사회적 위치의 상대적 높낮이를 나타낸다.

(36) a. 그는 사회적 <u>신분이 높</u>은 사람이다.
　　　b. 그는 <u>낮은 신분</u> 때문에 뜻을 이루지 못하죠.
　　　c. <u>높은 지위</u>에 있는 사람일수록 더 뻔뻔스럽게 범죄 행위를 한다.

d. 지위가 낮은 사람일수록 계급적 대립의식을 심하게 느끼고 있다.
e. 그 사람은 가장 직급이 높은 사람이다.
f. 직급이 낮은 사람도 능력에 따라 높은 직책을 맡을 수 있다.

예시 (36)에서 '높다'는 '신분', '지위', '직급' 등의 어휘와 결합하여, 개인이 사회나 조직 내에서 상대적으로 높은 권력이나 사회적 위치를 가지고 있음을 나타낸다. 반면, '낮다'는 이러한 어휘들과 결합하여, 개인의 사회적 지위나 직업적 위치가 상대적으로 낮음을 의미한다.

이와 같은 '높다/낮다'의 사회적 지위 및 권력 관련 의미는 인지언어학의 개념 은유 이론을 통해 설명할 수 있다. 인간은 사회 내 위계 구조를 이해하고 인식하는 과정에서, 물리적 공간의 수직적 방향성과 권력 및 지위 간의 대응 관계를 개념적으로 확장하는 경향이 있다. 즉, '위'는 힘, 권위, 우월성을 상징하는 공간적 은유로 작용하며, '아래'는 상대적으로 약함, 종속, 열위성을 나타내는 공간적 은유로 작용한다. 이러한 지향적 은유는 인간의 신체적 경험과 문화적 관습에 뿌리를 두고 있으며, 예를 들어 신체가 위쪽으로 곧게 뻗어 있을 때 건강하거나 힘이 있다고 인식하고, 반대로 아래로 굽거나 수그러들 때 약하거나 열악하다고 느끼는 경험에서 비롯된다. 사회적 권력과 지위 역시 이러한 물리적 경험을 바탕으로 인지적으로 재구성되어, 권력이 높은 위치에 있다는 인식은 '위'에 위치함과 동일시되고, 낮은 권력은 '아래'와 연관지어진다. 이로써 '높다/낮다'는 단순히 물리적 공간을 가리키는 표현을 넘어, 추상적이고 복합적인 위계 판단의 인지적 기제로 자리 잡게 된다.

'높다/낮다'는 능력과 관련된 어휘와 함께 사용되어 높이 개념을 평가 영역으로 확장하기도 한다. 이에 대한 예시는 다음과 같다.

(37) a. 그는 상당히 높은 학식을 지닌 청년으로 소문이 나 있었다.

b. 학식이 낮고 인격은 보잘 것 없다.
c. 천사 계열은 인간보다 더 높은 능력을 가지고 있다.
d. 자신들의 실패를 낮은 능력 탓으로 돌려 버린다.
e. 그 동안 머리에 높은 지식을 채웠다.
f. 낮은 지식이 바로 이 고정관념의 대표적 예다.

위의 예시 (37)에서는 '높다'가 '학식', '능력', '지식' 등의 어휘와 결합하여, 개인이나 집단이 특정 분야 또는 주제에 대해 뛰어난 이해력과 높은 수준의 능력 및 지식을 보유하고 있음을 나타낸다. 반면, '낮다'가 이러한 어휘들과 결합하여, 개인이나 집단이 특정 분야나 주제에 대해 상대적으로 부족한 이해력과 낮은 수준의 능력 및 지식을 지니고 있음을 나타낸다.

인간은 일상적 경험을 통해 '높음'을 긍정적 속성으로, '낮음'을 부정적 속성으로 연결 짓는 인지적 경향을 형성한다. 즉, 더 많은 지식이나 뛰어난 능력을 '높은 위치'에 있는 것으로 개념화하고, 지식이나 능력이 부족한 상태를 '낮은 위치'로 인식하는 것이다. 이는 [좋음은 위이다], [나쁨은 아래이다]라는 지향적 은유에 기반한다. 예를 들어, '지식을 쌓는다', '지식을 높인다'는 표현은 지식의 축적과 향상 과정을 상향적 공간 개념에 기반하여 인식하는 인지적 기제에서 비롯된 것이다. 반대로, '지식이 낮다', '능력이 낮다'는 표현은 능력의 결핍이나 미흡함을 하위 공간 개념을 통해 인식하는 인지적 기제에 바탕을 둔다. 이처럼 '높다/낮다'는 단순한 공간 표현을 넘어서, 인간의 경험에 뿌리내린 인지적 구조를 반영하는 평가적 의미를 구성하게 된다.

'높다/낮다'의 높이 개념은 분량 영역과 평가 영역뿐만 아니라 청각 영역으로도 확장될 수 있다. '높다/낮다'의 의미가 시각 영역에서 청각 영역으로 전이된 공감각 표현[2]들을 살펴보면 다음과 같다.

(38) a. 가장 <u>높은 음</u>을 내는 현이 가장 짧다.

　　b. 가장 <u>낮은 음</u>을 내는 현이 가장 길다.

　　c. 정혜숙은 묘하게 <u>높은 소리</u>를 내며 웃는다.

　　d. <u>낮은 소리</u>가 여기저기서 들렸다.

　　e. 놀이터에서 간혹 아이들의 <u>높은 외침</u>이 들려온다.

　　f. 그녀의 입에서 "어머!" 하는 <u>낮은 외침</u>이 터져 나왔다.

위의 예시 (38)에서 '높다'는 '음', '소리', '외침' 등 청각 관련 어휘와 결합하여, 공간적 높이 개념이 청각 영역으로 공감각 전이[3] 양상을 보이며, 이는 해당 소리의 음높이가 상대적으로 높다는 의미를 내포한다. 반면, '낮다'는 '음', '소리', '외침' 등의 어휘와 결합하여, 해당 소리의 음높이가 상대적으로 낮은 상태임을 나타낸다.

이러한 표현 양상은 단순히 음의 물리적 높낮이를 지칭하는 데 그치지 않고, 인간이 청각 자극을 공간적 방향성의 개념을 통해 인식하는 인지적 구조를 반영한다. 즉, 음의 고저는 실제 공간에서의 상하 개념에 빗대어 이해되며, 이는 감각 영역 간 의미의 전이가 일어나는 전형적인 인지 현상으로 볼 수 있다.

'높다'는 긍정적이거나 부정적인 감정 어휘와 함께 사용되어 은유적인

2　공감각(共感覺, synaesthesia)은 300여 년 전에 심리학과 의학에서 알려진 개념인데, 그리스어 'syn(together)'와 'aisthesis(sensation)'가 조합된 단어로 감각을 함께 느낀다는 뜻이다(김중현, 2001:24; 이선희, 2015:205-206). '공감각 표현'은 공감각 현상이 언어에 표현되는 개념이다(김혜원, 2006:117).

3　인지의미론의 관점에서 공감각적 전이는 어떤 한 감각 영역이 다른 감각 영역의 관점에서 이해되는 공감각적 은유(synesthetic metaphor)이다(김태헌, 2010:33). 예를 들어 부드러운 맛/味道柔和(촉각→미각), 날카로운 소리/尖尖的聲音(촉각→청각), 달콤한 목소리/甜美的聲音(미각→청각), 큰 소리/大的聲音(시각→청각) 등 표현은 하나의 감각 영역을 다른 감각 영역을 통해 이해하는 은유적 표현이다.

의미를 나타낼 수 있다.

(39) a. 새로운 더 <u>높은</u> 행복을 바란다.
b. 어떤 <u>높은</u> 사랑을 경험할 때 내가 부끄러워지는 것을 경험한다.
c. 국민적 <u>분노가 높</u>은 상황이어서 특히 의미가 깊게 느껴진다.

위의 예시 (39)를 보면, 차원 형용사 '높다'는 '행복', '사랑', '분노' 등과 같은 감정 어휘와 결합하여, 특정 상황이나 대상에 대해 느끼는 감정의 강도가 일반적인 수준보다 크거나 강렬함을 나타낸다. 반면, '낮다'는 이러한 추상적 감정 어휘와 자연스럽게 결합하지 않으며, 감정의 정도가 미약함을 표현할 때는 '낮다'보다는 '작다'를 사용하는 것이 일반적이다.

3.2.2. '高/低'의 의미

『現代漢語詞典』에 수록된 차원 형용사 '高/低'의 의미들을 살펴보면 아래 <표 15>와 같다.

<표 15> '高/低'의 사전적 의미

高	低
① 從下到上距离大,离地面遠. (아래에서 위로의 거리가 멀거나 지면으로부터 멀다) ② (名) 高度. (명사)(높이) ③ (名)三角形,平行四邊形等從底部到頂部(頂点或平行線)的垂直距离. (삼각형, 평행사변형 등의 밑에서부터 꼭대기(정점 또는 평행선)까지의 수직 거리)	① 從下向上距离小, 离地面近. (아래에서 위로의 거리가 가깝거나 지면으로부터 가깝다) ② 在一般標准或平均程度之下. (일반 기준이나 평균 정도 아래) ③ 等級在下的. (등급이 낮다)

④在一般標准或平均程度之上的. (일반적인 기준이나 평균 이상의 것) ⑤等級在上的. (등급이 높다) ⑥敬辭, 称別人的事物. (경어, 다른 사람에 대한 존칭)	

위의 <표 15>를 보면, '高'의 ①, ②, ③번 의미는 물리적 대상물의 높이를 나타내는 개념이고, ④, ⑤, ⑥번 의미는 확장의미이다. 또한, '低'의 ①번 의미는 기본의미이고, ②, ③번 의미는 확장의미이다. '高'의 ①, ④, ⑤번 의미는 '低'의 ①, ②, ③번 의미와 각각 대응된다. '高'의 ②, ③, ⑥번 의미는 '低'의 사전적 의미에서 이와 대응되는 의미 항목이 없다.

차원 형용사 '高/低'와 함께 사용되는 어휘 목록을 정리해 보면 다음 <표 16>과 같다.

<표 16> '高/低'와의 결합어

의미			高		低	
			결합어	출현 횟수	결합어	출현 횟수
기본의미	상향	길이	樹(6), 山峰(3), 山岭(1), 个子(9), 山(10), 建筑(8), 墙(4), 塔(7), 地勢(6), 橋(5), 樓(4), 房子(10), 桌子(6)	79	地勢(12), 建筑(7), 塔(2), 山(12), 樓(8), 房子(8), 樹(9), 桌子(2), 个子(6)	66
		거리	云(4), 天花板(5), 屋頂(3)	12	云(6), 天花板(4), 屋頂(6)	16
	하향거리		-	-	谷(5), 坑(4), 洼(5)	14
확장의미	분량	수치	成績(3), 數字(2), 分數(4), 血壓(5), 体溫(11), 溫度(6), 演出費(3), 獎金(4), 价格(7), 税收(4), 度數(4), 水壓(5), 气壓(2)	60	數字(2), 成績(4), 血壓(3), 体溫(4), 税收(6), 分數(2), 价格(5), 度數(2), 水壓(6), 气壓(4)	38

	비율	收視率(6), 得票率(2), 就業率(6), 死亡率(4)	18	就業率(6), 投票率(4), 犯罪率(6), 死亡率(4), 收視率(2), 得票率(3)	25
	정도	知名度(5), 完成度(7), 滿意度(4), 信賴度(6), 認知度(3)	25	知名度(5), 完成度(2), 滿意度(4), 依存度(6), 信賴度(6), 認知度(5)	28
평가	질이나 수준	質量(7), 教育水准(6), 産品品質(4), 生活水平(3)	20	質量(8), 教育水准(5), 生活水平(4), 産品品質(3), 技術水平(4), 經濟水平(5)	29
	성품	人品(3), 德望(4), 名聲(2), 品德(2), 人格(3)	14	人品(4), 品德(4), 名聲(2), 人格(2)	12
	권력	身份(4), 職級(3), 地位(5), 等級(3), 官職(4)	19	出身(2), 身份(8), 職級(5), 地位(1), 等級(9), 官職(4)	29
	능력	能力(3), 學問(4), 見識(3), 知識(2), 學識(4), 認識(4), 眼界(3)	23	學識(6), 認識(6), 能力(2), 知識(3), 學問(4)	21
감각	청각	音(6), 聲(6), 嘆(2), 喊(9), 呼(7)	30	聲(4), 聲音(3), 音(5), 嘆(5), 喊(2), 呼(3)	22
		합계	300	합계	300

위의 <표 16>을 보면, '물리적 대상물의 수직 상향 길이'라는 의미가 '高'는 79회, '低'는 66회의 사용 횟수로 나타나며, 상대적으로 높은 출현횟수를 차지하고 있다. 또한, '대상물의 수직 상향 거리'라는 의미가 '高'는 12회, '低'는 16회의 사용 횟수로 나타나, 상대적으로 낮은 횟수를 차지하고 있다. 그리고 '低'는 '대상물의 수직 하향 거리'라는 의미를 나타내는데 이러한 의미는 14회의 사용 횟수로 나타나지만, '高'는 이러한 의미를 가지지 않는다. 확장의미를 살펴보면, '高/低'의 물리적 개념이 여러 가지 추상적인 영역으로 확장된다. 이 중에서 '高'는 분량 영역에서 103회의 사용 횟수로, '低'는

91회의 사용 횟수로 나타나며, 비교적 비슷한 양상을 보인다. 또한, '高'의 평가 영역은 76회, '低'는 91회의 사용 횟수로 나타나 상대적으로 높은 횟수를 차지하고 있다. 그리고 '高'의 청각 영역은 30회, '低'는 22회의 사용 횟수로 나타나며, 분량이나 평가 영역에서의 사용 횟수보다 낮은 편이다.

'高/低'의 물리적 개념의 특징을 위의 말뭉치에서 수집한 예시를 바탕으로 살펴보면 다음과 같다.

(40) a. 她喜歡高山. (그녀는 높은 산을 좋아한다.)
　　　b. 低山上主要生長針叶林. (침엽수림은 주로 낮은 산에서 자랍니다.)
　　　c. 企業烟囪高. (기업의 굴뚝이 높다.)
　　　d. 医院鍋爐房烟囪低. (병원 보일러실은 굴뚝이 낮습니다.)
　　　e. 高房子擋住了他的去路. (높은 집이 그의 길을 가로막고 있었다.)
　　　f. 房子很低. (집이 아주 낮습니다.)

예시 (40)에서 '高'는 '山(산)', '烟囪(굴뚝)', '房子(집)' 등 구체적 대상과 결합하여, 해당 물체의 수직 상향 길이가 일반적인 수준을 넘는다는 의미를 나타낸다. 반면, '低'는 해당 대상과 결합하여, 물체의 수직적 높이가 일반적인 기준보다 낮음을 의미한다.

'高/低'는 대상물의 수직 상향 거리를 나타내기도 한다. 이에 대한 예시를 보면 다음과 같다.

(41) a. 時值正午, 云高天朗. (정오가 되니 구름이 높고 하늘이 맑다.)
　　　b. 天邊低云密布. (하늘에 낮은 구름이 잔뜩 끼어 있다.)
　　　c. 天花板很高. (천장이 너무 높다.)
　　　d. 這是一間天花板低的房間. (그것은 천장이 낮은 방이었다.)

e. 詞堂的屋頂高. (사당의 지붕이 높습니다.)

f. 房子屋頂很低. (집의 지붕이 매우 낮습니다.)

위 (41)에서 '高'는 '云(구름)', '天花板(천장)', '屋頂(지붕)' 등의 대상물과 함께 사용되어 지면부터 구름이나 천장, 지붕 등 대상물까지의 거리가 일정한 정도를 초과한다는 의미를 나타낸다. 반면에 '低'는 이러한 대상물과 함께 사용되어 해당 대상의 수직 상향 거리가 일정한 정도에 미치지 못한다는 의미를 나타낸다.

중국어에서 차원 형용사 '低'는 대상의 하향 거리를 나타낼 수 있다. 관련된 예시를 보면 다음과 같다.

(42) a. 沿低谷潛行. (낮은 계곡을 따라 몰래 걸어본다.)

b. 田邊的低坑也墳平了. (밭 기슭의 낮은 웅덩이들도 메워졌다.)

c. 花園里邊高阜低洼. (정원 안에 높은 산과 낮은 웅덩이가 있다.)

위의 예시 (42)를 보면, '低'는 '谷(골짜기)', '坑(구덩이)', '洼(웅덩이)' 등의 대상과 결합하여 해당 대상의 수직 하향 거리를 나타낸다. 반면, '高'는 이러한 대상과 함께 사용되지 못해 대상의 수직 하향 거리를 표현하지 못한다. '대상물의 수직 하향 거리'라는 물리적 의미는 더욱 추상화되어 '사람이나 집단이 어떤 상태나 처지에 빠져 있다'라는 추상적 의미를 나타내기도 한다. 다음의 예시를 보자.

(43) a. 中國足球正處于低谷. (중국 축구는 지금 침체기에 빠져 있다.)

b. 經濟仍然在低谷徘徊. (경제는 여전히 침체기에 있습니다.)

c. 房地産跌入低谷. (부동산이 침체 상태에 빠졌습니다.)

위의 예시 (43a)는 중국 축구의 성과가 좋지 않고 전반적인 수준이 높지 않으며, 현재 최악의 상태에 놓여 있다는 것을 의미한다. 또한, 예시 (43b)는 경제가 어렵거나 쇠퇴하는 상태에 빠져 있다는 의미가 된다. 그리고 예시 (43c)는 부동산 시장이 활력을 잃고 침체되었거나, 가격 하락세가 본격화되었음을 나타낸다. 이는 '수직 하향 거리'라는 공간적 개념이 추상화되어, '해당 대상이 부정적이거나 바람직하지 않은 상태에 처해 있다'는 은유적 의미로 확장된 것이다.

차원 형용사 '高/低'의 물리적 높이 개념은 다양한 추상적인 영역으로 확장된다. 그중에서 먼저 '高/低'가 숫자를 나타내는 어휘와 결합하여 추상적 의미를 개념화한 양상을 살펴보면 다음과 같다.

(44) a. 考試得了<u>高分</u>. (시험에서 높은 점수를 받았다.)
　　 b. 孩子考試<u>分數低</u>. (아이의 시험 점수가 낮다.)
　　 c. 這是一个相當<u>高的數字</u>. (이는 상당히 높은 숫자입니다.)
　　 d. 這是一个很<u>低的數字</u>. (이것은 매우 낮은 숫자입니다.)
　　 e. 學生的<u>成績高</u>. (학생들의 성적이 높다.)
　　 f. <u>成績低</u>沒能進入決賽. (성적이 낮아 결승전에 진출하지 못했다.)

위의 예시 (44)에서, 차원 형용사 '高/低'는 '分數(점수)', '數字(숫자)', '成績(성적)'이라는 단어와 결합하면 해당 수치나 숫자가 개념화자의 심리적 기준을 초과하거나 미치지 못하는 정도를 나타낸다.

'높다/낮다'와 같은 공간 개념은 수직적 방향성이라는 인지적 구조를 바탕으로 양적 개념과 결합되며, 이는 [많음은 위, 적음은 아래]라는 개념적 은유로 나타난다. 예를 들어 '점수가 높다', '숫자가 낮다'는 표현은 단순히 수치의 크고 작음을 기술하는 것이 아니라, 인간이 수량의 많고 적음을 공간적 방향성을 통해 인식하는 인지 구조를 반영한다. 이러한 은유는 추상적인 수량 개념을 보다 직관적으로 이해하고 평가할 수 있도록 돕는 인지적 장치라 할 수 있다.

차원 형용사 '高/低'는 기계로 숫자나 수치를 측정할 수 있는 단어와 함께 사용될 수도 있다.

(45) a. 度數高的燒酒. (도수가 높은 소주이다.)
b. 青稞酒酒精度數低. (청과주의 알코올 도수가 낮다.)
c. 地下水源丰富、水壓高. (지하수가 풍부하고 수압이 높다.)
d. 水壓低, 七樓上不來水. (수압이 낮아서 7층에 물이 안 나온다.)
e. 沙漠的空气干燥, 气壓高. (사막의 공기는 건조하고 기압은 높다.)
f. 夏季气溫高、气壓低. (여름에는 기온이 높고 기압이 낮다.)

예시 (45)에서 보이듯이, '高'는 '度數(도수)', '水壓(수압)', '气壓(기압)' 등과 같은 추상적 개념과 결합하여, 해당 대상의 숫자나 수치가 일반적인 기준을 초과한다는 의미를 나타낸다. 반면, '低'는 이러한 추상적 개념어와 결합하여, 해당 수치나 수위가 일반적인 기준에 미치지 못하거나 상대적으로 낮은 수준임을 나타낸다.

인지의미론의 관점에서 이러한 표현들은 단순한 물리적 기술을 넘어, [양은 위치다]라는 개념 은유에 근거한 것이다. 인간은 일상 경험 속에서 수치가 많을수록 '위쪽'에, 적을수록 '아래쪽'에 위치한다고 인지하는 경향을 가진다. 이 과정에서 '도수', '수압', '기압'과 같은 전체적 상태는 부분적 속성인 수치를 통해 환유적으로 개념화되며, 그 수치의 많고 적음은 높이 공간 도식으로 전이된다.

'高/低'는 또한, 비율을 나타내는 단어와 함께 사용되어 '어떤 대상이 차지하는 비율이 크거나 작다'는 의미를 나타낸다. 이에 대한 예시를 구체적으로 살펴보면 다음과 같다.

(46) a. 節目<u>收視率高</u>. (프로그램의 시청률이 높습니다.)
　　 b. 直播<u>收視率低</u>. (생방송 시청률이 낮습니다.)
　　 c. 當選人<u>得票率高</u>. (당선자의 득표율이 높습니다.)
　　 d. 他在選擧中<u>得票率很低</u>. (그의 선거 득표율이 매우 낮습니다.)
　　 e. 牲畜<u>死亡率高</u>. (가축 사망률이 높습니다.)
　　 f. 人口<u>死亡率低</u>. (인구 사망률이 낮습니다.)

위의 예시 (46)에서 볼 수 있듯이, '高'는 '收視率(시청률)', '得票率(득표율)', '死亡率(사망률)'과 같은 명사와 결합하여, 해당 대상이 차지하는 비율이 일반적인 수준을 초과함을 나타낸다. 반면, '低'는 해당 대상이 차지하는 비율이 일반적인 수준에 미치지 못함을 나타낸다.

위의 예시에서 '高'와 '低'는 '시청률', '득표율', '사망률'과 같은 비율 개념어와 결합하여, 해당 수치가 일반적인 기준보다 높거나 낮은 상태를 나타낸다. 이러한 수치는 단순한 수량 개념을 넘어, 전체적인 사회 현상이나 상태를 간접적으로 드러내는 부분적 지표로 기능하며, 이는 인지의미론에서의 '부분이 전체를 대신한다'는 개념적 환유에 해당한다. 즉, 복잡한 사회적 맥락이나 구체적 설명 없이도 하나의 수치만으로 전체 상황을 효과적으로 환기할 수 있다는 점에서, 수치는 전체 개념을 대체하는 인지적 기제로 작용한다. 더 나아가 이러한 수치의 상대적 많고 적음은 인간의 공간적 경험에서 비롯된 개념 은유, 즉 '양은 위치다'라는 인지적 구조를 기반으로 개념화된 것이다. 일반적으로 수치가 많을수록 '위쪽'에, 적을수록 '아래쪽'에 위치한다고 인식되며, 이러한 공간적 도식에 따라 '높다/낮다'와 같은 차원 형용사가 자연스럽게 사용된다.

'高/低'는 정도와 관련된 어휘와 함께 사용되어 높이 개념이 분량 영역으로 확장되기도 한다.

  (47) a. 品牌<u>信賴度高</u>. (브랜드 신뢰도가 높습니다.)
     b. <u>低信賴度</u>的消息.. (신뢰도가 낮은 뉴스이다.)
     c. 教學任務<u>完成度高</u>. (수업의 완성도가 높습니다.)
     d. 游戲的開發<u>完成度很低</u>. (게임의 개발 완성도가 매우 낮습니다.)
     e. 用戶<u>滿意度高</u>. (사용자 만족도가 높다.)
     f. 他對自己的工作<u>滿意度低</u>. (그는 자기 일에 대한 만족도가 낮다.)

예시 (47)에서 '高'는 '信賴度(신뢰도)', '完成度(완성도)', '滿意度(만족도)'와 같은 단어와 결합하여, 특정 속성이나 특성이 일반적인 기준보다 상대적으로 높은 수준에 있음을 나타낸다. 반면, '低'는 이러한 단어와 결합하여, 어떤 속성이나 특성이 일반적인 기준에 미치지 못한다는 의미를 나타낸다.

'高/低'가 이러한 추상 개념과 결합하는 것은 '양은 위치다'라는 개념 은유에 기반한 것이다. 인간은 어떤 속성의 정도가 클수록 '위'에, 작을수록 '아래'에 위치한다고 인식하는 경향이 있으며, 이러한 공간 도식이 '높다/낮다'와 같은 형용사의 사용으로 이어진다.

'高/低'의 물리적 개념은 분량 영역으로 확장되는 것뿐만 아니라 평가 영역으로도 확장될 수 있다. 다음 예와 같이 나타난다.

  (48) a. 城市<u>生活水平高</u>. (도시 생활 수준이 높습니다.)
     b. 農民的<u>生活水平低</u>. (농민의 생활 수준이 낮습니다.)
     c. 芬蘭的音樂<u>教育水准高</u>. (핀란드는 음악 교육 수준이 높습니다.)

d. 他們的教育水准低. (그들의 교육 수준은 낮습니다.)

e. 企業產品質量高. (기업의 제품 품질이 높습니다.)

f. 工厂產品質量低. (공장 제품의 품질이 낮습니다.)

위의 예시 (48)에서, '高/低'는 '生活水平(생활 수준)', '教育水准(교육 수준)', '質量(질)'과 같은 개념어와 결합하여, 제품의 질이나 서비스 등의 수준이 개념화자의 심리적 기준보다 우수하거나 나쁘다는 의미가 된다. 이는 [좋음은 위이다], [나쁨은 아래이다]라는 지향적 은유를 통해 '高/低'의 물리적 높이 개념이 평가 영역으로 확장되어 은유적 의미를 개념화하는 것이다.

'高/低'는 대상의 질이나 수준의 좋음 또는 나쁨을 평가하는 것 외에도 성품과 관련된 용어와 함께 쓰여 사람의 성격이나 품성이 좋거나 나쁜 것을 평가할 수 있다.

(49) a. 作書須人品高. (책을 쓰려면 인품이 높아야 합니다.)

b. 人品低的人. (인품이 낮은 사람들이다.)

c. 這个姑娘品德高. (그 아가씨는 품격이 높다.)

d. 他的品德低. (그의 품격이 낮습니다.)

e. 个人之人格高. (개인의 인격이 높다.)

f. 她的人格低. (그녀는 인격이 낮습니다.)

예시 (49)를 보면, 차원 형용사 '高'는 '人品(인품)', '品德(품격)', '人格(인격)'과 같은 단어와 결합하여, 개인의 도덕적 또는 윤리적 품성에 대한 긍정적 평가를 나타낸다. 반면, '低'는 이러한 어휘들과 결합하여, 개인의 품성에 대한 부정적 평가를 나타낸다.

인간은 긍정적인 속성을 '위'에, 부정적인 속성을 '아래'에 위치시키는 공간적 경험을 바탕으로 추상 개념을 이해하고 평가하는 경향이 있다. 이에 따라 '高'는 도덕적·윤리적 특성이 우수함을 나타내는 긍정적 평가로 작용하며, 반대로 '低'는 이러한 특성이 부족하거나 결함이 있음을 드러내는 부정적 평가로 기능한다.

'高/低'는 사회적 지위나 권력과 관련된 어휘와 함께 사용되어 '힘이 강하거나 약하다'는 의미를 나타낸다.

    (50) a. 身份高的女性. (신분이 높은 여자이다.)
         b. 女的比男的身份低. (여자가 남자보다 신분이 낮은 것이다.)
         c. 這些父母的社會地位高. (그 부모들은 사회적 지위가 높습니다.)
         d. 農民社會地位低. (농민들의 사회적 지위가 낮다.)
         e. 職級高的公務員. (직급이 높은 공무원이다.)
         f. 基層法官職級低. (말단 법관은 직급이 낮다.)

예시 (50)에서 보듯이, '高'는 '身份(신분)', '地位(지위)', '職級(직급)'과 결합하여, 개인이 직장 내 혹은 사회적 측면에서 상대적으로 높은 권력이나 위계를 지니고 있음을 나타낸다. 반면 '低'는 해당 용어들과 결합하여, 개인이나 집단이 가지는 사회적 권력이 개념화자의 심리적 기준에 비해 상대적으로 약하다는 의미를 나타낸다. 인지의미론의 관점에서 이러한 표현은 [힘이 강한 것은 위이다], [힘이 약한 것은 아래이다]라는 위-아래 지향적 은유를 통해 은유적 의미를 개념화한 것이다.

차원 형용사 '高/低'는 능력과 관련된 어휘와 결합하여 추상적 의미를 나타내기도 한다.

    (51) a. 學識高的人易患抑鬱. (학식이 높은 사람은 우울증에 걸리기 쉽다.)

b. 他攻擊女子<u>學識低</u>. (그는 여자의 학식이 낮다고 공격한다.)

c. 他的工作<u>能力高</u>. (그의 업무 능력은 높습니다.)

d. 企業自我發展<u>能力低</u>. (기업의 자체 발전 능력은 낮습니다.)

e. 人家是<u>知識高</u>的人. (그 사람은 지식이 높은 사람입니다.)

f. 農民的文化<u>知識低</u>. (농민의 문화 지식이 낮습니다.)

예시 (51)에서 '高'는 '學識(학식)', '能力(능력)', '知識(지식)'과 결합하여, 학문적 지식이나 능력이 일반적인 수준보다 뛰어나다는 의미를 나타낸다. 반면, '低'는 해당 단어들과 결합하여 학문적 지식이나 능력이 일반적인 수준에 미치지 못한다는 의미를 나타낸다.

'高/低'의 높이 개념이 청각 영역으로 확장되어 '소리의 높낮이'를 나타내기도 한다.

(52) a. 短而快的震動發生<u>高音</u>. (짧고 빠른 진동은 고음을 만듭니다.)

b. 長而慢的震動發生<u>低音</u>. (길고 느린 진동은 저음을 만듭니다.)

c. 女子在家不敢<u>高聲</u>說話. (여자는 집에서 큰 소리로 말하지 못한다.)

d. 房里已<u>低聲</u>說起話來. (방에서 낮은 소리로 말하기 시작했다.)

e. 女人<u>高喊</u>"下去". (여자는 '내려가'라고 크게 외쳤다.)

f. "我不吃了!"她<u>低喊</u>. ('난 안 먹어!' 그녀는 낮게 외쳤다.)

예시 (52a) '高音', (52c) '高聲', (52e) '高喊'과 같은 표현들은 소리의 주파수가 높다는 것을 의미한다. 반면, 예시 (52b) '低音', (52d) '低聲', (52f) '低喊'과 같은 표현들은 소리의 주파수가 낮다는 의미를 나타낸다. 소리의 높이는 주파수와 관련이 있어, 주파수가 높을수록 소리가 '높음'으로 인식되고, 주파수가 낮을수록 소리가 '낮음'으로 인식된다.

3.3. '깊다/얕다' 및 '深/淺'의 의미 분석

3.3.1. '깊다/얕다'의 의미

국립국어원 『표준국어대사전』에서 수록된 '깊다/얕다'의 사전적 의미를 살펴보면 다음 <표 17>과 같다.

<표 17> '깊다/얕다'의 사전적 의미

깊다	얕다
① 겉에서 속까지의 거리가 멀다. ② 생각이 듬쑥하고 신중하다. ③ 수준이 높거나 정도가 심하다. ④ 시간이 오래다. ⑤ 어둠이나 안개 따위가 자욱하고 빡빡하다.	① 겉에서 속, 또는 밑에서 위까지의 길이가 짧다. ② 생각이 일정한 정도에 미치지 못하거나 마음 쓰는 것이 너그럽지 못하다. ③ 수준이 낮거나 정도가 약하다. ④ 시간이 오래지 않다.

위의 <표 17>을 보면, '깊다'의 ①번은 기본의미이고 ②, ③, ④, ⑤번은 확장의미이다. '얕다'의 ①번은 기본의미이고 ②, ③, ④번 의미는 확장의미이다. 사전적 의미의 '깊다', '얕다'에 나타난 ①, ②, ③, ④번 의미는 각각 대응을 이루고 있으나 '깊다'의 ⑤번 의미는 '얕다'에 나타난 사전적 의미에서 대응되는 의미가 없다.

차원 형용사 '깊다/얕다'와 함께 사용되는 어휘의 목록을 정리해 보면 다음 <표 18>과 같다.

<표 18> '깊다/얕다'와의 결합어

의미			깊다		얕다	
			결합어	출현 횟수	결합어	출현 횟수
기본 의미	하향	길이 거리	강물(20), 바닷물(5), 호수(5), 물(21)	51	갯물(1), 호수(1), 바닷물(3), 강물(6), 시냇물(3), 물(59)	73
			골짜기(3), 골(3), 웅덩이(3), 구렁(2), 못(2), 우물(11), 늪(2), 골짝(2), 구덩이(1), 그릇(1), 바다(17)	47	그릇(3), 구덩이(1), 우물(2), 골(2), 산골(4), 개울(1), 강(2), 구멍(1), 웅덩이(1), 접시(1), 화분(2), 골짜기(1), 계곡(1), 바다(31)	53
	수평 내향 거리		동굴(3), 골목(4), 숲(6), 산(7)	20	동굴(1), 골목(1), 숲(2)	4
	상향	길이	-	-	구릉(2), 산(8), 모래언덕(1), 굽(1), 언덕(8), 키(2), 집(2), 둑(2), 담(6), 문턱(1)	33
		거리	-	-	하늘(5), 천장(3), 지붕(2), 구름(4)	14
확장 의미	시간		밤(16), 겨울(3), 가을(12), 새벽(4), 유서(5)	40	-	-
	감정		한(5), 감동(4), 사랑(5), 실망(2), 정(8), 의혹(1), 슬픔(2), 동정(1), 절망(2), 고독(1), 허무감(1), 부러움(1), 관심(5), 기쁨(2), 행복(1), 분노(5), 원망(3)	49	분노(1), 원망(1), 관심(5), 사랑(2), 욕망(2), 정(4)	15
	관계		관계(8), 관련(5), 우정(2), 친분(1), 사이(1), 연관(1), 연(1), 연락(1), 인연(9)	29	관계(2), 친분(1), 인연(1)	4
	능력		학문(5), 생각(4), 지식(6), 이해(4), 학식(5), 공부하다(2), 이해하다(3), 연구하다(4), 분석하다(2)	35	학문(2), 생각(15), 이해(2), 학식(1), 지식(10), 식견(3), 소견(4), 안목(3), 재주(3), 경험(1), 지혜(2), 문견(1), 공부하다(1), 해석하다(1)	49

	권력		-	-	지체(4), 지위(2), 신분(1), 벼슬(3), 계급(2)	12
감각	시각		안개(1), 연기(2), 그늘(2), 갈색(1)	6	-	-
	청각		웃음(1), 소리(1), 한숨(7), 신음소리(2), 기침(1), 울음(4)	16	한숨(10), 웃음소리(1), 기침(2), 소리(5), 호흡(10), 코소리(1), 신음소리(3), 숨(2), 음성(4), 비명소리(1), 목소리(2)	41
	후각		향(1), 향기(3)	4	-	-
	미각		맛(3)	3	맛(2)	2
합계				300	합계	300

    위의 <표 18>을 보면, '액체의 수직 하향 길이'라는 의미가 '깊다'는 51회, '얕다'는 73회의 사용 횟수로 다른 의미에 비해 상대적으로 높은 횟수를 보인다. 또한, '대상물의 수직 하향 거리' 의미의 '깊다'는 47회, '얕다'는 53회의 사용 횟수로 나타나며, '대상물의 수평 내향 거리' 의미의 '깊다'는 20회, '얕다'는 4회의 사용 횟수로 나타난다. 이외에는 '대상물의 수직 상향 길이' 의미의 '얕다'는 33회의 사용 횟수, '수직 상향 거리' 의미의 '얕다'는 14회의 사용 횟수를 나타내는데, '깊다'는 이러한 의미를 보이지 않았다. 확장의미를 살펴보면, '깊다/얕다'의 기본의미가 여러 가지 추상적인 영역으로 확장된다. 이 중에서 감정 영역에서의 '깊다'는 49회의 출현횟수로 '얕다'의 15회보다 높으며, 관계 영역에서의 '깊다'는 29회의 출현횟수를 나타내어 '얕다'의 4회보다 더 높은 횟수를 나타낸다. 그리고 능력 영역에서 '얕다'의 사용 횟수는 49회로 '깊다'의 35회에 비해 높으며, 청각 영역에서 '얕다'의 출현횟수는 41회로 '깊다'의 16회에 비해 높다. 이외에도, 미각 영역의 사용

횟수는 '깊다'는 3회, '얕다'는 2회로 나타나며, 상대적으로 낮은 횟수를 차지하고 있다. 마지막으로, '깊다'의 시간 영역은 40회의 사용 횟수, 후각 영역은 4회의 사용 횟수로 나타나며, '얕다'는 이러한 추상적 영역으로 확장되지 않았다. '얕다'의 권력 영역은 12회의 사용 횟수를 나타내며, '깊다'는 권력 영역으로 확장되지 않았다.

'깊다/얕다'의 물리적 깊이 개념에서 먼저 이들이 '액체의 수직 하향 길이'라는 의미를 나타내는 양상을 살펴보면 다음과 같다.

  (53) a. 강물이 너무 깊다.
    b. 지금은 강물이 얕아 큰 배는 드나들지 못한다.
    c. 깊은 바닷물 속에 있다.
    d. 바닷물이 얕은 곳에서는 개구쟁이들이 물장난을 치고 있었다.
    e. 얼음물이 한 방울 한 방울 모여 깊은 호수가 된다.
    f. 얕은 호수 속이나 호숫가에서 쌓인 것이다.

예시 (53)에서 보이듯이, '깊다'는 '강물', '바닷물', '호수' 등의 명사와 결합하여 수면에서 바닥까지의 수직적 거리, 즉 깊이가 일반적인 기준보다 크다는 의미를 나타낸다. 반면 '얕다'는 이러한 대상물과 결합하여 해당 대상의 수직 하향 깊이가 일반적인 기준에 미치지 못함을 의미한다.

'깊다/얕다'는 또한, 대상물의 수직 하향 거리를 나타낼 수도 있다. 예를 들어보면 다음과 같다.

  (54) a. 크고 깊은 그릇을 치면 깊은 소리가 납니다.
    b. 작고 얕은 그릇을 치면 얕은 소리가 납니다.
    c. 넓고 깊은 구덩이를 파놓았다.

d. 조민세가 <u>얕은 구덩이</u> 속에 앉아 있었다.
e. 잉어들이 <u>깊은 우물</u> 속으로 숨어들었다.
f. 처음에는 아주 <u>얕은 우물</u> 같은 것이었을까?

예시 (54)에서 볼 수 있듯이, 차원 형용사 '깊다/얕다'는 '그릇', '구덩이', '우물' 등의 단어와 함께 사용되어 해당 대상물의 입구로부터 바닥까지의 수직 하향 거리를 의미한다. 이러한 물리적 깊이 개념은 점차 추상화되어, '개인이나 집단, 국가가 처한 상황'과 같은 추상적 영역으로 확장되기도 한다. 이에 대한 예시는 다음과 같다.

(55) a. 경기는 침체의 <u>깊은</u> 골에 빠져 들었다.
b. 러시아 정국은 더 <u>깊은</u> 수렁에 빠져들었다.
c. 출판계는 올해 더 <u>깊은</u> 불황의 늪에서 허덕였다.

예시 (55a)는 경기가 어려운 상황에 처해 있음을 나타낸다. 또한, 예시 (55b)는 러시아의 정치적 상황이 한층 더 악화되었거나 복잡해졌음을 의미한다. 그리고 예시 (55c)는 출판계가 전년도보다 더욱 심각한 곤경이나 경제적 어려움에 직면해 있음을 의미한다. 이처럼 '깊은 골', '깊은 수렁', '깊은 늪' 등의 표현은 단순히 대상물의 수직 하향 거리를 넘어서, 개인이나 집단, 국가가 어려움이나 위험한 상황에 빠져 있다는 추상적 의미를 나타낸다.

'깊다/얕다'는 대상물의 수평 내향 거리를 나타낼 수 있다. 이에 대한 예시를 살펴보면 다음과 같다.

(56) a. 장비 보급품이 <u>깊은 동굴</u> 속에 있다.
b. 이렇게 코끼리 발처럼 <u>얕은 동굴</u>이 해식동굴이다.

  c. 이윽고 몸을 돌려 <u>깊은</u> 골목 안으로 들어갔다.
  d. <u>얕은</u> 골목으로 들어가면 가게가 하나 있다.
  e. 주인이 산돼지를 찾으러 <u>깊은</u> 숲 속으로 들어갔다.
  f. 사람은 <u>얕은</u> 산호 숲을 넘어 깊은 곳으로 간다.

 예시 (56)에서 '깊다'는 '동굴', '골목', '숲' 등의 명사와 결합하여, 해당 대상의 입구로부터 내부 깊숙한 지점까지의 수평적 거리나 범위가 일반적인 기준보다 크다는 의미를 지닌다. 반면 '얕다'는 이러한 단어와 함께 사용되어 그 내부로의 거리나 범위가 상대적으로 짧거나 제한적임을 나타낸다.
 '얕다'는 대상물의 수직 상향 길이를 나타내기도 한다. 이에 대한 예시를 보면 다음과 같다.

  (57) a. 괘릉(掛陵)은 <u>얕은</u> 구릉 지대 남쪽에 자리잡고 있다.
    b. <u>얕은</u> 모래언덕 하나만 넘었다.
    c. 뜰 동쪽에 <u>얕은</u> 언덕이 있다.

 예시 (57)에서 '얕은 구릉', '얕은 모래언덕', '얕은 언덕'이라는 표현은 해당 대상의 밑에서 꼭대기까지의 수직 상향 높이가 상대적으로 낮다는 의미가 된다. '깊다'는 이러한 대상과 함께 사용되지 않아 수직 상향 높이를 나타내지 않는다. '얕다'는 또한, '산'이라는 단어와 함께 사용되어 해당 대상의 상향 높이를 나타내며, 이는 '낮은 산'과 거의 같은 의미로 사용된다(박선영·홍기선, 2007:73). '깊다'는 '산'과 함께 사용될 수 있지만, 이 경우의 의미는 '얕은 산'과는 다르다. 관련된 예시를 보면 다음과 같다.

  (58) a. 혼자 <u>깊은</u> 산 속으로 돌아간다.

b. 그가 곤충 채집하느라고 <u>얕은</u> 산에 오른다.

　예시 (58a)의 '깊은 산'이라는 표현은 산의 수평 내향 거리를 의미한다. 반면(58b)의 '얕은 산'이라는 표현은 산의 수직 상향 높이를 나타낸다. '깊다'와 '얕다'는 모두 '산'이라는 단어와 함께 사용될 수 있지만, 가리키는 의미가 다르다.

　'얕다'는 '대상물의 수직 상향 길이' 뿐만 아니라, '대상물의 수직 상향 거리'라는 의미를 나타내기도 한다. 이에 대한 예시를 보면 다음과 같다.

(59) a. 어느 정도 달렸더니 낯선 <u>얕은 지붕</u>들이 보였다.
　　　b. 그 불을 <u>얕은 하늘</u>의 별들이 반짝이는 줄로만 알고 있었다.
　　　c. <u>얕은 구름</u> 밖으로 살짝 얼굴을 디밀고 있는 상현달이 맑았다.

　위의 예시 (59)를 보면, '얕다'는 '지붕', '하늘', '구름' 등과 함께 사용되어 대상의 수직 상향 거리가 낮다는 의미를 나타낸다. '깊다'는 이러한 의미를 포함하지 않으므로 '얕다'와 차이가 나타난다.

　'깊다/얕다'의 깊이 개념은 여러 가지 추상적인 영역으로 확장된다. 먼저 '깊다'가 시간 영역으로 확장되는 양상을 살펴보면 다음과 같다.

(60) a. 개울 친정마을에 도착했을 때는 <u>깊은 밤</u>이었다.
　　　b. 그 <u>깊은 가을</u> 속에서 나는 집을 나섰다.
　　　c. 우리는 <u>깊은 겨울</u> 속에서 저 먼 봄을 간절하게 기다리고 있었다.

　한국어에서 '깊다'는 '밤', '가을', '겨울' 등의 단어와 함께 사용되어 깊이 개념이 시간 영역으로 확장되며 은유적인 의미를 나타낸다. 구체적으로 보면, 예시 (60a)의 '깊은 밤'이라는 표현은 밤이 진해지며 시간이 늦어가는 것을 의미한다. 또한, 예시 (60b)에서 '깊은 가을'은 가을이 점점 깊어지면서 늦가을의 분위기가 짙어지는 것을 의미한다. 그리고 예시 (60c)의 '깊은 겨울'이란 겨울이 깊어지면서 추위가 더욱 강해지는 것을 의미한다. '얕다'는 시간을 나타내는 단어와 결합하지 못해 '깊다'와 차이가 나타난다.

한국어에서 '깊다'는 공간 개념에 기반하여 시간 영역으로 의미가 확장되어 사용된다. 이러한 은유적 의미 확장은 인간의 감각 경험에서 비롯된 인지적 연관성을 반영한다. 사람은 일상 속에서 '깊은 곳'일수록 빛이 줄어들고 색이 짙어지며, 시야가 제한되는 현상을 반복적으로 경험한다. 또한, 얕은 물은 밝고 투명하지만, 깊은 호수나 바다는 빛이 닿지 않아 더 어둡고 짙은 색을 띤다. 이러한 빛과 색의 변화에 대한 감각적 경험은 시간이 흐르면서 점차 짙어지고 어두워지는 시간의 감각과 맞물려 있다. 따라서 '깊은 밤', '깊은 가을', '깊은 겨울'과 같은 표현은 단순한 시간의 흐름을 넘어, 정서적 깊이와 분위기의 짙어짐을 반영한다. 이는 '깊다'라는 공간적 개념이 시간 영역으로 확장된 인지적 은유의 전형이라 할 수 있다.

'깊다/얕다'는 긍정적 또는 부정적 감정을 나타내는 어휘와 결합하여, 물리적 깊이 개념이 감정 영역으로 확장된다.

(61) a. 나는 할머니한테서 <u>깊은 사랑</u>을 배웠다.
　　 b. <u>얕은 사랑</u>을 어떻게 멈추나요?
　　 c. 할머니에 대한 <u>깊은 원망</u>을 드러냈다.
　　 d. <u>깊은 사랑</u>과 <u>얕은 원망</u>을 동시에 가지게 되었다.
　　 e. <u>깊은 분노</u>가 호수처럼 가슴 밑바닥에 가라앉아 있었다.
　　 f. <u>얕은 분노</u>를 체내에 느꼈다.

예시 (61)에서 볼 수 있듯이, '깊다'는 '사랑', '원망', '분노'와 같은 긍정적 또는 부정적 감정을 나타내는 어휘와 결합하여, 특정 감정 상태에 몰입하거나 감정의 강도가 크다는 의미로 나타난다. 반면 '얕다'는 이와 같은 감정 어휘와 함께 쓰일 때, 해당 감정이 상대적으로 강하지 않거나 표면적인 수준에 머물러 있다는 의미를 나타낸다.

'깊다/얕다'가 감정 어휘와 결합할 때, 물리적 깊이 개념은 감정 영역으로 확장된다. 이는 '감정은 물리적 공간이다', '강한 감정은 깊다', '약한 감정은 얕다'와 같은 개념 은유에 기반한 것으로, 인간은 감정의 강도나 몰입 정도를 물리적 깊이에 빗대어 이해한다. 예컨대 '깊은 사랑', '깊은 원망'은 감정이 강하고 내면 깊숙이 자리 잡은 상태를 나타내며, '얕은 사랑', '얕은 분노'는 감정이 약하고 일시적인 상태임을 의미한다. 이러한 표현은 일상적 신체 경험에 기반한 공간적 구조가 감정 이해에도 적용되는 인지적 특성을 잘 보여준다.

차원 형용사 '깊다/얕다'는 관계를 나타내는 단어와 결합하여 추상적 의미를 나타낸다.

(62) a. 가장 <u>깊은 인연</u>을 가진다.
  b. 우리의 관계는 <u>얕은 인연</u>에 그친다.
  c. 두 사람은 <u>깊은 관계</u>가 되었다.
  d. 깊은 인간관계보다는 <u>얕은 인간관계</u>가 좋다.
  e. 김정희와는 이때부터 <u>깊은 친분</u>을 맺었다.
  f. 다섯 명 모두 <u>얕은 친분</u>으로 서로 숨 막히게 어색했다.

예시 (62)를 보면, '깊다'는 '인연', '관계', '친분'과 결합하여 사람 사이에 맺어지는 관계가 보통보다 친밀하다는 의미가 된다. 반면 '얕다'는 이러한 단어와 결합하여 사람 사이의 관계가 친밀하지 않다는 의미가 된다. '깊다'는 '인연', '관계', '친분' 등의 단어뿐만 아니라 아래와 같은 관계 어휘와 함께 사용될 수 있다.

(63) a. 미학 이론은 심리학과 <u>깊은 연관</u>을 맺으면서 발전되었다.
  b. 교육과 교육학은 <u>깊은 관련</u>을 가지고 있다.
  c. 설사 두 사람이 더 <u>깊은 사이</u>였으면 어쩌겠다는 겁니까?

예시 (63)에서 '깊다'는 '연관', '관련', '사이' 등 관계를 나타내는 명사들과 결합하여 대상 간의 심리적 거리나 정서적 친밀성이 가까움을 의미한다. 반면 '얕다'는 이러한 어휘와 자연스럽게 결합되는 경우가 드물고, 사용 범위도 상대적으로 좁다. 즉, '깊다'는 관계의 밀접성과 지속성을 드러내는 데 자주 활용되는 반면, '얕다'는 일시적이거나 표면적인 관계를 지칭할 때에만 제한적으로 사용되는 경향이 있다.

인지의미론의 관점에서 볼 때, '깊다/얕다'의 이러한 용법은 개념 은유 [관계의 친밀함은 깊이이다]에 기반한다. 인간은 물리적으로 깊은 공간에 들어갈수록 중심에 가까워지고, 외부에서 보이지 않는 내면으로 들어간다는 경험을 일상적으로 반복한다. 이러한 신체적·지각적 경험은 은유적 사고를 통해 인간관계라는 추상적 개념에 적용되어, '깊은 관계'는 심리적 거리의 밀접함, 신뢰, 정서적 교감을 포함하는 개념으로 개념화된다. 반대로 '얕은 관계'는 표면적이고 일시적인 관계, 정서적 연결이 약한 상태를 나타내며, 감정적 깊이나 내면적 유대가 부족한 관계로 인식된다.

차원 형용사 '깊다/얕다'는 능력과 관련된 어휘와 함께 사용되어 은유적 의미를 나타낸다.

(64) a. 학문이 깊은 김문근의 딸이다.
　　 b. 나는 원래 재주가 없고 학문이 얕은 사람이다.
　　 c. 이 책에 대한 깊은 이해 없이 이 책을 비판했다.
　　 d. 나는 불교에 대한 이해가 얕다.
　　 e. 넓고 깊은 학식을 탐구하고 있다.
　　 f. 그는 학식이 얕은 사람에게 경멸을 느끼지는 않는다.

예시 (64)에서 '깊다'는 '학문', '이해', '학식' 등의 단어와 함께 사용되어 깊이 개념이 능력 영역으로 확장되며 어떤 영역에서 높은 수준의 전문 인식이나 뛰어난 이해력을 갖추고 있다는 것을 의미한다. 반면 '얕다'는 이러한 단어와 결합하여 어떤 분야에서 지식이나 인식, 이해 등의 수준이 낮거나 표면적인 상태에 있다는 것을 의미한다.

'깊다/얕다'가 '학문', '이해', '학식' 등과 결합하여 추상적 의미로 확장되는 현상은 인간의 지각적 경험을 통해 설명할 수 있다. 인간은 무언가를 깊이 파고들수록 더 많은 정보를 얻고 본질에 가까워질 수 있다는 물리적·지각적 경험을 반복하며 살아간다. 예컨대 땅을 깊이 파면 지표면 아래 감춰진 것을 발견할 수 있고, 이러한 반복적 경험은 '지식'이나 '이해' 같은 추상 개념을 공간적 깊이로 개념화하는 인지적 근거가 된다.

'얕다'는 사회적 지위나 권력과 관련된 단어와 함께 사용되어 은유적 의미를 나타낸다. 다음의 예시를 보자.

(65) a. 민담의 주인공은 원칙적으로 지체가 얕은 미천한 인물로서 얘기의 서두에 등장한다.
　　 b. 사회적 지위가 얕은 여인들은 자신들이 처해 있는 어쩔 수 없는 환경 때문에 사랑하는 남자를 멀리하지 않을 수 없는 슬픔을 지니고 있다.

c. 신분이 높은 상위직자에게는 많은 보수를 또 <u>신분이 얕은</u> 하위직자에게는 적은 보수가 배분된다.

예시 (65)에서 보듯이, '얕다'는 '지체', '지위', '신분' 등과 같은 어휘와 결합하여, 깊이 개념이 권력 영역으로 확장되어 사람의 사회적 권력이 상대적으로 약하다는 의미가 된다. 반면 '깊다'는 이러한 추상적인 단어와 함께 사용되지 않는다. 대신 '높다'가 '지체', '지위', '신분' 등과 함께 사용되어 사회적 권력이 강하다는 의미를 나타내는 것이 일반적이다.

인간은 사회적 위계를 '상하'의 공간적 은유를 통해 개념화하는 경향이 있다. 높은 지위는 '위에 있다', 낮은 지위는 '아래에 있다'로 표현되며, 이는 '높다/낮다'와 같은 수직적 방향 개념에 기반한다. 반면 '깊다'는 일반적으로 수직 아래 방향을 나타내지만, 그 개념은 주로 '내면적', '정서적', '인지적 깊이'와 같은 심층적 속성과 결합되는 경향이 강하다. 따라서 '지위가 깊다'와 같은 표현은 구조적으로 어색하며, 인지적으로도 사회적 위계를 '깊이'라는 개념으로 파악하는 데에는 한계가 있다. 반면 '얕다'는 '깊다'의 반의어로서 '표면적이다', '약하다', '속이 비어 있다'와 같은 부정적 속성과 연관되며, 이는 낮은 권력이나 하위 계층을 묘사할 때 자연스럽게 연결된다.

'깊다/얕다'는 '시각', '청각', '후각', '미각' 등 감각 영역으로 확장되는 양상을 나타내기도 한다. 먼저 이들의 물리적 개념이 시각 영역으로 확장되는 양상을 보면 다음과 같다.

(66) a. <u>깊은 안개</u>로 멀리는 보이지가 않았다.
b. <u>깊은 연기</u>를 뿜어낸다.
c. 자기의 몸을 <u>깊은 그늘</u> 속에 교묘할 정도로 은폐시킨다.

예시 (66)에서 보이듯이, '깊다'는 '안개', '연기', '그늘' 등 자연 현상과 관련된 어휘와 결합하여, 색이나 밀도의 정도가 짙고 강하다는 의미로 나타난다. '깊다'가 '안개', '연기', '그늘' 등의 어휘와 자연스럽게 결합하는 이유는 선개념적 경험과 물리적 특성을 통해 설명될 수 있다. 짙은 안개나 연기, 깊게 드리운 그늘은 시야를 제한하고 내부를 들여다보기 어렵게 만들며, 이는 침투 불가능성과 공간적 장벽이라는 이미지로 인식된다. 이러한 현상은 마치 깊은 물속이나 어두운 동굴과 같은 환경에서 경험하는 시각적 단절과 유사한 감각을 유발하며, 인지적으로 '깊은' 상태로 개념화된다. 즉, 여기서 '깊다'는 단순히 거리의 깊이를 나타내는 것이 아니라, 감각 정보의 차단 정도, 밀도의 불확실성을 포함하는 은유적 표현으로 기능한다.

반면, 이러한 대상의 상태가 연하고 흐릴 때는 '얕다'가 아닌 '옅다'라는 표현이 자연스럽게 쓰인다. 이에 대한 예시를 보면 다음과 같다.

(67) a. 신부님은 수족관의 열대어처럼 <u>옅은 안개</u> 속에서 움직이셨다.
 b. 그곳엔 <u>옅은 연기</u>가 피어오르는 것 같기도 하였다.
 c. 산자락에는 벌써 <u>옅은 그늘</u>이 깔리기 시작한다.

한국어에서는 '얕다'가 아닌 '옅다'가 '안개', '연기', '그늘' 등의 단어와 함께 사용되어 물리적 현상의 연한 정도를 의미한다. 구체적으로 설명하자면, 예시 (67a)의 '옅은 안개'는 안개의 농도가 상대적으로 낮고 시야가 흐려지지 않는 것을 의미한다. 또한 예시 (67b)의 '옅은 연기'는 연기가 짙지 않은 상태를 의미한다. 그리고 예시 (67c)의 '옅은 그늘'은 그늘이 약하고 햇빛이 상대적으로 쉽게 스며들어오는 자연 상태를 의미한다.

'깊다'는 색채와 관련된 어휘와 함께 사용될 수 있다. 이에 대한 예를 들면 다음과 같다.

  (68) a. 쥴리앙 봐가스는 그의 <u>깊은 갈색</u> 눈을 반짝이다.
    b. 피부는 <u>옅은 갈색</u>을 띠고 있습니다.

 위의 예시 (68a)에서, '깊다'는 '갈색'이라는 단어와 함께 사용되어 갈색이 일반적인 수준보다 짙고 어둡다는 것을 의미한다. 한국어 '깊다'가 색과 관련된 단어와 함께 쓰이기도 하지만, 일상 언어에서는 '깊다'보다는 '짙다'로 색의 진한 정도를 표현하는 것이 더 자연스럽다.
 반면 '얕다'는 이러한 어휘와 함께 사용할 수 없으며, 대신 '옅다'라는 단어가 다양한 색과 관련된 어휘와 결합하여 색이 흐리다는 것을 의미한다. '얕다'는 본래 공간의 수직적 깊이를 나타내는 형용사로, 물의 깊이, 골짜기, 생각, 학문, 관계 등과 같이 실체가 있거나 구조화된 대상에 주로 적용된다. 반면 '옅다'는 색, 냄새, 안개, 연기, 맛처럼 비형상적이고 확산성이 강한 속성의 농도나 강도를 표현하는 데 적절한 어휘로, 이러한 명사들과의 결합에서 의미론적으로 더욱 자연스럽게 작용한다.
 '깊다/얕다'는 소리와 관련된 단어와 함께 사용되어 물리적 개념이 청각 영역으로 확장된다. 예시는 다음과 같다.

  (69) a. 병모는 <u>깊은 한숨</u>이 절로 나왔다.
    b. 나도 모르게 <u>얕은 한숨</u>이 두 번 터졌다.
    c. 장군은 괴롭다는 듯 <u>깊은 신음</u> 소리를 냈다.
    d. 공주는 <u>얕은 신음</u> 소리를 내고 있었다.
    e. 어머니는 밤마다 <u>깊은 기침</u>이 끊이지 않았다.
    f. 영숙은 쿨럭쿨럭 <u>얕은 기침</u>을 했다.

예시 (69)를 보면, '깊다'는 '한숨', '신음소리', '기침' 등의 단어와 함께 사용되어 소리가 상대적으로 크고 강하다는 의미가 된다. 반면, '얕다'는 이러한 단어와 함께 사용되면 소리가 일반적인 기준보다 작고 약하다는 뜻으로 나타난다.

'깊다/얕다'가 소리와 결합할 수 있는 이유는 단순히 소리의 물리적 크기를 나타내기 위함이 아니라, 소리가 몸 안에서 얼마나 깊은 곳에서부터 나오는지, 그리고 그에 담긴 감정의 정도나 무게감을 함께 나타내는 표현이다. 예를 들어 '깊은 한숨', '깊은 신음', '깊은 기침' 등은 모두 가슴 깊은 곳에서부터 토해내듯 나오는 소리로, 듣는 이로 하여금 고통이나 절망과 같은 내면의 감정을 자연스럽게 떠올리게 한다. 반면, '얕은 한숨', '얕은 신음', '얕은 기침'은 입가나 목구멍 수준에서 가볍게 흘러나오는 소리로 인식되며, 그만큼 정서적 깊이나 신체적 에너지의 투입이 덜한 상태로 해석된다.

한국어에서 차원 형용사 '깊다'는 시각 영역과 청각 영역 외에 후각 영역으로도 의미 확장이 이루어진다.

(70) a. 이 커피숍은 늘 <u>깊은 향</u>을 우려내고 있다.
　　　b. 꽃들이 내뿜는 <u>옅은 향</u>은 더욱 봄기운을 돋운다.
　　　c. 짙고 <u>깊은 향기</u>가 세상 가득히 번지고 있었다.
　　　d. 늘 <u>옅은 향기</u>를 맡는다.

위의 예시 (70)에서 보이듯이, '깊다'는 '향', '향기'와 같은 추상적 어휘와 결합해 향의 농도나 강도가 일반적인 수준보다 진하다는 것을 의미한다. 반면, 한국어에서는 '얕다'가 아닌 '옅다'가 사용되어 향이 연하고 약하다는 의미를 나타낸다.

'깊다'는 본래 수직적 공간 개념에 기반한 형용사이지만, 후각 영역에서도 의미 확장이 나타난다. 후각 자극은 시각이나 청각과 마찬가지로 강도, 지속성, 복합성 등의 차원에서 인지되며, 특히 향이 풍부하고 오래 지속되거나 다층적 요소가 조화롭게 어우러질 경우, 화자는 이를 단순히 '강하다'고 표현하기보다 더 구조화된 인상으로 받아들인다. 이러한 경우 '깊은 향'이라는 표현이 자연스럽게 사용되며, 이는 향의 농도뿐 아니라 기억 속에 남는 잔향 효과까지 포함하는 은유적 개념화라 할 수 있다. 반면, 향이 약하고 쉽게 사라지는 경우에는 '얇다'보다는 '옅다'가 더 적절하게 쓰이는데, 이는 후각 자극이 확산성과 휘발성을 가지기 때문이다.

한국어 차원 형용사 '깊다/얕다'의 물리적 개념이 미각 영역으로 확장되기도 한다.

(71) a. 곡물이 씹을수록 <u>깊은 맛</u>이 난다.
　　　b. 왜 이렇게 <u>얕은 맛</u>이 없냐?

차원 형용사 '깊다/얕다'는 '맛'이라는 추상적 단어와 함께 사용되어 시각 영역에서 미각 영역으로의 공감각적 의미 전이가 나타난다. 구체적으로, 예시 (71a)에서 '깊은 맛'이라는 표현은 맛이 개념화자의 심리적 기준보다 진하다는 것을 의미한다. 또한, 예시 (71b)에서 '얕은 맛'이라는 표현은 맛이 일반적인 기준보다 진하지 않다는 은유적 의미를 개념화한다.

'깊다'는 본래 수직적 공간 개념에 기반한 형용사이지만, 시각·청각·후각 등 다양한 감각 영역에서 공감각적 의미 확장을 보인다. 특히 미각 영역에서 '깊은 맛'이라는 표현은 단순히 '진하다'거나 '강하다'는 감각적 강도를 넘어서, 여러 맛 요소가 조화롭게 어우러지고 여운이 오래 지속되는 경험으로 인식된다. 반대로, 자극이 단조롭고 금세 사라지며 감각적 층위가 얕은 경우에는 '얕은 맛'이라는 표현으로 개념화하게 된다.

3.3.2. '深/淺'의 의미

『現代漢語詞典』에서 수록된 '深/淺'의 의미를 보면 다음 <표 19>와 같은 항목들을 볼 수 있다.

<표 19> '深/淺'의 사전적 의미

深	淺
① 從表面到底或從外面到里面距离大. (표면부터 깊숙이 또는 밖으로부터 안까지의 거리가 멀다)	① 從表面到底或從外面到里面距离小. (표면부터 깊숙이 또는 밖으로부터 안까지의 거리가 가깝다)
② (名) 深度. (깊이)	② 淺顯. (복잡하지 않고 표면적이다)
③ 深奧. (심오하다)	③ 淺薄. (표면적이며 깊이가 부족하다)
④ 深刻, 深入. (심각하다)	④ 感情不深厚. (정이 두텁지 않다)
⑤ 感情厚, 關系密切. (정이 두텁고 관계가 밀접하다)	⑤ 顏色淡. (색깔이 연하다)
⑥ 顏色濃. (색이 짙다)	⑥ 時間短. (시간이 짧다)
⑦ 距离開始的時間很久. (시작으로부터의 시간이 오래되었다)	⑦ 程度輕, 不嚴重(정도가 심하지 않다)
	⑧ 稍微. (약간)

위의 <표 19>에서 알 수 있듯이, '深'의 ①번과 ②번 의미는 물리적 대상물의 깊이를 나타내는 의미이며 ③번부터 ⑦번까지의 의미는 확장된 의미이다. '淺'의 ①번 의미는 기본의미이고 ②번부터 ⑧번까지의 의미는 확장된 의미이다. '深'의 ①, ③, ④, ⑤, ⑥, ⑦번 의미는 각각 '淺'의 ①, ②, ③, ④, ⑤, ⑥번 의미와 대응된다. '淺'의 ⑦번 의미와 ⑧번 의미는 '深'의 의미 항목과 대응되는 의미가 없다.

차원 형용사 '深/淺'과 함께 사용되는 어휘 목록을 정리해 보면 다음 <표 20>과 같다.

<표 20> '深/淺'와의 결합어

의미			深		淺	
			결합어	출현 횟수	결합어	출현 횟수
기본의미	하향	길이 거리	水(15), 海水(12), 河水(12), 湖水(13)	52	湖水(16), 水(23), 河水(16), 海水(8)	63
		거리	井(4), 池(3), 水坑(5), 溝(6), 坑(7), 谷(3), 淵(1), 碗(6)	35	渠(4), 坑(6), 井(3), 谷(3), 溝(5), 酒窩(4), 池塘(1), 水池(6), 碗(8)	40
	수평 내향 거리		洞(6), 山洞(3), 巷子(7), 林子(7), 庭院(2), 山(8), 樹林(6), 林蔭(2)	41	洞(8), 巷子(5), 林子(2)	15
	상향 높이		-	-	山(17), 丘陵(5), 沙丘(1)	23
확장의미	시간		夜(11), 秋(9), 冬(8)	28	-	-
	감정		恨(2), 嫉(3), 怨(4), 惡(6), 痛(5), 惧(8), 憤怒(3), 愛(11)	42	-	-
	관계		關系(12), 交情(5), 緣分(2)	19	交情(6), 緣分(5), 關系(3), 緣(9)	23
	능력		學問(8), 認識(9), 理解(8), 學識(2), 學(2), 析(1)	30	學問(5), 認識(6), 閱歷(9), 學識(6), 見識(5), 理解(5), 學歷(8), 學(1), 析(3)	48
	감각	시각	顔色(9), 綠(11), 藍(6), 灰色(7), 紫色(10), 棕色(6), 紅色(4)	53	顔色(11), 藍色(8), 黃色(10), 綠色(11), 紫色(7), 紅色(12), 灰色(10), 粉(12), 棕色(7)	88
합계				300		300

위의 <표 20>을 보면, '수직 하향 길이'라는 의미는 '深'은 52회, '淺'은 63회의 사용 횟수를 보이며, 상대적으로 높은 출현횟수를 차지하고 있다. 또한, '수직 하향 거리'라는 의미는 '深'은 35회, '淺'은 40회의 사용 횟수를 보이고 '수평 내향 거리'라는 의미의 '深'은 41회, '淺'은 15회의 사용 횟수를 보인다. 그리고 '대상물의 상향 높이'라는 의미인 '淺'은 23회의 사용 횟수를

보이지만 '深'은 이러한 의미가 없다. 확장의미를 보면, '深/淺'의 기본의미가 여러 가지 추상적인 개념 영역으로 확장된다. 이 중 시각 영역에서 '深'은 53회, '淺'은 88회의 사용 횟수를 보여 높은 출현횟수를 나타낸다. 그리고 능력 영역에서 '深'은 30회, '淺'은 48회의 사용 횟수를 보이며, 관계 영역에서는 '深'은 19회, '淺'은 23회의 사용 횟수를 나타낸다. 이외에 '深'은 시간 영역에서는 28회의 사용 횟수, 감정 영역에서는 42회의 사용 횟수를 보인다. '淺'은 시간과 감정 영역으로의 확장 양상을 보이지 않았다.

 말뭉치 자료를 기반으로 '深/淺'의 깊이 개념이 어떻게 나타나는지를 분석하고자 한다. 먼저, 이 단어들이 '액체의 수직적 깊이'를 표현하는 양상을 살펴보면 다음과 같다.

(72) a. 河水很深. (강물이 깊습니다.)
   b. 河面寬, 河水淺. (강은 넓고 물은 얕다.)
   c. 海水很深. (바닷물이 깊다.)
   d. 較淺的海水. (비교적 얕은 바닷물이다.)
   e. 這里的湖水很深. (이곳의 호수는 매우 깊다.)
   f. 湖水淺而臟. (호수는 얕고 더럽다.)

위의 예시 (72)에서 '深'은 '河水(강물)', '海水(바닷물)', '湖水(호수)' 등의 어휘와 결합하여, 해당 대상의 수직적 깊이가 일반적인 수준을 초과함을 의미한다. 반면 '淺'은 이러한 단어와 결합하여 해당 대상의 수직 하향 깊이가 일반적인 기준에 미치지 못함을 나타낸다.

 '深/淺'은 대상물의 수직 하향 거리를 나타내기도 한다. 관련 예시는 다음과 같다.

(73) a. 將梨放入深碗中. (배를 깊은 그릇에 넣습니다.)
　　 b. 書桌上有一个淺碗. (책상 위에 얕은 그릇이 하나 있다.)
　　 c. 在叢林后面, 有一个深坑. (정글 뒤쪽에 깊은 구덩이가 있다.)
　　 d. 母鷄用脚爪扒出一个淺坑. (암탉이 발톱으로 얕은 구덩이를 팠다.)
　　 e. 聲音在深井中回蕩着. (깊은 우물 속에서 소리가 메아리칩니다.)
　　 f. 井淺水少. (우물은 얕고 물이 적습니다.)

　예시 (73)에서 '深'은 '碗(그릇)', '坑(구덩이)', '井(우물)' 등의 어휘와 결합하여, 해당 대상의 입구에서 바닥까지의 수직적 깊이가 일반적인 수준을 초과함을 의미한다. 반면 '淺'은 이러한 단어와 함께 사용되어 해당 대상물의 수직 하향 거리가 일반적인 기준에 미치지 못함을 나타낸다.
　'대상물의 하향 거리가 멀다'라는 의미를 더 추상화하여 '해당 대상이 좋지 않은 상황에 빠져 있다'라는 의미를 나타내기도 한다. 다음의 예시를 보자.

(74) a. 噩耗使人們從歡樂的峰巔一下跌入悲痛的深谷. (슬픈 소식은 사람을 기쁨의 절정에서 슬픔의 깊은 골로 떨어지게 했다.)
　　 b. 經濟很可能跌入深谷. (경제는 깊은 골짜기에 빠질 가능성이 높다.)
　　 c. 經濟危机使國家墜入深淵. (경제 위기로 나라가 깊은 수렁으로 떨어졌다.)

　'深谷(깊은 골)', '深谷(깊은 골짜기)', '深淵(깊은 수렁)' 등의 표현은 골, 골짜기, 수렁 등 자연물의 수직적 깊이가 상대적으로 깊다는 물리적 의미를 담고 있다. 그러나 이러한 표현들은 예시 (70)와 같은 문맥에서는 단순한 공간적 깊이를 넘어, '해당 대상이 어려움이나 곤경에 빠져 있다'는 은유적 의미로 추상화되어 사용된다.

‘深/淺'은 대상물의 수평 내향 거리를 나타낼 수 있다. 이에 대한 예시를 보면 다음과 같다.

(75) a. 高山上有一个深洞. (높은 산에 깊은 동굴이 하나 있다.)
b. 我想進這个淺洞中去看一看. (이 얕은 동굴에 들어가 보고 싶다.)
c. 她往深巷子里走去. (그녀는 깊은 골목 안으로 걸어 들어갔다.)
d. 這是一條干淨整洁的淺巷子. (이곳은 깨끗하고 얕은 골목입니다.)
e. 林子深,几乎沒有受到污染. (숲이 깊어 거의 오염 되지 않았다.)
f. 鳥在淺林子里叫起來. (새가 얕은 숲에서 지저귀기 시작했다.)

위의 예시 (75)를 보면, '深'은 '洞(동굴)', '巷子(골목)', '林子(숲)'과 결합하여 '동굴'이나 '골목', '숲'의 밖에서 안까지의 수평 내향 거리가 멀다는 의미를 나타낸다. 반면 '淺'은 이러한 단어와 결합하여 해당 대상의 밖에서 속까지의 거리가 멀지 않다는 의미가 된다.

'淺'은 대상물의 수직 하향 길이와 수직 하향 거리를 나타내는 것 외에도 대상물의 수직 상향 길이를 나타내기도 한다.

(76) a. 火車穿過淺丘陵. (기차가 얕은 구릉을 통과했습니다.)
b. 沿途風景只有淺的沙丘. (도로변의 풍경은 얕은 모래언덕뿐이다.)
c. 小鎭坐落在淺丘之間. (마을은 얕은 언덕 사이에 자리 잡고 있다.)

위의 예시 (76)에서, 차원 형용사 '淺'은 '구릉(丘陵)', '모래언덕(沙丘)', '언덕(丘)' 등의 단어와 함께 사용되어 해당 지형의 밑에서 꼭대기까지의 수직 상향 높이가 낮다는 의미가 된다. 반면 '深'은 이러한 단어들과는 결합하지 않으며, 수직 상승의 높이를 표현하지 않는다. 또한 '淺'은 '山(산)'과도 함께 사용되어 산의 높이가 상대적으로 낮음을 나타낸다. 한편, '深'도 '山(산)'과 결합할 수 있으나 표현하는 의미가 다르다. 다음 예시를 통해 이러한 양상을 구체적으로 살펴볼 수 있다.

(77) a. 他們駐扎在深山中. (그들은 깊은 산속에 주둔하고 있다.)
　　　b. 淺山層林盡染. (얕은 산 위의 숲은 서리를 맞아 붉게 물들었다.)

위의 예시 (77a)에서, '深山(깊은 산)'이라는 표현은 산의 밖에서 안까지의 수평 내향적 거리를 나타낸다. 반면 예시 (77b)에서, '淺山(얕은 산)'이라는 표현은 산의 수직 상향적 거리를 의미한다. '深/淺'은 모두 '山(산)'이라는 단어와 함께 결합할 수 있지만 표현하는 의미가 다르다.

'深'은 시간을 나타내는 단어와 함께 사용되어 은유적인 의미를 나타낸다. 관련된 예시는 다음과 같다.

(78) a. 深夜, 她含恨而死. (한밤중에 그녀는 한을 품고 죽었다.)
　　　b. 不知不覺中, 已進入深秋. (어느덧 늦가을로 접어들었다.)
　　　c. 深冬的夜晚,看不到路人. (한겨울에 지나가는 행인도 없다.)

위의 예시 (78)에서, '深'은 '夜(밤)', '秋(가을)', '冬(겨울)' 등의 시간 관련 어휘와 결합하여 시간이 더욱 깊어져 가는 것을 의미한다. '深'은 이와 같은 시간 명사와 자연스럽게 결합하여 은유적 의미를 나타내는 반면, 그 반의어인 '淺'은 이와 같은 조합에서 거의 사용되지 않는다. 이러한 비대칭적 결합 양상은 단순한 어휘 선택의 문제가 아니라, 인간의 감각 경험, 인지적 구조, 문화적 상징성 등 복합적인 요인에 기인한다.

'深'은 공간적으로 수직적인 깊이를 나타내며, 바다나 호수와 같은 환경에서는 수심이 깊어질수록 시각적으로 어두워지고, 청각적으로는 조용해지며, 외부 자극이 차단되는 물리적 특성을 지닌다. 이러한 특성은 인간의 감각 체계 속에 내면화되어 시간의 흐름에 대한 인식으로 전이된다. 예컨대, 밤이 깊어질수록 주변은 어두워지고 조용해지며 활동이 줄어드는 경향이 있는데, 이러한 현상은 '深夜'라는 표현으로 개념화되어, 시간 개념에 대한 인지적 확장을 가능하게 한다. 반면, '淺'은 공간적으로 얕고 투명하며, 감각적으로는 일시적이고 경계가 뚜렷한 이미지를 내포한다. 이러한 특성은 시간의 흐름이나 깊이에 대한 인지적 연상을 불러일으키기 어렵고, 구체적인 정서나 분위기를 환기하는 데에도 한계가 있다. 예를 들어, '淺夜', '淺秋', '淺冬'과 같은 표현은 실제 언어 사용에서 거의 나타나지 않는데, 이는 해당 표현들이 실질적인 감각 경험이나 문화적 상징성과 연결되지 않기 때문이다. 따라서 '深'은 시간 개념과의 결합이 자연스럽게 이루어지지만, '淺'은 이와 같은 추상적 시간 의미로의 확장이 상대적으로 제한되는 양상을 보인다.

'深'은 시간 관련 어휘뿐만 아니라 감정과 관련된 어휘와도 결합하여 은유적 의미로 확장되어 사용될 수 있다.

(79) a. 我深愛自己的祖國. (저는 조국을 깊이 사랑합니다.)
　　 b. 二人結下了深怨. (두 사람은 깊은 원한을 맺었습니다.)
　　 c. 我對他們有一种很深的憤怒. (그들에 대해 깊은 분노를 느낍니다.)

위의 예시 (79)에서 알 수 있듯이, '深'은 '愛(사랑)', '怨(원망)', '憤怒(분노)' 등의 추상적인 단어와 함께 사용되어 깊이 개념이 감정 영역으로 확장되고, 어떤 감정이 상대적으로 강렬하다는 의미를 나타낸다. 감정이라는 개념은 일반적으로 '강도', '지속성', '내면성'을 수반하는 심층적 경험으로 인식된다. 이러한 감정의 본질은 공간적 깊이와 긴밀하게 연결되어 있으며, 감정이 깊을수록 더욱 진실하고 오래 지속된다는 감각적 경험과 문화적 인식에 기반하고 있다. 이에 따라 '深愛', '深恨', '深情' 등의 표현은 감정의 강렬함뿐만 아니라, 그것이 마음속 깊은 층위에 자리하고 있다는 내면적 정서를 함께 드러낸다. 반면, '淺'은 공간적으로 얕고 표면적인 이미지를 수반한다. 이러한 속성은 감정이 지닌 내면성, 심층성과 어긋나기 때문에 감정 어휘와 결합할 경우 어색하거나 부자연스럽게 느껴진다. 이에 따라 '淺'은 감정 어휘와 일반적으로 결합하지 않으며, 감정의 약함이나 강도의 낮음을 표현할 때는 '小(작다)'와 같은 형용사가 대체로 사용된다.

  차원 형용사 '深/淺'의 물리적 개념은 관계 영역으로 확장된다. 이에 대한 예시는 다음과 같다.

> (80) a. <u>緣分深</u>的人成了至友. (인연이 깊은 사람은 절친한 친구가 된다.)
> b. 和家人的<u>緣分淺</u>. (가족과의 인연이 얕다.)
> c. 兩人的<u>關系很深</u>. (두 사람의 관계는 매우 깊다.)
> d. 高血壓与腎臟病<u>關系淺</u>. (고혈압과 신장병 사이의 관계는 얕다.)
> e. 他們与威洛比<u>交情很深</u>. (그들은 윌로비와 친분이 깊다.)
> f. 我們的<u>交情很淺</u>. (우리의 친분이 너무 얕다.)

위의 예시 (80)에서 보이듯이, '深'은 '緣分(인연)'이나 '關系(관계)', '交情(친분)' 등 인간관계를 나타내는 어휘와 결합하여 사람들 사이의 관계가 밀접하고 친밀하다는 의미를 표현한다. 반면, '淺'이 동일한 어휘와 결합하여 관계의 밀접성이 낮고, 상대적으로 친밀하지 않다는 의미를 나타낸다.

  중국어에서 '深/淺'은 본래 공간의 깊이나 얕음을 나타내는 형용사이지만, 사람들 사이의 관계를 표현할 때도 널리 쓰인다. 이는 인간의 공간 지각 경험과 사회적 상호작용 사이의 은유적 연결에서 비롯된 것이다. 일반적으로 물이 깊을수록 다가가기 쉽지 않고, 안쪽은 더 고요하고 차분한 느낌을 준다. 이는 사람 사이의 관계에서도 오랜 시간에 걸쳐 서서히 가까워지고, 서로를 깊이 이해하게 되는 과정과 맞닿아 있다. 반면, 물이 얕으면 작은 자극에도 쉽게 흔들리고, 바깥과의 경계가 뚜렷하게 드러난다. 이러한 물리적 특성은 인간관계가 피상적이고 일시적이며, 쉽게 흔들리거나 끊어질 수 있는 상태와 자연스럽게 연결된다. 이처럼 중국어에서는 사람들 간의 관계를 표현할 때 '深/淺'이라는 공간 개념을 바탕으로 의미를 확장시킨다.

'深/淺'의 깊이 개념은 시간, 감정, 관계 영역뿐만 아니라 능력 영역으로도 확장될 수 있다. 이에 대한 예시는 다음과 같다.

(81) a. 教師的<u>學問深</u>、水平高. (교사의 학문이 깊고 수준이 높다.)
　　　b. <u>學問淺</u>、見識少. (학문이 얕고 식견이 좁습니다.)
　　　c. 學生<u>理解深</u>、記得牢. (학생들은 이해가 깊고, 잘 기억합니다.)
　　　d. 你對佛法的<u>理解淺</u>. (당신은 불교에 대한 이해가 얕다.)
　　　e. 只有<u>學識深</u>了、才能成爲專家. (학식이 깊어야 전문가가 될 수 있다.)
　　　f. 她的<u>學識淺</u>. (그녀는 학식이 얕다.)

위의 예시 (81)에서 '深'은 '學問(학문)', '理解(이해)', '學識(학식)' 등의 어휘와 결합하여, 특정 주제나 분야에 대한 지식이나 이해의 수준이 깊고 풍부하다는 의미를 나타낸다. 반면 '淺'은 이러한 어휘와 함께 사용될 경우, 지식이나 이해가 상대적으로 제한적이거나 부족하다는 것을 의미한다.

중국어에서 '深/淺'이 추상적인 능력 명사와 자연스럽게 결합되는 이유는 인간의 인지 경험과 깊이 관련되어 있다. 물리적으로 '깊다'는 것은 외부에서 쉽게 들여다보거나 접근하기 어렵고, 내부로 들어갈수록 더 조용하고 복잡하다는 공간적 감각을 동반한다. 이러한 감각 경험은 '깊은 이해'는 사물의 본질에 도달해 있다는 의미로, '깊은 학식'은 오랜 시간 축적된 내면적 지식의 풍부함을 내포한다는 인식으로 확장된다. 반면, '淺'은 공간적으로 얕고 겉에서부터 바닥이 쉽게 보이며, 내부 정보가 드러나 있는 상태를 연상시킨다. 이러한 감각은 이해나 지식에 깊이가 없고, 지속적인 탐구나 축적이 부족한 상태로 해석되기 쉽다. 따라서 '深/淺'은 능력과 관련된 명사들과 결합되어, 지식이나 이해의 깊이와 수준을 은유적으로 개념화하는 데 사용된다.

'深/淺'은 색채와 관련된 어휘와 함께 사용되어 은유적 의미를 나타낸다. 이에 대한 예시를 보면 다음과 같다.

(82) a. 水是深藍色的. (물은 짙은 파란색이다.)
　　 b. 他穿了一件淺藍色長袍. (그는 연한 파란색 가운을 입고 있었다.)
　　 c. 她挑了一件深綠色的礼服. (그녀는 짙은 녹색 드레스를 골랐다.)
　　 d. 斜陽照在淺綠的裙子上. (석양이 연한 초록색 치마에 비추었다.)
　　 e. 他身穿深灰色制服. (그는 짙은 회색 제복을 입고 있었습니다.)
　　 f. 她拿着一件淺灰色襯衫. (그녀는 옅은 회색 셔츠를 들고 있었다.)

위의 예시 (82)에서 볼 수 있듯이, '深'은 '藍色(파란색)', '綠色(녹색)', '灰色(회색)' 등의 색채 어휘와 결합하여, 해당 색상이 일반적인 수준보다 더 어둡고 짙다는 의미를 나타낸다. 반면 '淺'은 이러한 어휘와 함께 사용되어 색상이 상대적으로 밝고 연하다는 의미를 지닌다. 이러한 의미 확장은 인간의 감각적 경험과 밀접하게 연결되어 있다. 일반적으로 호수나 바다와 같은 자연 환경에서는 수심이 깊을수록 빛의 반사가 적어지면서 색이 점차 어두워지고, 얕은 물에서는 빛이 잘 스며들고 반사되어 색이 더 연하게 보인다.

이러한 반복적인 시각 경험이 '깊음'은 '어두움', '얕음'은 '밝음'이라는 개념적 연상을 형성하게 되었고, 이는 곧 색채 영역으로 은유적 개념이 확장되는 인지적 토대가 된다.

제4장

한·중 3차원 형용사의 의미 분석

본 장에서는 한국어와 중국어 2차원 형용사, 3차원 형용사의 기본의미와 확장의미를 살펴보도록 한다.

4.1. '넓다/좁다' 및 '寬/窄'의 의미 분석

4.1.1. '넓다/좁다'의 의미

국립국어원『표준국어대사전』에 수록된 '넓다/좁다'의 의미들을 살펴보면 다음 <표 21>과 같다.

<표 21> '넓다/좁다'의 사전적 의미

넓다	좁다
① 면이나 바닥 따위의 면적이 크다.	① 면이나 바닥 따위의 면적이 작다.
② 너비가 크다.	② 너비가 작다.
③ 마음 쓰는 것이 크고 너그럽다.	③ 마음 쓰는 것이 너그럽지 못하다.

| ④ 내용이나 범위 따위가 널리 미치다. | ④ 내용이나 범위 따위가 널리 미치지 아니한 데가 있다. |

위의 <표 21>을 보면, '넓다'의 ①번과 ②번 의미는 물리적 대상물의 너비를 나타내는 의미이고 ③번, ④번 의미는 확장의미이다. '좁다'의 ①번, ②번은 물리적 개념이며 '넓다'의 ①번, ②번 의미와 각각 대응된다. '좁다'의 ③번, ④번 의미는 확장의미이고, '넓다'의 확장의미와 대응된다.

차원 형용사 '넓다/좁다'와 함께 사용되는 어휘의 목록을 정리해 보면 다음 <표 22>와 같다.

<표 22> '넓다/좁다'와의 결합어

의미		넓다		좁다	
		결합어	출현 횟수	결합어	출현 횟수
기본 의미	물건의 너비	잎(3), 이불(1), 이마(7), 창(6), 유리창(3), 허리띠(1), 문(9), 침대(4), 종이(5), 창문(7), 길(11), 도로(8), 벽(5), 띠(4), 어깨(9), 그림자(1)	84	도로(10), 벽(2), 창(4), 창문(1), 유리창(3), 이마(7), 침대(2), 종이(1), 어깨(8), 문(19), 길(13)	70
	구멍의 너비	거리(2), 입구(4), 틈(1), 바지통(1), 간격(2)	10	통(5), 구덩이(2), 틈(15), 바지통(2), 입구(2), 거리(9), 간격(9)	44
	면적	마당(8), 운동장(8), 바다(16), 들(9), 잔디(3), 평야(10), 방(10), 집(2), 땅(2), 강(3)	71	운동장(6), 집(7), 마당(12), 방(10), 바다(4), 땅(13), 평야(3)	55
확장 의미	범위	영역(8), 분야(14), 범위(16), 폭(13)	51	영역(7), 분야(6), 폭(5), 범위(20)	38

능력	안목(7), 생각(3), 상식(1), 시야(24), 이해(6), 식견(5), 학력(1), 학식(1), 견문(5), 인식(3), 사고력(1), 경험(6), 경력(1), 체험(1)	65	소견(23), 견해(2), 안목(12), 생각(15), 시야(14), 학문(1), 견문(4), 식견(2), 지견(1), 학문(1), 체험(1), 경험(9), 경력(1)	86
성품	도량(4), 아량(2), 포용력(1), 속(2), 가슴(2), 마음(1)	12	도량(1), 마음(1), 가슴(1)	3
관계	관계(3), 인간관계(1), 인맥(3)	7	인간관계(1), 인맥(2), 혈연관계(1)	4
	합계	300	합계	300

위의 <표 22>를 보면, '넓다/좁다'는 '물건의 너비', '구멍의 너비', '면적'이라는 의미를 나타내며, 이러한 의미들이 상대적으로 높은 사용 횟수를 차지하고 있다. 또한 확장의미를 보면, 능력 영역에서 '넓다'는 65회, '좁다'는 86회의 사용 횟수를 보여 다른 추상적 의미보다 높은 출현횟수로 나타난다. 그리고 범위 영역에서는 '넓다'는 51회, '좁다'는 38회의 사용 횟수를 보인다. 성품 영역에서 '넓다'는 12회, '좁다'는 3회의 사용 횟수를 나타내며, 관계 영역에서 '넓다'는 7회, '좁다'는 4회의 사용 횟수를 보이지만, 성품이나 관계 영역에서의 사용 횟수는 다른 추상적인 의미의 사용 횟수보다 높지 않다.

'넓다/좁다'의 물리적 개념의 특징을 말뭉치 자료를 바탕으로 살펴보면 다음과 같다.

(83) a. <u>넓</u>은 길엔 트럭들이 꼬리를 물고 달리고 있다.
     b. 사람들이 다니는 <u>좁은</u> 길이 나타났다.
     c. <u>넓</u>은 벽 위에 그려놓은 낙서이다.
     d. <u>좁은</u> 벽면에 유독 커다란 창틀이 걸려있다.

e. 넓은 침대에 벌렁 누워봤다.

f. 나는 벽 쪽에 바짝 붙인 좁은 침대 위에 누웠다.

위의 예시 (83)을 보면, '넓다'는 '길', '벽', '침대'와 같은 명사와 결합하여 해당 대상의 가로 방향, 즉 수평 양 끝 사이의 너비가 일반적인 기준을 초과함을 나타낸다. 반면, '좁다'는 이러한 명사들과 결합하여 너비가 보통 수준에 미치지 못함을 의미한다.

'넓다/좁다'는 또한 틈새나 구멍 등의 가로 너비를 나타낸다. 이에 대한 예시를 보면 다음과 같다.

(84) a. 손가락을 넣을 만큼의 넓은 틈이 있을지도 모른다.

b. 문의 좁은 틈 사이로 눈을 들이대었다.

c. 그는 통이 넓은 바지를 입고 있었다.

d. 통이 좁은 바지를 입었다.

e. 입구가 넓은 어항을 사용하였다.

f. 연이가 입구가 좁은 동굴로 들어간다.

예시 (84)를 보면, '넓다'는 '틈', '통', '입구'와 같은 어휘와 결합하여, 틈새나 구멍 등 개구부의 가로 너비가 화자의 심리적 기준을 초과함을 의미한다. 반면, '좁다'는 같은 유형의 어휘와 결합하여 해당 대상의 너비가 일반적인 기준에 미치지 못함을 나타낸다.

차원 형용사 '넓다/좁다'는 대상의 면적의 규모를 표현하는 데에도 사용된다. 다음의 예시를 통해 살펴보자.

(85) a. 한 없이 넓은 바다이다.

b. 좁은 바다를 접하고 있는 이웃 나라로 갔다.
c. 넓은 운동장에 강바람이 휘몰아 온다.
d. 그 좁은 운동장 한구석에 15개 교실을 증축하고 있다.
e. 넓은 방 한쪽에 더블베드가 있다.
f. 좁은 방 안은 그야말로 찌는 듯이 무더웠다.

위의 예시 (85)에서 볼 수 있듯이, '넓다'는 '바다', '운동장', '방' 등의 어휘와 결합하여 해당 대상의 면적이 일반적인 기준보다 크다는 의미를 나타낸다. 반면, '좁다'가 이러한 명사들과 함께 사용되어 그 면적이 상대적으로 작다는 것을 의미한다.

'넓다/좁다'의 물리적 개념은 여러 가지 추상적인 영역으로 확장된다. 그중에서 먼저 이들이 범위 영역으로 확장되는 양상을 살펴보면 다음과 같다.

(86) a. 그들의 거래 범위는 너무 넓다.
b. 여자는 남자보다 선택의 범위가 좁다.
c. 공예에서 취급되는 재료는 넓은 영역을 갖고 있다.
d. 언어의 좁은 영역에 머물러 있다.
e. 그는 싱그레 폭이 넓은 웃음을 웃어 보였다.
f. 길고 폭이 좁은 용지를 거의 영어로 메웠다.

위의 예시 (86)에서, '넓다'는 '범위', '영역', '폭' 등의 단어와 함께 사용되어 대상이 다루는 분야나 주제가 광범위하거나 다양하다는 의미를 나타낸다. 반면 '좁다'는 이런 단어와 함께 사용되어 어떤 주제나 대상의 영역 또는 범위가 한정되어 있음을 의미한다.

한국어에서 '넓다/좁다'는 원래 물리적인 공간의 크기를 나타내는 형용사이지만, 이 개념은 추상적인 범위 영역으로 자연스럽게 확장된다. 이러한 확장은 인간의 일상적인 공간 경험과 밀접하게 연결되어 있다. 사람은 공간을 지각할 때, 넓은 공간에서는 더 많은 대상이나 활동을 수용할 수 있으며, 자유로운 이동이나 선택이 가능하다는 느낌을 받는다. 반대로 좁은 공간에서는 움직임이 제한되고, 수용 가능한 대상이나 활동의 종류가 제한된다는 인식이 형성된다. 이러한 경험은 인지적으로 '넓다'는 곧 '가능성이나 선택의 폭이 크고 다양한 상태'를, '좁다'는 '제한되고 한정된 상태'를 의미하는 것으로 개념화된다.

차원 형용사 '넓다/좁다'의 물리적 개념이 추상적인 능력 영역으로 확장되기도 한다.

(87) a. <u>넓은 생각</u>을 가졌다.
　　　b. <u>좁은 생각</u>이라구?
　　　c. 목인덕은 많은 경험이 있어 <u>식견이 넓</u>은 사람이다.
　　　d. <u>식견이 좁</u>아 세상 물정을 잘 모르는 사람이다.
　　　e. 항상 <u>넓은 안목</u>과 슬기로운 인내를 가져라.
　　　f. 경제상황을 <u>좁은 안목</u>으로 풀이하려고 한다.

예시 (87)에서 보이듯, '넓다'는 '생각', '식견', '안목' 등의 어휘와 결합하여 넓이 개념이 능력 영역으로 확장되며, 다양한 측면을 포괄할 수 있는 폭넓은 시야나 사고 능력을 의미한다. 반면, '좁다'는 사고의 폭이나 시야가 제한적이고 편협하다는 의미를 나타낸다.

한국어에서 차원 형용사 '넓다/좁다'는 원래 공간의 물리적 크기를 나타내는 표현이지만, 인간의 사고나 식견 등 능력 영역으로도 자연스럽게 확장된다. 이러한 의미 확장은 인간의 공간 지각 경험에 기반한 인지적 은유에 의해 이루어진다. 물리적으로 '넓다'는 공간이 확장되어 있고, 다양한 사물이나 경로를 수용할 수 있는 상태를 의미한다. 인간은 일상적으로 넓은 공간에서는 더 자유롭게 이동하고 더 많은 대상을 포괄할 수 있다는 경험을 한다. 이러한 공간 경험은 사고나 인지적 능력의 폭과 관련된 추상적 개념에 은유적으로 적용되어, '생각이 넓다', '안목이 넓다', '식견이 넓다'와 같은 표현을 통해 사고가 유연하고 다양한 관점을 수용하며, 시야가 넓고 포괄적임을 의미하게 된다. 반면, '좁다'는 공간적으로는 경로가 제한되어 있고, 시야가 막히며, 움직임이 구속되는 감각을 동반한다. 이러한 감각은 '좁은 생각', '좁은 식견', '좁은 안목' 등에서 볼 수 있듯이, 편협하고 제한적인 인지 능력으로 개념화된다.

'넓다/좁다'의 물리적 개념은 범위와 능력 영역 외에도 성품 영역으로도 확장될 수 있다. 이에 대한 예시를 보면 다음과 같다.

(88) a. 사령님은 <u>넓은 마음</u>으로 철없는 초병을 감싸고 있다.
b. 그 사람은 <u>좁은 마음</u>을 가졌기 때문에 결국은 실패하고 말다.
c. 처용의 <u>넓은 도량</u>은 흉악한 역신까지도 감동시켰다.
d. 하옥도 <u>도량이 좁</u>은 사람은 아니었다.
e. 재물에 욕심 내지 말고 <u>가슴이 넓</u>은 남자가 되어야 한다.
f. 영애의 <u>좁은 가슴</u>이 더욱 답답해지는 것이었다.

예시 (88)에 나타난 '넓다'는 '마음', '도량', '가슴' 등과 결합하여, 공간적 의미가 성품 영역으로 확장되며 마음이 너그럽고 포용력이 크다는 뜻으로 나타난다. 이는 공간적으로 넓은 장소가 더 많은 사물이나 사람을 수용할 수 있다는 경험적 사실에서 비롯된 것으로, 심리적 공간 역시 넓을수록 포용력이 크다는 개념적 은유로 전이된 것이다. 반면 '좁다'는 이러한 단어들과 함께 사용되어 마음이 옹졸하거나 포용력이 부족하다는 의미를 나타낸다. 이는 공간적으로 좁은 곳이 제한적이고 갑갑하다는 경험적 인식이 성격 영역에 투사된 결과로 볼 수 있다.

'넓다/좁다'는 '관계'를 의미하는 어휘들과도 결합하여 사용될 수 있다. 이에 대한 구체적인 용례는 다음과 같다.

> (89) a. <u>넓은 인간관계</u>를 디딤돌 삼아 농업협동조합에 드나들었다.
> b. <u>인간관계가 좁</u>은 편이다.
> c. 우리가 생각하는 것보다는 훨씬 <u>넓은 인맥</u>을 형성하고 있었다.
> d. 우리가 가장 <u>인맥이 좁</u>은 것 같다.

예시 (89)에서 보이듯이, '넓다'는 '인간관계', '인맥' 등의 어휘와 결합하여 개인이 폭넓은 사회적 관계망을 형성하고 다양한 사람들과 교류하고 있음을 나타낸다. 반면, '좁다'는 이러한 어휘와 함께 사용될 때, 사회적 교류의 범위가 제한적이며 관계가 국한되어 있음을 의미한다. 이러한 확장은 공간적으로 넓은 장소가 더 많은 사람을 수용하고 다양한 접촉을 가능하게 한다는 경험적 인식에서 기인한다. 인간은 이러한 물리적 공간 경험을 바탕으로, 대인관계의 폭도 넓고 좁음으로 개념화하게 되며, 이는 관계의 다양성과 개방성을 평가하는 인지적 기제로 작용한다.

4.1.2. '寬/窄'의 의미

『現代漢語詞典』에 수록된 중국어 차원 형용사 '寬/窄'의 의미를 살펴보면 다음 <표 23>과 같다.

<표 23> '寬/窄'의 사전적 의미

寬	窄
① 橫的距离大, 范圍广. (가로 길이가 길고 범위가 넓다) ② (名) 寬度. (넓이) ③ 不嚴厲, 不苛求. (엄하지 않으며 가혹하게 요구하지 않다) ④ 寬裕, 寬綽. (넉넉하다)	① 橫的距离小. (가로 길이가 짧다) ② 心胸不開朗, 气量小. (마음이 좁고 도량이 작다) ③ 生活不寬裕. (생활이 넉넉하지 않다)

<표 23>에서 '寬'의 ①번, ②번 의미는 물리적 대상물의 너비를 나타내는 의미이며 ③번, ④번 의미는 확장된 의미이다. '窄'의 ①번 의미는 기본의미이고, ②번, ③번 의미는 확장의미이다. '寬'의 ①번, ④번 의미는 각각 '窄'의 ①번, ③번 의미와 대응된다. 또한, '寬'의 ②번, ③번 의미는 '窄'의 의미 항목에서 대응되는 의미가 없다. 이외에 '窄'의 ②번 의미는 '寬'의 의미 항목에서 대응하는 의미가 없다.

위의 사전적 의미를 바탕으로, 중국어 차원 형용사 '寬/窄'과 함께 사용되는 어휘를 BBC 말뭉치에 수집한 다양한 예시를 통해 정리해 보면 다음 <표 24>와 같이 나타낸다.

<표 24> '寬/窄'와의 결합어

의미		寬		窄	
		결합어	출현 횟수	결합어	출현 횟수
기본의미	물건의 너비	紙(6), 布(8), 床(6), 肩膀(10), 木板(6), 腰帶(6), 眉毛(11), 墻(10), 叶子(5), 草地(7), 道路(12), 房屋(5), 路(15), 門(7), 地面(13), 河(7), 水面(13), 河面(1), 院	172	窗戶(6), 墻(7), 道路(16), 叶子(3), 眉毛(5), 房屋(4), 橋(9), 路(10), 床(16), 布(5), 街道(8), 房子(4), 門(12), 梯子(5), 肩膀(6), 河道(5), 航道(7), 山路(4), 水面(6), 河	182

		子(12), 書房(5)		面(7), 車廂(4), 通道(6), 船(8), 院子(9), 橋(4), 樓梯(6)		
	구멍의너비	井口(5), 入口(6), 窗口(6), 門洞(5), 門口(4), 筒(8), 洞口(9), 洞(7), 口(2), 縫隙(8)	60	山洞(7), 山口(2), 洞口(5), 筒(3), 洞(10), 空隙(4), 口(2) 縫隙(6)	39
확장의미	능력	眼界(10), 思路(13), 知識(3), 眼光(3), 思想(2), 見識(1)	32	思想(4), 眼界(15), 眼光(6), 思路(14), 知識面(10), 見識(2)	51
	범위	范圍(8), 領域(10), 幅度(6)	24	范圍(7), 領域(7), 幅度(5)	19
	성품	度量(4), 心(6), 心胸(2)	12	度量(2), 心(6), 心胸(1)	9
		합계	300	합계	300

위의 <표 24>를 통해 알 수 있듯이, '물리적 대상물의 너비'라는 의미로 '寬'은 172회, '窄'은 182회의 사용 횟수로 나타나며, '구멍의 너비'라는 의미인 '寬'은 60회, '窄'은 39회의 사용 횟수를 나타낸다. 확장의미를 살펴보면, '寬/窄'의 기본의미는 추상적인 영역으로 크게 확장되지 않았으며 추상적인 의미의 사용 횟수 역시 높지 않다. 먼저 능력 영역에서는 '寬'은 32회, '窄'은 51회의 사용 횟수를 나타낸다. 또한, 범위 영역에서 '寬'은 24회의 사용 횟수, '窄'은 19회의 사용 횟수를 나타내며, 성품 영역에서 '寬'은 12회, '窄'은 9회의 사용 횟수로 나타난다.

차원 형용사 '寬/窄'의 물리적 개념 중, 먼저 '寬/窄'이 대상물의 너비를 나타내는 양상을 살펴보도록 한다.

(90) a. 人們潮向一條寬路上涌去. (사람들이 넓은 길로 밀려들었습니다.)

b. 這里是石板鋪的窄路. (이곳은 슬레이트가 깔린 좁은 길입니다.)
   c. 宮內有十五面寬墻. (궁전에는 열다섯 개의 넓은 벽이 있다.)
   d. 一个男人藏在窄墻后面. (한 남자가 좁은 벽 뒤에 숨었다.)
   e. 房中的床, 是一張寬床. (방에 있는 침대는 넓은 침대입니다.)
   f. 我們會搬張窄床進來. (우리는 좁은 침대를 들여놓을 것이다.)

예시 (90)에서 보이듯이, 차원 형용사 '寬'은 '路(길)', '墻(벽)', '床(침대)' 등의 명사와 결합하여 해당 대상의 가로 수평 양 끝 사이의 너비가 일반적인 기준보다 넓다는 의미를 나타낸다. 반면, '窄'은 이러한 단어와 결합하여 그 너비가 상대적으로 좁거나 제한적임을 의미한다.

차원 형용사 '寬'와 '窄'은 구체적인 사물의 너비를 나타낼 뿐만 아니라, 구멍이나 틈새와 같은 공간의 너비를 지시하는 데에도 사용된다. 이에 대한 구체적인 예시는 다음과 같다.

(91) a. 上面的窗戶有一道寬的縫隙. (위쪽 창문에 넓은 틈이 하나 있다.)
   b. 陽光穿過窄的縫隙. (햇빛이 좁은 틈을 뚫고 지나갔습니다.)
   c. 他穿着寬筒軍袴. (그는 통이 넓은 군복 바지를 입고 있었다.)
   d. 井筒窄, 井底不好作業. (우물통이 좁아 우물 바닥 작업이 어렵다.)
   e. 那个井口很寬. (그 우물 입구가 매우 넓습니다.)
   f. 入口窄, 只擠進了半个身子. (입구가 좁아서 몸의 반만 들어갔다.)

위의 예시 (91)에서, 차원 형용사 '寬'은 '縫隙(틈)', '筒(통)', '口(입구)' 등의 단어와 함께 사용되어, 해당 대상의 너비가 일반적인 기준보다 크다는 의미를 나타낸다. 반면 '窄'은 이러한 단어와 결합하여 틈새의 너비가 보통 기준보다 작다는 의미가 된다.

차원 형용사 '寬/窄'의 물리적 개념이 여러 가지 추상적인 영역으로 확장되기도 한다. 먼저 이들이 범위 영역으로 확장되는 양상을 구체적으로 살펴보면 다음과 같다.

(92) a. 企業經營范圍寬. (기업은 경영 범위가 넓다.)
　　 b. 中小企業經營范圍窄. (중소기업은 경영 범위가 좁다.)
　　 c. 改革向寬領域推進. (개혁이 넓은 영역으로 추진되고 있다.)
　　 d. 服務領域窄. (서비스 영역이 좁다.)
　　 e. 管理幅度寬. (관리 폭이 넓습니다.)
　　 f. 這塊稻田幅度窄. (이 논은 폭이 좁습니다.)

위의 예시 (92)를 보면, 차원 형용사 '寬'은 '范圍(범위)', '領域(영역)', '幅度(폭)' 등과 함께 사용되어, 특정 대상의 범위나 영역이 상대적으로 크다는 의미를 나타낸다. 반면, '窄'은 이러한 용어와 결합하여, 범위나 영역이 보통 정도보다 작다는 뜻을 나타낸다. 이러한 표현 양상은 넓은 공간이 보다 많은 사물이나 행위의 수용을 가능하게 한다는 일상적 공간 경험에 근거한 것이다. 이와 같은 감각적·지각적 경험은 '넓다'는 포괄성과 다양성을, '좁다'는 한정성과 협소함을 내포한다는 인식으로 확장되며, 결국 이러한 인지적 도식이 추상적 범위 영역으로 전이된 결과라 할 수 있다.

중국어 차원 형용사 '寬/窄'의 물리적 개념은 추상적 범위 영역뿐만 아니라, 능력 영역으로도 확장될 수 있다. 이에 대한 예시를 구체적으로 살펴보면 다음과 같다.

(93) a. 她知識丰富思路寬. (그녀는 지식이 풍부하고 생각이 넓다.)
　　 b. 他思路窄, 錯過了机會. (그는 생각이 좁아 기회를 놓쳤다.)

c. 大城市的人見識寬. (대도시 사람들은 식견이 넓습니다.)
d. 他是一个見識窄的大學生. (그는 식견이 좁은 대학생입니다.)
e. 文化人比農民眼光寬. (교양 있는 사람은 농민보다 안목이 넓다.)
f. 她的眼光很窄. (그녀의 안목이 너무 좁다.)

위의 예시 (93)에서 보듯이, '寬'은 '思路(생각)', '見識(식견)', '眼光(안목)'과 결합하여, 어떤 사람이 특정 영역에 대해 배우고 경험을 통해 축적한 지식이나 통찰이 상대적으로 풍부하다는 의미를 나타낸다. 반면, '窄'은 이러한 단어들과 함께 사용되어, 사람이 어떤 주제나 영역에 대해 갖는 인지의 폭이나 시야가 일반적인 수준에 미치지 못한다는 뜻으로 쓰인다. 중국어에서 '寬/窄'이 능력과 관련된 추상적 의미로 확장되는 양상은 공간적 경험에서 그 근거를 찾을 수 있다. 일상생활에서 넓은 공간은 더 많은 사물이나 활동을 수용할 수 있다는 경험은, 점차 사고 능력이나 지적 수용성과 같은 인지적 영역에도 은유적으로 적용된다. 이에 따라 사고의 유연성, 다양한 관점의 수용 능력, 또는 지식의 폭넓음 등은 '寬'을 통해 개념화되며, 반대로 사고가 제한적이거나 시야가 편협한 경우는 '窄'을 통해 개념화된다.

'寬/窄'은 성품과 관련된 어휘와 함께 사용되어 추상적인 의미를 확장되기도 한다.

(94) a. 我們可不是那樣心寬. (우리는 그렇게 마음이 넓지 않다.)
b. 她是一个心窄的女人. (그녀는 마음이 좁은 여자였다.)
c. 每个人必須度量寬. (모든 사람은 넓은 도량을 가져야 한다.)
d. 我是个見識少, 气量窄的人. (나는 식견과 도량이 좁은 사람이다.)
e. 心胸寬, 不計較恩怨. (마음이 넓어서 원한을 따지지 않는다.)
f. 他是个心胸窄的男人. (그는 마음이 좁은 남자이다.)

예시 (94)를 보면, '寬'은 '心(마음)', '度量(도량)', '气量(도량)', '心胸(가슴/마음)'이라는 단어와 결합하여 사람의 마음이 너그럽고 포용력이 크다는 의미를 나타낸다. 반면 '窄'은 이러한 추상적 단어들과 함께 쓰여, 사람의 마음이 상대적으로 좁고 너그러움이 부족하다는 의미를 나타낸다. 중국어의 '寬/窄'은 물리적 공간 개념을 기반으로 성품과 관련된 추상적 영역으로 의미가 확장되기도 한다. 이는 넓은 공간이 더 많은 사물이나 대상을 수용할 수 있다는 일상적 인지가 점차 사람의 마음이나 성향에 대한 평가로 전이된 결과로 볼 수 있다. 이에 따라 포용력 있고 너그러운 성품은 '寬'을 통해 개념화되며, 반대로 마음이 옹졸하거나 타인을 포용하는 능력이 부족한 성향은 '窄'을 통해 나타낸다.

4.2. '굵다/가늘다' 및 '粗/細'의 의미 분석

4.2.1. '굵다/가늘다'의 의미

국립국어원 『표준국어대사전』에 수록된 '굵다/가늘다'의 의미들을 살펴보면 다음 <표 25>와 같다.

<표 25> '굵다/가늘다'의 사전적 의미

굵다	가늘다
① 물체의 지름이 보통의 경우를 넘어 길다.	① 물체의 지름이 보통의 경우에 미치지 못하고 짧다.
② 밤, 대추, 알 따위가 보통의 것보다 부피가 크다.	② 소리의 울림이 보통에 미치지 못하고 약하다.
③ 빗방울 따위의 부피가 크다.	③ 물체의 굵기가 보통에 미치지 못하고 잘다.
④ 글씨의 획이 더 뚜렷하고 크다.	
⑤ 생각, 행동 따위의 폭이 넓고 크다.	④ 빛이나 연기 따위가 희미하고 약하다.

⑥ 소리의 울림이 크다.	⑤ 표정이 얼굴에 나타날 듯 말 듯 약하다.
⑦ 가늘지 아니한 실 따위로 짜서 천의 바탕이 거칠고 투박하다.	⑥ ((주로 '구멍'을 주어로 하여)) 사이가 좁고 촘촘하다.
⑧ ((주로 '구멍'을 주어로 하여)) 사이가 넓고 성기다.	⑦ ((주로 '가늘게' 꼴로 쓰여)) 움직이는 정도가 아주 약하다.

위의 <표 25>를 보면, '굵다'의 ①번부터 ④번까지의 의미, 그리고 ⑦번, ⑧번 의미는 물리적 대상물의 공간적 의미이고, ⑤번과 ⑥번 의미는 확장의미이다. '가늘다'의 ①, ③, ⑥번 의미는 대상물의 공간적 의미이고, ②, ④, ⑤, ⑦번 의미는 확장 의미이다. '굵다'의 ⑥번과 '가늘다'의 ②번 의미는 청각 영역으로 확장된 의미이다. '굵다'의 ⑤번 의미는 '가늘다'의 의미와 대응되는 항목이 없고, '가늘다'의 ④, ⑤, ⑦번 의미는 '굵다'의 의미와 대응되는 항목이 없다.

차원 형용사 '굵다/가늘다'와 함께 사용되는 어휘들을 정리하면 다음 <표 26>과 같다.

<표 26> '굵다/가늘다'와의 결합어

의미		굵다		가늘다	
		결합어	출현 횟수	결합어	출현 횟수
기본의미	단면의 둘레	나무(10), 기둥(8), 철사(6), 뼈(7), 못(6), 뱀(1), 줄(8), 노끈(2), 뿌리(4), 실(3), 털(2), 힘줄(1), 가지(5), 선(7), 쇠못(2), 전선(3), 끈(3), 밧줄(4), 핏줄(1), 머리카락(1), 대(1), 빗줄기(3), 소나무(3), 통나무(1), 연필(1), 팔(4), 다리(6), 몽둥이(1), 목(6)	110	철사(5), 뼈(2), 뱀(2), 나무(12), 기둥(2), 줄(5), 노끈(2), 뿌리(7), 털(8), 힘줄(1), 실(8), 가지(18), 선(9), 빗줄기(12), 팔(7), 연필(5), 다리(8), 목(6), 전선(4), 끈(3), 핏줄(6), 밧줄(3), 머리카락(2), 소나무(5), 대(2), 나뭇가지(7)	151

		너비	눈썹(7), 띠(2), 허리(1), 글씨(3)	13	눈썹(4), 띠(2), 글씨(7), 허리(6)	19
	부피	입자물체	소금(4), 모래(7), 가루(1), 모래알(2)	14	모래(14), 설탕(2), 소금(3), 가루(1)	20
		작은 원형 물체	보석(2), 바늘(3), 빗방울(24), 눈물방울(10), 양딸기(1), 콩(4), 돌(7), 바위(1), 돌맹이(1), 호두(3), 감자(6), 씨앗(6), 땀방울(5), 이슬(1), 콩알(1), 알(2), 구슬(1), 대추(1)	79	-	-
		구멍의 크기	구멍(3), 체(3), 망(1)	7	구멍(3), 체(1), 그물(1), 망(1)	6
확장의미		정도	-	-	흔들리다(3), 뛰다(5), 떨리다(2), 끄덕이다(1), 움직이다(2), 흘러내리다(2)	15
	감각	시각	비(10), 연기(4), 빛(1)	15	비(4), 연기(7), 빛(3)	14
		청각	목소리(18), 숨(1), 음성(14), 소리(10), 신음소리(1), 말소리(3), 빗소리(3), 숨소리(4)	54	한숨(15), 하품(9), 음성(10), 소리(8), 숨소리(11), 목소리(9), 신음소리(4), 빗소리(2), 바람소리(1)	69
		촉각	천(5), 베(3)	8	천(4), 베(2)	6
		합계		300	합계	300

위의 <표 26>에서, '단면의 둘레'라는 의미인 '굵다'가 110회, '가늘다'가 151회의 출현횟수로 나타난다. 또한, '대상물의 너비'라는 의미인 '굵다'는 13회, '가늘다'는 19회의 사용 횟수를 보였고, '물체 입자의 크기'라는 의미를

나타내는 '굵다'는 14회, '가늘다'는 20회의 사용 횟수로 나타났다. 이외에 '굵다'가 '작은 원형 물체의 부피'라는 의미로 79회의 사용 횟수를 보이지만, '가늘다'는 이러한 의미를 가지지 않았다. 확장의미를 보면 '굵다/가늘다'는 몇 가지 확장의미만을 생성하며, 이들의 기본의미는 확장의미보다 사용 횟수가 더 높다는 것을 볼 수 있다. 먼저, 청각 영역에서 '굵다'는 54회, '가늘다'는 69회의 사용 횟수를 보이며, 다른 추상적인 의미보다 더 많이 사용된다. 또한, 시각 영역에서 '굵다'는 15회, '가늘다'는 14회의 사용 횟수를 나타내며, 촉각 영역에서 '굵다'는 8회의 사용 횟수, '가늘다'는 6회의 사용 횟수를 보인다. 그리고 '가늘다'의 정도 영역은 15회의 사용 횟수를 나타내지만, '굵다'는 이러한 추상적 의미를 보이지 않는다.

'굵다/가늘다'의 공간적 의미가 가지는 특징을 위와 같은 말뭉치 자료를 바탕으로 살펴보도록 한다. 먼저 다음의 예시를 살펴보자.

> (95) a. 기둥은 대체로 <u>굵은 나무</u> 하나를 사용한다.
> b. <u>가는 나무</u> 여러 대를 묶어 기둥으로 이용한다.
> c. <u>굵은 기둥</u> 위에 걸터앉은 사내였다.
> d. 12개월을 상징하는 12개의 <u>가는 기둥</u>이 있다.
> e. <u>굵은 끈</u> 하나가 툭 끊어져 나가는 소리를 들은 듯했다.
> f. <u>가는 끈</u>으로 매여있다.

예시 (95)에서 '굵다/가늘다'는 '나무', '기둥', '끈' 등의 선형(線形)적인 대상물과 함께 사용되어 해당 대상물의 단면의 둘레가 보통 정도를 초과하거나 미달한다는 의미가 된다.

'굵다/가늘다'는 대상물의 너비를 나타내기도 한다. 이에 대한 예시를 보면 다음과 같다.

(96) a. 그의 <u>굵은 눈썹</u>이 미세하게 꿈틀한다.
　　　b. <u>가는 눈썹</u> 밑에 있는 눈은 샛별보다 더 빛났다.
　　　c. 성준이 그녀의 <u>굵은 허리</u>를 껴안았다.
　　　d. 언니처럼 <u>가는 허리</u>를 가졌다.
　　　e. 붉은 <u>굵은 글씨</u>가 눈에 띄었다.
　　　f. 면상필로 <u>가는 글씨</u>를 쓸 수 있다.

　위의 예시 (96)에서 '굵다'는 '눈썹', '허리', '글씨' 등의 단어와 함께 사용되어 일정한 길이를 초과하지 않는 대상물의 가장 긴 한쪽과 이와 평행 관계에 있는 다른 한쪽 사이의 너비가 일반적인 기준을 넘어선다는 의미가 된다. 반면, '가늘다'는 해당 대상물의 너비가 일반적인 기준에 미치지 못함을 나타낸다.
　한국어 차원 형용사 '굵다/가늘다'는 입자(粒子) 형태의 물체에 대해 그 부피나 두께를 나타내는 데에도 사용된다.

(97) a. <u>굵은 모래</u> 위로 흐르는 계곡물은 반짝였다.
　　　b. <u>가는 모래</u>가 부슬부슬 떨어진다.
　　　c. <u>굵은 소금</u> 한 주먹을 뜨거운 물에 담는다.
　　　d. <u>가는 소금</u>을 식기에 넣고 한데 버무린다.
　　　e. 병에 <u>굵은</u> 설탕 <u>가루</u>를 한 줌 더 넣다.
　　　f. 폐에 먼지 같은 <u>가는 가루</u>가 들어간다.

　예시 (97)에서 볼 수 있듯이, '굵다/가늘다'는 '모래', '소금', '가루' 등과 같은 입자 형태의 물체와 결합하여, 해당 입자의 크기가 일반적인 기준보다 크거나 작음을 나타낸다.

한국어의 차원 형용사 '굵다/가늘다'는 구멍의 너비나 지름을 나타낼 때에도 사용된다.

 (98) a. <u>구멍이 굵</u>은 체가 이삼십 개는 돼 보인다.
    b. 중심 부위에는 1-2 나노미터의 <u>가는 구멍</u>이 있다.
    c. 삶은 팥을 <u>굵은 체</u>에 걸러서 쌀을 넣으니 잘 퍼졌다.
    d. 술이 완전히 익으면 물을 타서 <u>가는 체</u>로 걸러서 마시면 된다.
    e. 눈이 <u>굵은 안강망</u>의 목선으로 고기잡이를 한다.
    f. 하수구에 <u>가는 망</u>을 씌워 음식 찌꺼기가 들어가는 것을 막읍시다.

예시 (98)에 나타난 '굵다'는 '구멍', '체', '망' 등의 단어와 결합하여, 구멍의 너비나 지름이 일반적인 기준보다 크다는 의미를 나타낸다. 반면, 동일한 예시에서 '가늘다'는 이러한 단어들과 함께 사용되어 구멍의 너비나 지름이 일반적인 수준에 미치지 못함을 의미한다.
 '굵다'는 작은 원형 물체의 크기를 나타낼 수 있는 반면, 이러한 의미는 '가늘다'의 물리적 개념에서는 드러나지 않는다.

 (99) a. <u>굵은 감자</u> 세 개를 손에 쥐었다.
    b. <u>굵은 대추</u>를 생강즙에 섞었다.
    c. <u>씨알이 굵</u>은 편은 아니다.

위의 예시 (99)를 보면, '굵다'는 '감자', '대추', '씨알' 등과 같은 원형의 대상물과 함께 사용되어, 그 부피가 일반적인 기준보다 상대적으로 크다는 의미를 나타낸다. 반면, '가늘다'는 이러한 대상물과는 함께 쓰이지 않으며, 대신 '작다'라는 형용사가 '감자', '대추', '씨알' 등과 결합되어 해당 물체의 부피가 일반적인 기준에 미치지 못함을 나타낸다.

'굵다/가늘다'의 공간적 의미는 몇 가지 추상적 영역으로 확장된다. 먼저 '가늘다'는 '가늘게'라는 부사어 형태로 활용되어, 뒤따르는 동사와 결합할 때 '움직임의 정도가 약하다'는 의미로 쓰인다. 이에 대한 예시는 다음과 같다.

    (100) a. 할머니의 손이 <u>가늘게 떨리고</u> 있다.
           b. 그의 어깨가 <u>가늘게 흔들린다고</u> 느껴져 왔다.
           c. 치맛자락이 <u>가늘게 움직였다</u>.

위의 예시 (100)에서 보이듯이, '가늘다'는 '가늘게'라는 부사어 형식으로 뒤에 나타나는 동사인 '떨리다', '흔들리다', '움직이다' 등의 단어와 함께 사용되어 동작의 움직임이 매우 약하거나 미세하다는 의미를 나타낸다. '가늘다'의 이러한 의미 확장은 인간의 일상적 지각 경험과 인지 구조에 바탕을 두고 나타낸 것으로 볼 수 있다. 일상생활에서 지각되는 가늘고 섬세한 사물들, 예를 들어 실, 머리카락, 얇은 천 등은 외부 자극에 따라 미세하게 떨리거나 흔들리는 경우가 많다. 이러한 반복적인 감각 경험은 가는 것의 움직임이 약하거나 부드럽다는 개념적 연결을 강화시키고, 결과적으로 '가늘다'는 '움직임이 약하다'는 추상적 의미 영역으로 은유적 확장을 일으키게 된다. 반면 '굵다'는 이러한 동사와 함께 사용되지 않고, 대신 '크다'가 '크게'라는 부사어 형식으로 행위 동사와 함께 사용되어 동작이 움직이는 정도가 강하다는 의미를 나타낸다.

'굵다/가늘다'의 공간 의미는 추상적인 감각 영역[4]의 하위 유형인 시각

---

4   본 연구에서 가리키는 감각 영역은 인간의 시각, 청각, 후각, 미각, 촉각이라는 오감(五感)을

영역으로 확장될 수 있다.

    (101) a. 그곳에는 <u>굵은 비</u>가 내리고 있었다.
           b. <u>가는 비</u>가 부슬부슬 내리기 시작하였다.
           c. 천장을 향해 굵은 담배 <u>연기</u>를 푹푹 뿜어냈다.
           d. <u>가는 연기</u>가 피어오르기 시작한다.
           e. 갑자기 눈에 짧고 <u>굵은 빛</u>이 번쩍 지나갔다.
           f. 별에서 보랏빛의 <u>가는 빛</u> 하나가 반짝였다.

위의 예시 (101)에서 '굵다'는 '비', '연기', '빛' 등 자연 현상과 관련된 어휘와 결합하여, 비나 연기, 빛 등의 강도나 세기가 강하다는 의미를 나타낸다. 반면 '가늘다'는 동일한 어휘들과 함께 사용될 때, 그 강도나 세기가 약하다는 의미로 나타난다.

'굵다/가늘다'가 '비', '연기', '빛' 등과 함께 사용될 수 있는 이유는 인간의 지각 경험 및 감각적 인지 방식과 밀접하게 관련되어 있다. 인간은 물리적 두께를 시각적으로 인지하는 과정에서, 시야에 강하게 들어오는 자극을 '굵다'로, 약하고 섬세하게 인식되는 자극을 '가늘다'로 개념화하는 경향이 있다. 이러한 지각은 단지 실제 두께에만 의존하는 것이 아니라, 시각적 밀도, 선명도, 확산 정도 등과 같은 시각적 특성의 통합된 지각 정보에 의해 형성된다. 예를 들어, 굵은 비는 실제 물방울이 크기 때문이 아니라, 그 비가 시각적으로 강한 자극을 주며 연속적으로 시야를 채우는 밀도가 높기 때문에 '굵다'라는 개념이 적용된다. 연기나 빛 역시 마찬가지로, 퍼지는 속도나 농도, 시야에서 차지하는 면적 등에 따라 인간은 이를 굵거나 가는 것으로 인식한다.

    기반으로 정하는 것이다.

'굵다/가늘다'의 공간적 의미는 시각 영역뿐만 아니라 청각 영역으로도 확장된다.

 (102) a. 안에서 남자의 <u>굵은 목소리</u>가 흘러나왔다.
    b. 마침내 그녀의 입에서 지친 듯 <u>가는 목소리</u>가 흘러나왔다.
    c. 그는 낮고 <u>굵은 음성</u>으로 말했다.
    d. 선비의 <u>가는 음성</u>이 들린다.
    e. 그는 낮고 <u>굵은 소리</u>로 말했다.
    f. 혜주가 <u>가는 소리</u>로 묻는다.

위의 예시 (102)에서 '굵다'는 '목소리', '음성', '소리' 등의 단어와 함께 사용되어 소리의 울림이나 강도가 일반적인 수준보다 크고 힘차다는 의미를 나타낸다. 반면 '가늘다'는 이러한 어휘와 결합하여 소리의 크기나 강도가 일반적인 기준에 미치지 못하고 약하다는 의미로 나타난다. '굵다/가늘다'의 공간적 의미가 청각 영역으로 확장되는 현상은 소리의 물리적 특성에 기초한 인지적 전이로 설명될 수 있다. 낮은 주파수의 소리는 파장이 길고 진폭이 커서 시각적으로 굵은 선에 가까우며, 높은 주파수의 소리는 파장이 짧고 진폭이 작아 가는 선의 형상과 유사하다. 이러한 시각청각적 감각 통합 경험을 토대로, 공간 형용사인 '굵다/가늘다'는 소리의 세기나 울림을 표현하는 언어적 표상으로 자연스럽게 확장되었다고 볼 수 있다.

'굵다/가늘다'의 공간 의미는 시각 영역과 청각 영역으로 확장되는 것 외에, 촉각 영역으로도 확장된다.

 (103) a. 올이 <u>굵은 천</u>으로 된 커튼은 녹슨 쇳소리가 난다.
    b. 그는 <u>가는 천</u>을 가지고 왔다.

  c. <u>굵은</u> 베로 지은 짧은 바지이다.
  d. 올이 <u>가는</u> 베 적삼에 감색 치마를 두르고 있었다.

 위의 예시 (103)에서 볼 수 있듯이, '굵다'는 '천'이나 '베'와 같은 단어와 결합하여 직물의 질감이 두껍고 거칠다는 의미를 나타낸다. 반면 '가늘다'는 동일한 단어들과 함께 사용되어 질감이 얇고 부드럽다는 것을 나타낸다. '굵다/가늘다'의 공간적 의미가 촉각 영역으로 확장되는 양상은 촉각 경험에 기반한 인지적 도식의 전이로 설명할 수 있다. 일상에서 직물이나 섬유와 같은 재질을 손으로 만질 때, 올이 굵은 천은 두껍고 거칠게 느껴지고, 올이 가는 천은 얇고 부드럽게 느껴진다. 이러한 체감적 차이는 '굵다/가늘다'와 같은 공간 형용사가 직물의 질감이나 밀도, 두께 등을 표현하는 데 자연스럽게 활용된다.

4.2.2. '粗/細'의 의미

 『現代漢語詞典』에 수록된 차원 형용사 '粗/細'의 의미들을 살펴보면 다음과 같다.

<표 27> '粗/細'의 사전적 의미

粗	細
① 條狀物橫剖面大. (막대 모양의 물체들은 횡단면이 넓다)	① 條狀物橫剖面小. (막대 모양의 물체들은 횡단면이 좁다)
② 長條形兩長邊的距离不十分近. (긴 물체의 두 긴 변의 거리는 그다지 가깝지 않다)	② 長條形兩邊的距离近. (긴 물체의 두 긴 변의 거리는 가깝다)
③ 顆粒大. (입자가 크다)	③ 顆粒小. (입자가 작다)
	④ 聲音尖, 聲音小. (소리는 날카롭거나

④ 聲音大而低. (소리는 크고 낮다)	작다)
⑤ 粗糙. (거칠다)	⑤ 精細. (정교하다)
⑥ 疏忽, 不周密. (세심하지 않다)	⑥ 仔細, 詳細, 周密. (자세하다)
⑦ 魯莽, 粗野. (행동이 거칠고 예의가 없다)	⑦ 細微, 細小. (미세하다, 사소하다)
⑧ (副)略微. (부사)(조금)	

위의 <표 27>에서 '粗'의 ①, ②, ③번 의미는 공간 의미이고 ④번부터 ⑧번까지는 확장된 의미이다. '細'의 ①, ②, ③번 의미는 공간 의미이며 ④, ⑤, ⑥, ⑦번 의미는 확장된 의미이다. '粗/細'의 공간적 의미와 ④번, ⑤번, ⑥번 확장의미는 대응된다. '粗'의 ⑦번과 ⑧번 의미는 '細'의 의미 항목에서 대응하는 의미가 없고, '細'의 ⑦번 의미는 '粗'의 의미 항목에서 대응되는 의미가 없다.

차원 형용사 '粗/細'와 함께 사용되는 어휘들을 정리해 보면 다음 <표 28>과 같다.

<표 28> '粗/細'와의 결합어

의미		粗		細	
		결합어	출현 횟수	결합어	출현 횟수
기본의미	단면의 둘레	腿(14), 槍杆(4), 枝(12), 脖子(14), 胳臂(10), 繩子(6), 根(14), 鐵鏈(3), 樹干(1), 麻繩(3), 樹(7), 柱子(5), 棍子(5), 鉛筆(4), 木頭(6), 線(8), 辮子(6), 鐵絲(11)	133	樹(3), 柱子(11), 枝(17), 繩子(9), 脖子(13), 鉛筆(2), 藕(4), 鐵鏈(4), 線(13), 發(12), 絲(14), 電線(6), 柳(10), 竹竿(8)	126
	너비	眉(10), 腰(12), 筆畫(5), 腰帶(4)	31	腰(14), 眉(10), 筆畫(6), 腰帶(7)	37
	부피	沙(7), 鹽(10), 面粉(5), 糖(7)	29	沙(14), 面粉(12), 鹽(10), 糖(6), 塵(6)	48

	구멍의 크기		篩(4), 紗(6), 网(9), 孔(5), 布(11)	35	孔(12), 縫(9), 篩(6), 网(8), 麻布(6)	41
확장의미	성품		脾气(11), 性子(6)	17	-	-
	감각	시각	-	-	雨(3), 烟(6), 光(1)	10
		청각	聲音(9), 聲(12), 音(10), 呼吸(5), 嗓子(4), 嗓音(6)	46	聲(5), 音(6), 聲音(3), 嗓子(6), 嗓音(9), 呼吸(4)	33
		촉각	布(5), 麻布(4)	9	布(3), 麻布(2)	5
		합계		300	합계	300

위의 <표 28>을 보면, '단면의 둘레'라는 의미의 '粗'는 133회, '細'는 126회의 사용 횟수로 나타난다. 또한, '粗/細'는 대상물의 너비, 부피, 구멍의 크기를 나타내며, 상대적으로 많은 출현횟수를 보인다. 확장의미를 보면, '粗/細'는 추상적인 영역으로의 확장에 제한이 있다. 그중에서 '粗'의 성품 영역에서의 사용은 17회의 횟수로 나타나는데 '細'는 성품 영역으로의 의미 확장을 보이지 않는다. 또한, 청각 영역에서 '粗'는 46회, '細'는 33회의 사용 횟수로 나타나며, 비슷한 출현횟수를 나타낸다. 그리고 촉각 영역에서 '粗'는 9회, '細'는 5회의 사용 횟수로 나타난다. 이외에 '細'의 시각 영역에서의 사용은 10회의 횟수로 나타나지만, '粗'에는 이러한 추상적인 의미가 나타나지 않는다.

'粗/細'의 공간 의미 특징 가운데, 먼저 '粗/細'는 대상물의 단면의 둘레를 나타낸다는 양상을 살펴보면 다음과 같다.

(104) a. 粗樹被從底部鋸斷. (굵은 나무가 바닥에서 잘려나갔다.)
     b. 他將小細樹全部砍除了. (그는 작은 나무들을 모두 베어 버렸다.)

　　　　c. 几根粗柱子聳立在那. (굵은 기둥 몇 개가 그곳에 우뚝 서 있다.)
　　　　d. 院子里排着細柱子. (마당에 가는 기둥들이 줄지어 서 있다.)
　　　　e. 用一根粗繩做腰帶. (굵은 밧줄로 허리띠를 만듭니다.)
　　　　f. 腰里扎根細繩子. (허리에 가는 끈을 묶습니다.)

　예시 (104)에서 '粗'는 '樹(나무)', '柱子(기둥)', '繩子(끈)' 등과 함께 쓰여 '선'의 특징이 두드러진 원형적인 물체의 단면의 둘레가 일반적인 기준을 넘어선다는 의미가 된다. 반면 예시 (104)에서 '細'는 대상물의 단면의 둘레가 일반적인 기준에 미치지 못한다는 의미가 된다.
　'粗/細'는 대상물의 단면의 둘레를 나타내는 것 외에 물체의 너비를 나타낼 수 있다.

　　(105) a. 一位粗眉大眼的年輕人. (눈썹이 굵고 눈이 큰 젊은이였다.)
　　　　b. 她的兩道細眉微微皺起來. (그녀는 가는 눈썹을 약간 찡그렸다.)
　　　　c. 粗腰上束着一條腰帶. (굵은 허리에는 허리띠를 매고 있다.)
　　　　d. 手臂摟住了她的細腰. (팔이 그녀의 가는 허리를 감싸고 있다.)
　　　　e. 筆畫粗不等于有力. (글씨 획이 굵다고 힘이 있는 것이 아니다.)
　　　　f. 筆畫細如發絲. (글씨 획이 머리카락처럼 가늘다.)

　위의 예시 (105)에서 보듯이, '粗'는 '眉(눈썹)', '腰(허리)', '筆畫(글씨)'와 같은 단어와 결합하여 해당 대상의 너비가 일반적인 기준보다 크다는 의미를 나타낸다. 반면, '細'는 이러한 대상들과 결합하여, 그 너비가 일반적인 수준에 미치지 못함을 의미한다.
　차원 형용사 '粗'와 '細'는 입자(粒子) 형태의 물체에 대해, 그 부피나 입자의 크기를 나타내는 데에도 사용된다.

(106) a. 粗沙与礫石混在一起的. (굵은 모래와 자갈이 섞여 있다.)
b. 拍去袴子上沾的細沙. (바지에 묻은 가는 모래를 털어낸다.)
c. 盒內裝滿粗鹽. (상자 안에 굵은 소금을 가득 채웠습니다.)
d. 咖啡是加細鹽泡制的. (커피는 굵은 소금으로 우려낸 것이다.)
e. 硏成粗粉. (굵은 가루를 빻습니다.)
f. 把石灰石磨成細粉. (석회석을 가는 가루로 갈아줍니다.)

예시 (106)에 쓰인 '粗'는 '沙(모래)', '鹽(소금)', '粉(가루)'와 결합하여, 해당 대상물의 입자 크기가 일반적인 기준보다 크다는 의미를 나타낸다. 반면, '細'는 이러한 대상물의 입자 크기가 상대적으로 작다는 것을 의미한다.

차원 형용사 '粗/細'는 물체의 단면의 둘레, 물체의 너비, 입자의 크기를 나타내는 것 외에 구멍의 크기를 나타내기도 한다.

(107) a. 液体在粗孔漏斗中過濾. (액체는 거친 구멍 깔때기에서 여과된다.)
b. 灯光従細孔里漏出來. (불빛이 가는 구멍으로 새어 나옵니다.)
c. 用粗篩篩了一遍麥糠. (굵은 체로 밀기울을 한 번 체질했다.)
d. 従細篩中篩下細沙. (가는 체에서 고운 모래를 걸러낸다.)
e. 周圍用篱笆或粗网圍護. (주위를 울타리나 굵은 망으로 둘러싼다.)
f. 窗戶外面加上一道細网. (창문 밖에 가는 망을 하나 더 놓습니다.)

위의 예시 (107)에서 '粗'는 '孔(구멍)', '篩(체)', '网(망)'과 결합하여, 물체나 공간 내에 비어 있는 부분의 크기가 일반적인 기준보다 크다는 의미를 나타낸다. 반면, '細'는 해당 구멍의 크기가 상대적으로 작다는 뜻을 나타낸다.

차원 형용사 '粗/細'의 공간적 의미는 다양한 추상 영역으로 확장될 수 있다. 우선 '粗'는 '성품'과 관련된 어휘와 결합하여 사용될 수 있다.

(108) a. 当心你的粗脾气. (당신의 거친 성질을 조심하세요.)

　　　 b. 他是年輕人, 性子粗一点. (그는 젊은 사람이라 성격이 좀 거칠다.)

위의 예시 (108)에서 '粗'는 '脾气(성질)', '性子(성격)' 등과 결합하여 성격이 거칠고 감정 조절이나 인내심이 부족하다는 부정적 의미로 사용된다. '粗'의 의미가 성품과 같은 추상적 영역으로 확장되는 현상은 일상적 경험에 기반한 인지적 연관성에서 비롯된다. 일반적으로 표면이 거칠고 매끄럽지 않은 사물은 다루기 어렵고 불편하게 지각되며, 이러한 물리적 속성이 점차 성격이나 행동의 둔함, 세밀하지 못함을 나타내는 개념으로 추상화되어 개념적 전이가 일어난다. 반면 '細'는 성격과 직접 결합되는 용례가 매우 드물며, 이는 '細'가 감각적 속성으로 인식되는 경향이 강해 성격과 같은 추상 영역으로의 의미 확장이 상대적으로 제한되기 때문이다. 즉, '粗'는 부정적 성향과의 인지적 연관성에 따라 성격 영역으로 자연스럽게 확장되지만, '細'는 그러한 연관성이 약해 해당 영역으로의 확장이 잘 일어나지 않는 것이다.

또한, '細'의 공간 의미가 시각 영역으로 확장되는 양상을 나타내기도 한다. 관련된 예시를 보면 다음과 같다.

(109) a. 窗外正在下着細雨. (창밖에 가는 비가 내리고 있다.)

　　　 b. 飄出一股細烟的小房子. (연기가 가늘게 피어오르는 작은 집이다.)

　　　 c. 一道細光掠過他們眼前. (가는 빛이 그들의 눈을 스쳐 지나갔다.)

예시 (109)에 나타난 '細雨(가는 비)', '細烟(가는 연기)', '細光(가는 빛)'이라는 표현은 비, 연기, 빛 등의 강도나 밀도가 약하고 희미하다는 의미를 나타낸다. 반면, '粗'는 이러한 어휘들과 함께 사용되지 않으며, 그 대신 '大(크다)'라는 단어가 '雨(비)', '烟(연기)'을, '强(강하다)'라는 단어로 '光(빛)'을 수식하는 것이 더 자연스럽다. '細'의 공간 의미가 시각 영역으로 확장될 수 있는 반면, '粗'는 그러한 확장이 제한되는 이유는 인간의 시각적 인지 구조와 밀접한 관련이 있다. 인간은 시각 자극을 받을 때, 먼저 대비, 선명도, 경계의 굵기 등을 통해 대상을 인지하게 된다. 이 과정에서 가늘고 약한 선이나 형태는 빛, 연기, 비와 같이 미세하고 흐릿한 자연 현상을 지각하는 데 효과적으로 작용하며, 그 미묘한 강약과 정도 차이를 표현하기 위해 '細'와 같은 형용사가 자주 활용된다. 반면, '粗'는 시각적 인지에서 대상의 경계가 분명하고 물리적 실체가 뚜렷한 경우에 주로 적용되며, 불투명하고 단단한 사물에 대한 시각 정보와 결합하는 경향이 있다. 그러나 '비', '연기', '빛'은 물리적 경계가 모호하고 형태가 불안정한 속성을 가지기 때문에, 이와 같은 현상에 '粗'를 적용하는 것은 자연스럽지 않다.

차원 형용사 '粗/細'는 시각 영역뿐만 아니라 청각 영역으로도 의미가 확장된다.

(110) a. 我故意用粗嗓音說話. (나는 일부러 굵은 목소리로 말했습니다.)
　　　b. 她的嗓音細如蚊蠅. (그녀의 목소리는 파리 소리처럼 가늘었다.)
　　　c. 他忽然粗聲說了一句. (그는 갑자기 굵은 음성으로 한마디 했다.)
　　　d. 她說話都是細聲細气的. (그녀는 가는 음성으로 말합니다.)
　　　e. 哼着沉重的粗音. (무겁고 굵은 소리로 흥얼거립니다.)
　　　f. 簫聲音細而淸. (피리 소리가 가늘고 맑습니다.)

위의 예시 (110)에서 '粗'는 '嗓音(목소리)', '聲音(음성)', '音(소리)'과 결합하여 소리가 비교적 굵고 강하다는 의미를 나타낸다. 반면, '細'는 이러한 단어와 결합하면 소리가 상대적으로 약하다는 뜻을 나타낸다. '粗/細'가 청각 영역으로 의미가 확장되는 것은 물리적 속성과 청각적 경험 간의 인지적 유사성에 기반한다. 일반적으로 낮고 강한 소리는 진폭이 크고 진동이 강한 사물과 연관되어 '粗'의 두껍고 거친 이미지로 개념화되며, 반대로 높고 약한 소리는 진폭이 작고 진동이 미세한 사물과 연결되어 '細'의 가늘고 섬세한 이미지로 개념화된다. 이러한 인지 경험을 바탕으로 '粗/細'의 공간적 의미는 청각 영역으로의 공감각적 의미 전이를 나타낸다.

이외에도 차원 형용사 '粗/細'의 공간적 의미는 촉각 영역으로 확장되기도 한다.

(111) a. 工厂只能生产一些粗布. (공장에서는 거친 천만 생산할 수 있다.)
b. 裙子是用细布做的. (치마는 가는 천으로 만든 것이다.)
c. 男子穿粗麻布的上衣. (남자는 굵은 베로 된 윗도리를 입는다.)
d. 女子身着细麻布的衣服. (여자는 가는 베 옷을 입고 있습니다.)

위의 예시 (111)에서 '粗'는 '布(천)'나 '麻布(베)'와 결합하여 질감이 두껍고 거칠다는 의미를 나타낸다. 반면 '細'는 이러한 단어들과 결합할 때 질감이 가볍고 얇다는 뜻이 된다.

인지의미론의 관점에서 보면, '굵은 실'이나 '가는 실'처럼 직물의 일부 속성이 전체인 '천'이나 '베'의 질감을 드러내는 표현은 환유의 대표적인 사례라고 할 수 있다. 실의 굵기나 가는 정도는 천의 질감, 즉 거칠거나 부드러운 촉감을 자연스럽게 떠올리게 하며, 이는 인간이 부분적인 특징을 통해 전체를 이해하고 인식하는 방식과 밀접하게 관련되어 있다. 다시 말해, 실의 두께라는 구체적인 물리적 속성을 언급함으로써 천 전체의 촉각적 이미지를 효과적으로 전달하는 것이다.

4.3. '크다/작다' 및 '大/小'의 의미 분석

4.3.1. '크다/작다'의 의미

『표준국어대사전』에 수록된 차원 형용사 '크다/작다'의 의미들을 살펴보면 다음과 같다.

<표 29> '크다/작다'의 사전적 의미

크다	작다
① 사람이나 사물의 외형적 길이, 넓이, 높이, 부피 따위가 보통 정도를 넘다. ② 신, 옷 따위가 맞아야 할 치수 이상으로 되어 있다. ③ 일의 규모, 범위, 정도, 힘 따위가 대단하거나 강하다. ④ 사람의 됨됨이가 뛰어나고 훌륭하다. ⑤ 소리가 귀에 거슬릴 정도로 강하다. ⑥ 돈의 액수나 단위가 높다. ⑦ 몸이나 마음으로 느끼는 어떤 일의 영향, 충격 따위가 보통 정도를 넘다. ⑧ 생각의 범위나 도량이 넓다. ⑨ 겁이 없고 용감하다. ⑩ 가능성 따위가 많다. ⑪ (('크게는' 꼴로 쓰여)) '범위를 넓힌다면'의 뜻으로 이르는 말. ⑫ (('크게' 꼴로 쓰여)) '대강', '대충'의 뜻을 나타내는 말. ⑬ ((주로 '큰' 꼴로 쓰여)) '중요하다', '의의가 있다'의 뜻을 나타내는 말. ⑭ '뛰어나다', '훌륭하다'의 뜻을 나타내는 말.	① 길이, 넓이, 부피 따위가 비교 대상이나 보통보다 덜하다. ② 정하여진 크기에 모자라서 맞지 아니하다. ③ 일의 규모, 범위, 정도, 중요성 따위가 비교 대상이나 보통 수준에 미치지 못하다. ④ 사람됨이나 생각 따위가 좁고 보잘것없다. ⑤ 소리가 낮거나 약하다. ⑥ 돈의 액수가 적거나 단위가 낮다. ⑦ (('작게는' 꼴로 쓰여)) '범위를 좁힌다면'의 뜻으로 이르는 말.

위의 <표 29>를 보면, '크다'의 ①번은 공간 의미이고 ②번부터 ⑭번까지는 확장된 의미이다. '작다'의 ①번은 공간 의미이고 ②번부터 ⑦번까지는 확장된 의미이다. '크다'의 의미 항목이 '작다'의 의미 항목보다 더 상세하게 나오는데, 그중에서 '크다/작다'의 ①번부터 ⑥번까지의 의미 항목은 각각 대응이 되며 '크다'의 ⑪번과 '작다'의 ⑦번 의미는 대응을 이룬다. 또한 '크다'의 ⑦, ⑨, ⑩, ⑫, ⑬, ⑭번 의미는 '작다'의 사전적 의미에서 대응되는 의미 항목이 없다.

차원 형용사 '크다/작다'와 함께 사용되는 어휘의 목록을 정리하면 다음 <표 30>과 같다.

<표 30> '크다/작다'와의 결합어

의미		크다		작다	
		결합어	출현 횟수	결합어	출현 횟수
기본의미	부피	그릇(7), 건축(1), 뱀(1), 배(3), 구슬(1), 건물(2), 나무(3), 소나무(4), 물방울(1), 비방울(2), 집(7), 키(4), 산(5), 바위(8), 언덕(1), 눈(7), 공(3), 돌(5), 가방(4), 손(2), 차(3), 상자(6)	84	상자(2), 공(2), 씨앗(3), 가방(2), 방울(10), 오렌지(1), 물고기(2), 언덕(4), 몸(7), 돌(5), 섬(9), 바위(3), 건물(1), 물건(6), 항아리(1), 주먹(3), 차(1), 손(5), 알(1), 바퀴(3), 산(6), 빌딩(1), 나무(10), 키(11), 배(12), 새(8), 집(10), 탑(1), 우물(3), 눈(9), 섬돌(2)	144
	면적	운동장(5), 마당(1), 강(3), 바다(7), 창문(4), 종이(2), 문(1)	23	종이(2), 강(1), 바다(2), 문(2), 유리창(1), 창문(3), 마당(2), 운동장(3), 길(3)	19
	구멍	동굴(6), 구멍(2), 틈(2)	10	구멍(7), 틈(3), 동굴(4)	14
	분량	숫자(3), 수치(2), 수(2), 액수(2), 점수(4), 자본(1), 재산(2), 재물(1), 돈(5), 이익	45	수치(7), 숫자(4), 수(2), 액수(1), 점수(2), 돈(2), 비율(1), 이익(1), 비중(3), 가능	33

확장의미		(1), 소득(4), 비용(5), 비중(3), 비율(4), 가능성(2), 확률(4)		성(4), 확률(1), 비용(3), 소득(1)	
	범위	분야(2), 범위(3), 폭(4)	9	분야(2), 범위(3), 폭(1)	6
	관계	관련(4), 관계(3), 인연(4)	11	관계(2), 관련(1), 인연(4)	7
	감정	사랑(5), 화(6), 긴장(1), 걱정(5), 고민(1), 관심(1), 고독(1), 불안(1), 고통(6), 실망(7), 행복(4), 기쁨(1), 슬픔(1), 무서움(1), 원망(1), 즐거움(1)	43	사랑(13), 행복(1), 걱정(1), 반가움(1), 기쁨(3), 슬픔(3), 원망(1), 고통(4)	26
	정도	전투(1), 싸움(2), 사건(3), 전쟁(2), 사고(2), 충돌(3), 뛰다(1), 움직이다(2), 흔들리다(2), 떨리다(1)	19	규모(3), 사건(2), 충돌(2), 사고(3), 전쟁(1), 싸움(1), 뛰다(1), 움직이다(2), 흔들리다(1), 떨리다(1)	17
	평가	권력	벼슬(3), 인물(1), 세력(2), 영향력(3), 힘(2), 권력(4), 권리(2), 권세(1)	18	권력(5), 지위(1), 세력(1), 벼슬(1), 영향력(1)	9
		성품	배포(3), 도량(2), 아량(2), 마음(1)	8	배포(1), 도량(1), 마음(1)	3
	감각	청각	기침(3), 목소리(3), 소리(4), 하품(5), 소음(7), 웃음소리(4), 울음소리(3), 종소리(1)	30	목소리(5), 소리(6), 음성(2), 소음(3), 울음소리(1), 웃음소리(2), 종소리(3)	22
	합계			300	합계	300

위의 <표 30>을 보면, '물리적 대상의 부피'라는 의미인 '크다'는 84회의 사용 횟수로 '작다'의 144회의 사용 횟수보다 상대적으로 낮은 출현횟수를 보인다. 또한, '면적의 크기'라는 의미로 '크다'는 23회, '작다'는 19회의 사용 횟수로 나타나고, '구멍의 크기'라는 의미인 '크다'는 10회, '작다'는 14회의 사용 횟수로 나타난다. 확장의미를 보면, '크다/작다'의 기본의미가 여러 가지 추상적인 영역으로 확장된다. 그중 분량 영역에서 '크다'는 45회, '작다'는

33회의 사용 횟수를 보이고, 감정 영역에서는 '크다'가 43회의 사용 횟수, '작다'는 26회의 사용 횟수를 나타내며, 청각 영역에서 '크다'는 30회, '작다'는 22회의 사용 횟수를 보인다. 또한, 이들의 정도 영역에서나 권력 영역으로의 사용 횟수가 상대적으로 비슷한 것으로 나타난다. 그리고 범위 영역에서 '크다'는 9회, '작다'는 6회의 사용 횟수를 보이고, 관계 영역에서 '크다'는 11회의 사용 횟수, '작다'는 7회의 사용 횟수를 보이며, 성품 영역에서 '크다'는 8회, '작다'는 3회의 출현횟수를 나타낸다.

'크다/작다'의 공간적 의미 가운데, 먼저 이들이 대상물의 부피를 나타내는 양상을 살펴보자.

(112) a. 뒤뜰에도 꽤 큰 건물이 있다.
b. 검문소의 작은 건물 안으로 세 사람을 불러들였다.
c. 왜적의 큰 배 한 척을 쓰러뜨렸다.
d. 아버지는 작은 배를 타고 갔다.
e. 청년은 큰 돌에 맞았다.
f. 바닥에는 크고 작은 돌이 깔려 있었다.

위의 예시 (112)에서 보듯이, '크다'는 '건물', '배', '돌' 등과 같은 물체와 함께 사용되어 해당 대상의 공간적 부피가 개념화자의 심리적 기준을 초과한다는 의미가 된다. 반면, '작다'는 이러한 대상의 부피가 그 기준에 미치지 못함을 나타낸다.

차원 형용사 '크다'와 '작다'는 대상물의 면적을 나타내기도 한다. 다음의 예시를 보자.

(113) a. 앞 쪽에 큰 문이 있다.

b. <u>작은 문</u>이 열려 있다.

　　　c. 양쪽에는 낮고 <u>큰 창문</u>이 대칭을 이룬다.

　　　d. <u>작은 창문</u>이 덜커덩거리며 흔들렸다.

　　　e. 나는 <u>큰 운동장</u>을 가로질러 갔다.

　　　f. <u>작은 운동장</u> 가에 세워진 건물이다.

　위의 예시 (113)에서, '크다'는 '문', '창문', '운동장' 등과 같은 대상물과 함께 사용되어 해당 대상의 면적이 일반적인 기준을 초과한다는 의미를 나타낸다. 반면 '작다'는 이러한 대상의 면적이 개념화자의 심리적 기준에 미치지 못한다는 것을 의미한다.

　'크다/작다'는 물체의 부피나 면적을 나타낼 뿐만 아니라 구멍의 크기를 나타내기도 한다.

　(114) a. <u>큰 구멍</u> 하나가 뚫려 있다.

　　　b. <u>작은 구멍</u> 속에 먼지가 가득 차 있었다.

　　　c. <u>큰 동굴</u> 앞에 놓여 있는 바위를 치워야 한다.

　　　d. 크고 <u>작은 동굴</u> 20여 개가 몰려있는 곳이다.

　　　e. 신발 양 짝을 바닥끼리 맞붙였을 때 굽 사이에 <u>큰 틈</u>이 생긴다.

　　　f. 밤나무, 떡갈나무가 우거진 <u>작은 틈</u> 사이로 원예관이 보인다.

　예시 (114)에서 보이듯이, '크다'는 '구멍', '동굴', '틈' 등의 단어와 함께 사용되어 어떤 장소나 물체에 뚜렷하게 비어 있는 부분이 상대적으로 크다는 것을 의미한다. 반면 '작다'는 그 빈 부분, 즉 구멍 등의 크기가 상대적으로 작다는 것을 의미한다.

　'크다/작다'의 공간 의미가 여러 가지 추상적인 영역으로 확장된다. 먼저

'크다/작다'의 공간 의미가 분량 영역으로 확장되는 양상을 살펴보면 다음과 같다.

 (115) a. 이렇게 <u>큰 숫자</u>를 처음 읽어본다.
    b. <u>작은 숫자</u>가 아니다.
    c. 전력의 <u>수치가 크다</u>.
    d. 6.0% 정도로 <u>작은 수치</u>가 나타난다.
    e. 270만원은 그다지 <u>큰 액수</u>가 아니다.
    f. 그녀는 그 <u>작은 액수</u>를 위해 직접 발로 뛰어다닌다.

위의 예시 (115)를 보면, '크다'는 '숫자', '수치', '액수' 등의 단어와 함께 사용되어 어떤 숫자나 수치가 상대적으로 크다는 의미가 된다. 반면 '작다'는 이러한 단어와 결합하여 해당 대상의 숫자나 수치가 상대적으로 작거나 일반적인 기준에 미치지 못함을 의미한다.

'크다/작다'가 '숫자', '수치', '액수'와 같은 추상적인 양적 개념과 결합할 수 있는 것은 공간적 크기와 양적 규모 사이의 보편적인 인지 연관성에 기반한다. 일상 경험에서 물리적 부피나 면적이 큰 사물은 양이 많다는 인식과 연결되며, 반대로 부피나 면적이 작은 사물은 양이 적다는 것으로 인지된다. 이러한 경험적 대응 관계를 바탕으로 물리적 크기의 일부 요소가 양적 수치의 일부 요소로 인지적으로 투사되어, 양적 개념이 '크다/작다'라는 차원 형용사로 개념화된다.

'크다/작다'는 숫자 관련 어휘뿐만 아니라 비율이나 정도를 나타내는 단어와도 함께 사용될 수 있다.

 (116) a. 교류 <u>가능성이 큰</u> 만큼 위험 부담도 크다.

b. <u>작은 가능성</u> 하나라도 놓치지 않는다.
c. 가장 <u>비중이 큰</u> 분야는 정치일 것이다.
d. 액체 보다 <u>작은 비중</u>을 가진 재료다.
e. <u>큰 비율</u>을 점했던 노비의 숫자가 이 시기에 점점 더 증가했다.
f. 얼굴 부위가 전보다 더 <u>작은 비율</u>로 보인다.

예시 (116)에 나타난 '크다'는 '가능성', '비중', '비율' 등의 단어와 결합하여, 어떤 현상이나 사건이 실현될 가능성이나 차지하는 비율이 상대적으로 높다는 의미를 나타낸다. 반면, '작다'는 이러한 추상적인 단어와 함께 사용되어 그 비율이나 정도가 일반적인 기준에 미치지 못함을 의미한다.

'크다/작다'가 비율이나 정도를 나타내는 추상적 개념과 결합하는 현상은 공간적 크기 개념과 양적 규모에 대한 인지적 연관성에 근거한다. 일상 경험에서 물리적 크기가 큰 대상은 상대적으로 더 많은 부분을 차지하거나 더 큰 영향력을 가지는 것으로 인식되며, 반대로, 물리적 크기가 작은 대상은 상대적으로 차지하는 부분이나 영향력이 적다고 인식된다. 이러한 인지적 경험을 바탕으로, '크다/작다'의 공간적 의미는 비율, 정도, 가능성과 같은 추상 영역으로 확장되어, 상대적 규모나 정도의 차이를 표현하는 데 활용된다.

차원 형용사 '크다'와 '작다'는 범위와 관련된 단어와 함께 사용되어 은유적 의미를 나타낸다.

(117) a. 기술 파급 효과가 <u>큰 분야</u>에 집중적인 투자가 필요하다.
b. 그는 영화의 <u>작은 분야</u>에서 일하는 보람이 있다고 생각한다.
c. 세계문학의 <u>큰 범위</u>에서 논리를 전개하였다.
d. 될 수 있으면 <u>작은 범위</u>에서 자립성을 실현하려고 한다.
e. 주가가 전날에 이어 <u>큰 폭</u> 상승하고 있다.

f. 창문으로 들어오는 바람에 샹들리에가 <u>작은 폭</u>으로 흔들렸다.

위의 예시 (117)을 보면, '크다'는 '분야', '범위', '폭' 등의 단어와 함께 사용되어 해당 대상의 범위가 일반적인 기준보다 넓다는 의미를 나타낸다. 반면 '작다'는 그러한 대상의 범위가 상대적으로 좁다는 것을 의미한다.

차원 형용사 '크다/작다'가 범위와 관련된 추상 개념으로 확장되는 것은, 물리적 크기와 범위에 대한 인지적 경험에서 기인한다. 일반적으로, 물리적 대상의 크기가 클수록 그 대상이 차지하는 공간적 범위가 넓고 영향력도 크다고 인식된다. 반대로, 크기가 작은 대상은 차지하는 공간적 범위가 좁고 영향력이 제한적인 것으로 인식된다. 이러한 인지적 경험 구조가 '분야', '범위', '폭'과 같은 추상 명사와 결합할 때 자연스럽게 작동하여, 공간적 크기의 개념이 추상적 범위 개념으로 은유적으로 확장된다.

'크다/작다'는 관계와 관련된 어휘와 함께 사용되어 은유적 의미를 나타내기도 한다.

(118) a. 먼지는 위생과 <u>큰 관계</u>가 있다.
b. 여러분과 우리의 <u>작은 관계</u>가 예술창조의 원동력이 되길 원한다.
c. 이 정도 돈은 직무와 <u>큰 관련</u>이 없다.
d. 문학의 기법과는 <u>작은 관련</u>을 지닐 뿐인 희곡 고유의 기법이다.
e. 두 사람은 그토록 서로의 만남을 <u>큰 인연</u>으로 생각하였다.
f. 두 시집과 저와는 <u>작은 인연</u>이 있는 것 같습니다.

위의 예시 (118)에서 '크다'는 '관계', '관련', '인연' 등의 단어와 결합하여 대상들 사이의 연관성이 일반적인 기준보다 더 밀접하다는 의미를 나타낸다. 반면 '작다'는 이러한 추상적인 단어들과 함께 사용되어 대상들 간의 관계가 덜 밀접하다는 의미를 갖는다.

차원 형용사 '크다/작다'가 관계와 관련된 추상 개념으로 확장되는 것은 일상 경험에 근거한 인지적 이해에서 비롯된다. 일상생활에서 밀접하고 중요한 관계는 심리적·사회적으로 큰 영향력을 지닌 것으로 인식되며, 이는 '크다'라는 공간적 크기의 개념과 연결된다. 반면, 관계가 희박하거나 덜 중요한 경우에는 영향력과 연결성이 약하다고 여겨져 '작다'라는 개념으로 인지된다. 이러한 심리적 거리와 연결성의 차이는 '관계', '관련', '인연' 등의 추상 명사와 결합할 때 공간적 크기의 개념이 은유적으로 확장되어, '크다'는 밀접하고 강한 연관성을, '작다'는 상대적으로 약하고 느슨한 연관성을 나타내는 의미로 기능하게 된다.

차원 형용사 '크다'와 '작다'는 감정과 관련된 어휘와 결합하여 감정의 강도나 정도를 나타낼 수 있다.

(119) a. 그녀는 <u>큰 행복</u> 속에 있는 것 같았다.
　　　b. 가정에서 <u>작은 행복</u>을 찾는다.
　　　c. 그녀는 더 <u>큰 슬픔</u>은 없을 거라고 믿었다.
　　　d. 그 아름다움은 <u>작은 슬픔</u> 조각들을 뿌렸다.
　　　e. 그것이 그녀에게 가장 <u>큰 고통</u>이었다.
　　　f. 더 큰 사랑을 주기 위해 너에게 <u>작은 고통</u>을 주고 있다.

위의 예시 (119)를 보면, '크다'는 '행복', '슬픔', '고통'과 같은 감정 어휘와 결합하여, 특정 감정 상태의 강도가 일반적인 수준보다 높다는 의미를 나타낸다. 반면, '작다'는 이러한 긍정적이거나 부정적인 감정 어휘와 함께 사용되어, 해당 감정 상태의 강도가 개념화자의 심리적 기준에 미치지 못함을 의미한다.

차원 형용사 '크다'와 '작다'가 감정과 관련된 추상적 어휘와 결합하는 이유는 공간적 크기 개념이 인간의 심리적 경험과 깊이 연결되어 있기 때문이다. 인간은 일상생활에서 물리적으로 크고 무거운 대상이 강렬하고 뚜렷한 특성을 가진 것으로 인식하며, 반대로 작고 가벼운 대상은 약하고 희미한 특성으로 받아들인다. 이러한 경험은 감정의 강도나 정도를 평가할 때도 유사하게 작용한다. 즉, 강한 감정은 크고 무거운 물리적 속성과 연결되어 '크다'라는 표현으로 은유적으로 확장되고, 약하거나 미약한 감정은 작고 가벼운 대상과 연관되어 '작다'로 개념화된다.

'크다/작다'는 사건과 관련된 의미를 지닌 어휘와 함께 사용되어 해당 사건이 발생한 정도를 나타낸다.

(120) a. 세상은 의와 악이 주야로 싸우는 큰 전쟁이다.
b. 이들의 공격은 작은 전쟁이다.
c. 삼거리 커브길에서 큰 사고가 났다.
d. 그는 지난 주에 작은 사고를 저질렀다
e. 행사가 큰 충돌 없이 끝났다.
f. 크고 작은 충돌이 계속 일어난다.

위의 예시 (120a)와 (120b)를 보면, '크다/작다'는 '전쟁'이라는 단어와 결합되어 교전 당사자 간 무력 충돌의 규모나 강도가 상대적으로 크거나 작다는 의미를 나타낸다. 또한, 예시 (120c)와 (120d)에서는 '크다/작다'는 '사고'라는 단어와 함께 사용되어, 예기치 않게 발생한 불행한 사건의 심각성이 개념화자의 심리적 기준에 비해 크거나 작음을 의미한다. 그리고 예시 (120e)와 (120f)에서는 '크다/작다'는 '충돌'이라는 단어와 결합되어 국가, 민족, 단체, 개인 간의 갈등이나 대립의 강도가 상대적으로 높거나 낮다는 것을 의미한다.

차원 형용사 '크다'와 '작다'가 사건과 관련된 어휘와 결합하여 사용되는 것은, 사건의 규모나 심각성에 대한 인간의 인지적 평가와 관련이 있다. 일상 경험에서 물리적 크기가 큰 대상은 그 존재감이 강하고 영향력이 크다는 인식이 형성되며, 반대로 작은 대상은 영향력이 약하다고 여겨진다. 이러한 공간적 크기에 대한 인식은 사건의 정도나 강도를 평가하는 데 은유적으로 적용된다. 따라서 '크다'는 '전쟁', '사고', '충돌'과 같은 사건에서 그 규모가 크고 심각하다는 의미로 확장되며, '작다'는 상대적으로 규모가 작거나 경미한 사건을 가리키는 표현으로 사용된다.

'크다/작다'는 '크게/작게'라는 부사어 형식으로 뒤에 나타나는 동사와 함께 사용되어 '해당 대상의 움직임의 강도'를 나타낸다.

(121) a. 그 목소리는 <u>크게 떨렸</u>다.
b. 소녀의 발뒤꿈치가 <u>작게 떨리고</u> 있었다.
c. 벽에 금이 가고 <u>크게 흔들린다</u>.
d. 등이 <u>작게 흔들린다</u>.
e. 그녀의 입술이 <u>크게 움직였</u>다.
f. 운동장 둘레에서 <u>작게 움직이는</u> 몇몇 사람이 보인다.

위의 예시 (121)에서 '크게/작게'라는 부사어는 동사 '떨리다', '흔들리다', '움직이다'와 함께 사용되어, 동작의 움직임이 상대적으로 강하거나 약하다는 의미를 나타낸다.

차원 형용사 '크다/작다'가 부사어 형태인 '크게'와 '작게'로 되어 동사와 결합하는 현상은 움직임의 강도나 정도를 공간적 크기 개념에 기반하여 인지하는 데서 비롯된다. 일상 경험 속에서 큰 크기는 힘과 에너지의 강함과 연결되고, 작은 크기는 상대적으로 약하고 미세한 움직임과 연계되어 개념화된다. 이러한 공간적 규모에 대한 인식이 움직임의 강도에 대한 평가로 은유적 전이되어, '크게'는 동작이나 움직임이 강하고 뚜렷함을, '작게'는 약하고 미세함을 의미하게 된다.

차원 형용사 '크다'와 '작다'의 공간적 의미는 권력의 영역으로 확장될 수 있다.

(122) a. 조정에서는 <u>큰 권력</u>을 잡았다.
b. 전국의 많은 기득권 세력들이 <u>작은 권력</u>을 유지하려고 한다.
c. 이 시기의 양반들이 <u>큰 영향력</u>을 가진다.
d. 우리는 각자의 개인적 생활습관 속에서 <u>작은 영향력</u>을 발휘한다.
e. 영국은 세계에서 여전히 <u>큰 세력</u>을 유지하고 있다.
f. <u>작은 세력</u>을 가진 자는 그보다 못한 사람들을 마음대로 한다.

위의 예시 (122)에서 보이듯이, '크다'는 '권력', '영향력', '세력' 등의 단어와 결합하여, 타인을 복종시키거나 지배할 수 있는 공인된 권리와 힘이 일반적인 기준보다 강하다는 의미를 나타낸다. 반면 '작다'는 이러한 추상적인 어휘와 함께 사용되어, 개인이나 집단의 사회적 권한이나 영향력이 상대적으로 약함을 의미한다.

한국어에서 차원 형용사 '크다'와 '작다'가 '권력', '영향력', '세력'과 같은 추상적 권위 개념으로 확장되는 현상은 사회적 위계와 힘의 정도를 공간적 크기로 인식하는 데서 비롯된다. 일상 경험에서 부피가 큰 대상은 물리적 압도감과 지배 가능성을, 부피가 작은 대상은 제한된 작용 범위와 힘의 미약함을 연상시킨다. 이러한 공간 규모에 대한 인식이 사회적 권력 관계의 강약 평가로 은유적으로 전이되어, '크다'는 지배력과 통제력이 강함을, '작다'는 영향력이 제한적임을 나타낸다.

　차원 형용사 '크다'와 '작다'의 공간적 의미는 성품의 영역으로 확장되기도 한다.

> (123) a. 인물들도 좋고 <u>배포가 커</u>서 많은 인기를 끌고 있다.
> b. 그녀는 <u>배포가 작</u>고 고집이 세다.
> c. 그 사람은 <u>큰 도량</u>을 지니고 있었다.
> d. 인물의 <u>도량이 작</u>을수록 그 가능성은 높아진다.
> e. 심지가 깊고 <u>마음이 큰</u> 사람이다.
> f. <u>마음이 작</u>은 대신 정직하고 온순한 성격을 가지고 있었다.

　위의 예시 (123)에서 보이듯이, '크다'가 '배포', '도량', '마음'과 같은 추상적인 단어와 결합하면, 한 사람의 포용력이나 아량이 개념화자의 심리적 기준보다 넓다는 의미가 된다. 반면 '작다'는 이러한 단어들과 함께 쓰여, 그 사람의 포용력이나 아량이 상대적으로 좁다는 것을 나타낸다.

　차원 형용사 '크다'와 '작다'가 성품과 관련된 추상적 의미로 확장되는 것은 사람의 포용력이나 아량, 마음씀을 공간의 크기와 같이 인식하는 데서 비롯된다. 일상에서 물리적으로 넓은 공간은 더 많은 대상을 품고 받아들일 수 있기 때문에 개방적이고 너그러운 이미지를 떠올리게 된다. 반대로 좁은 공간은 담을 수 있는 대상이 한정되어 있어 폐쇄적이고 제한적인 이미지를 준다. 이러한 공간 크기에 대한 경험이 성격적 포용성과 아량의 크기를 판단하는 방식으로 은유적으로 옮겨져서 마음이나 도량이 크다고 하면 타인을 넉넉히 수용하고 이해하는 성품을 뜻하게 되고, 마음이 작다고 하면 포용의 폭이 좁고 이해의 폭이 제한됨을 나타내게 된다.

　차원 형용사 '크다'와 '작다'는 소리와 관련된 어휘와 함께 사용되어 소리의 세기나 크기를 표현하는 데 쓰인다.

(124) a. <u>큰 소음</u>을 낼 수 있다는 건 끔찍한 일이다.
 b. <u>작은 소음</u>까지 묻혀버린 듯 동네는 조용했다.
 c. 사람들의 <u>큰 웃음 소리</u>가 들려 왔다.
 d. 그는 <u>작은 웃음</u>을 터뜨렸다.
 e. 다시 한 번 그 <u>큰 울음 소리</u>가 들려 왔다.
 f. 그녀의 <u>작은 울음</u>은 곧 통곡이 되어 온 산을 울렸다.

차원 형용사 '크다'와 '작다'는 공간 개념에서 청각 영역으로 공감각적 의미가 전이되는 양상을 보인다. 구체적으로 살펴보면, 예시 (124)에서 '크다'는 '소음', '웃음소리', '울음소리' 등과 같은 어휘들과 결합하여 소리가 개념화자의 심리적 기준보다 크게 들린다는 의미를 나타낸다. 반면, '작다'는 이와 같은 추상적 어휘들과 함께 사용되어 소리가 일반적인 기준보다 작게 들린다는 의미로 확장된다.

차원 형용사 '크다'와 '작다'가 소리와 관련된 어휘에 결합하여 소리의 세기나 크기를 나타내는 것은 공간적 크기에 대한 인식이 청각 영역으로 전이된 결과이다. 일상 경험에서 부피가 크거나 가까이 있는 대상은 더 큰 음압을 발생시켜 강하게 들리며, 부피가 작거나 멀리 있는 대상은 상대적으로 약하고 작게 들린다. 이러한 물리적 경험이 소리의 강약을 판정하는 것으로 은유적으로 옮겨져서 '큰 소리'라고 하면 심리적 기준 이상으로 강하게 인지되는 소리를 의미하게 되고, '작은 소리'라고 하면 상대적으로 약하고 낮게 인지되는 소리를 뜻하게 된다.

4.3.2. '大/小'의 의미

『現代漢語詞典』에 수록된 '大/小'의 의미들을 살펴보면 다음 <표 31>과 같다.

<표 31> '大/小'의 사전적 의미

大	小
① 在體積、面積、數量、力量、强度等方面超過一般或超過所比較的對象. (부피나 면적, 분량, 힘, 강도 등 여러 측면에서 보통 정도를 초과하거나 비교 대상을 초과한다)	① 在體積、面積、數量、力量、强度等方面不及一般或不及比較的對象. (부피나 면적, 분량, 힘, 강도 등에서 보통이나 비교 대상에 미치지 못하다)
② (副)程度深. (부사)(정도가 깊다)	② (副) 短時間地. (부사)(짧은 시간 내에)
③ 用于'不'后，表示程度淺或數量小. ('아니다' 뒤에 사용되며, 얕은 정도나 적은 양을 나타낸다)	③ (副) 稍微 (부사)(조금)
④ 排行第一的. (첫 번째로 순위에 있다)	④ (副)略微少于，將近 (부사)(약간 적거나 근접하다)
⑤ 用在時令或節日前，表示强調 (절기나 명절 앞에 붙여 강조하기 위해 쓴다)	⑤ 排行最末的. (순위에서 제일 뒤에 있다)
	⑥ 年紀小的人. (나이 어린 사람)

위의 <표 31>에서, '大'의 ①번은 기본의미이고 ②, ③, ④, ⑤번 의미는 확장의미이다. '小'의 ①번은 기본의미이고 ②, ③, ④, ⑤, ⑥번 의미는 확장의미이다. '大', '小'의 각 ①번 의미, 그리고 '大'의 ④번 의미와 '小'의 ⑤번 의미는 서로 대응되지만, 나머지 의미 항목들은 대응되지 않는다. '大'와 '小'의 사전적 의미 항목 수는 비슷하지만, 의미 항목 간의 대응이 잘 이루어지지 않는다.

차원 형용사 '大/小'와 함께 사용되는 어휘 목록을 정리해 보면 다음 <표 32>와 같다.

<표 32> '大/小'와의 결합어

의미			大		小	
			결합어	출현 횟수	결합어	출현 횟수
기본 의미	부피		車(3), 樹(6), 山(5), 箱子(7), 船(5), 球(8), 建筑物(3), 鼻子(2), 房子(4), 石頭(5), 床(2), 碗(3), 冬瓜(2), 茄子(3), 石榴(4), 桌子(9), 眼睛(5), 蛇(3), 拳頭(1), 苹果(4)	84	房子(8), 石頭(9), 船(5), 車(8), 珠子(3), 球(7), 建筑物(4), 蛇(5), 眼睛(6), 箱子(3), 船(4), 苹果(1), 樹(4), 桌子(3), 碗(2), 拳頭(3), 瓶子(3), 山坡(6), 飛机(4), 床(2), 鼻子(1)	91
	면적		門(4), 紙(5), 窗戶(6), 運動場(7), 院子(6), 河(9), 海(3)	40	門(8), 窗戶(5), 運動場(6), 河(5), 紙(4), 海(7)	35
	구멍		窟窿(3), 洞(2), 瓶口(3), 縫隙(4)	12	洞(5), 洞窟(3), 縫隙(2), 瓶口(1)	11
확장 의미	분량		數字(5), 數值(3), 數目(2), 槪率(4), 年齡(3), 年紀(2), 可能性(3), 分數(1), 比重(3), 比例(3), 收入(2), 利益(4), 費用(3)	38	數字(4), 數值(4), 數目(3), 槪率(6), 可能性(6), 比重(3), 比例(6), 分數(1), 收入(3), 年齡(2), 年紀(5), 利益(5), 費用(5), 二十戶(4), 一万(4), 兩千(6)	67
	범위		領域(5), 范圍(4), 幅度(6)	15	領域(3), 范圍(2), 幅度(1)	6
	관계		關系(4), 關聯(1), 緣分(1)	6	關系(5), 關聯(2), 緣分(6)	13
	감정		幸福(2), 悲傷(2), 怒(4), 怨恨(2), 痛苦(4), 愛(2)	16	幸福(3), 傷心(2), 怨恨(1), 痛苦(5), 愛(1)	12
	시간		淸早(2), 晚上(3), 冬天(3), 前天(1), 上周(2), 白天(1)	12	-	-
	정도		戰(4), 事故(1), 冲突(5), 事件(3), 震動(3), 抖動(1), 移動(1), 晃動(2)	20	事故(4), 冲突(2), 事件(2), 震動(2), 抖動(1), 移動(1), 晃動(2), 戰(3)	17
	평가	권력	權力(8), 影響力(5), 權勢(3), 勢力(2)	18	權力(9), 影響力(8), 權勢(5)	22

감각	성품	胸怀(2), 心胸(1), 度量(4)	6	心胸(2), 度量(5), 胸怀(1)	8
	시각	紅色(2), 綠色(1), 紫色(2), 粉色(1), 黑色(2)	8	-	-
	청각	噪音(3), 笑聲(3), 哭聲(2), 鐘聲(1)	9	噪音(3), 笑聲(1), 哭聲(2), 鐘聲(2)	8
	후각	气味(3), 酒味(1), 烟味(2), 腥味(3), 异味(1), 臭味(1), 香味(1)	12	气味(1), 腥味(1), 异味(1), 酒味(1)	4
	미각	酸味(1), 辣味(1), 肉味(1), 恬味(1)	4	酸味(1), 辣味(1), 肉味(1), 苦味(2), 奶味(1)	6
		합계	300	합계	300

위의 <표 32>를 보면, '대상물의 부피 크기'라는 의미인 '大'는 84회, '小'는 91회의 사용 횟수로 나타나며, 비슷한 출현횟수를 나타낸다. 또한, '면적의 크기'라는 의미인 '大'는 40회, '小'는 35회의 사용 횟수를 보이고, '구멍의 크기'라는 의미를 나타내는 '大'는 12회, '小'는 11회의 사용 빈도로 나타난다. 확장의미를 보면, '大/小'의 기본의미가 다양한 추상적인 영역으로 확장되는데 그중에서 '大'의 분량 영역은 38회의 사용 횟수, '小'의 분량 영역은 67회의 사용 횟수로 나타나며, 다른 추상적 의미보다 더 많이 사용된다. 그리고 '大/小'의 범위, 관계, 감정, 정도, 평가, 감각 영역으로의 의미가 비슷한 출현횟수로 나타난다. 이외에 '大'의 시간 영역은 12회, 시각 영역은 8회의 사용 횟수로 나타나지만, '小'는 이러한 영역으로의 확장 양상을 보이지 않았다.

'大/小'의 기본의미의 특징을 위의 말뭉치에서 수집한 예시를 바탕으로 살펴보도록 한다. 우선, '大/小'가 대상물의 부피를 나타내는 양상을 중심으로 분석해보면 다음과 같은 특징이 드러난다.

(125) a. 車子在一棟大建筑物前停下 (차는 큰 건물 앞에 멈춰 섰습니다.)

  b. 果園里有一座小建筑物. (과수원 안에 작은 건물이 하나 있다.)
  c. 岸側有一大船. (해안에 큰 배가 한 척 있습니다.)
  d. 有几只破旧的小船. (낡고 작은 배 몇 척이 있습니다.)
  e. 他蹲坐在一个大石頭上. (그는 큰 바위 위에 쪼그리고 앉아 있다.)
  f. 大米里混雜着小石頭. (쌀에는 작은 돌이 섞여 있었다.)

 위의 예시 (125)에서 '大'는 '建筑物(건물)', '船(배)', '石頭(돌)' 등의 어휘와 결합하여, 해당 대상물의 공간적 부피가 일반적인 기준을 초과함을 의미한다. 반면 '小'는 이러한 대상물의 부피가 일반적인 기준에 미치지 못함을 나타낸다.

 '大/小'는 물체의 부피를 나타낼 뿐만 아니라, 대상물의 면적 크기를 지시하기도 한다.

  (126) a. 我關上大門, 回轉屋內. (나는 대문을 닫고 집 안으로 돌아갔다.)
    b. 他們看到了一扇小門. (그들은 작은 문을 보았다.)
    c. 屋子很寬敞, 有一扇大窗戶. (집은 아주 넓었고, 큰 창문이 있었다.)
    d. 門旁邊的墙上有一个小窗戶. (문 옆 벽에는 작은 창문이 있다.)
    e. 他們已經走過了一座大運動場. (그들은 큰 운동장을 지나쳐 갔다.)
    f. 他躺在小運動場旁邊. (그는 작은 운동장 옆에 누워 있었다.)

 예시 (126)에서 '大'는 '門(문)', '窗戶(창문)', '運動場(운동장)' 등과 결합하여, 해당 대상의 면적이 개념화자의 심리적 기준을 초과함을 의미한다. 반면 '小'는 이러한 대상의 면적이 일반적인 기준에 미치지 못함을 나타낸다.
 차원 형용사 '大/小'는 구멍의 크기를 나타낼 때에도 사용된다. 다음 예시를 통해 확인할 수 있다.

(127) a. 房子有个大洞. (집에 큰 구멍이 하나 있다.)
　　　b. 墙上露出一个小洞. (벽에 작은 구멍 하나가 드러나 있다.)
　　　c. 眼前出現一个大洞口. (눈앞에 큰 동굴 입구가 나타났다.)
　　　d. 發現一个小洞口. (작은 동굴 입구가 발견되었다.)
　　　e. 牙間縫隙大. (치아 사이의 틈이 크다.)
　　　f. 地板之間的縫隙小. (마루 사이의 틈이 작습니다.)

예시 (127)에서 '大'는 '洞(구멍)', '洞口(동굴)', '縫隙(틈)' 등의 어휘와 결합하여, 구멍이나 틈의 크기가 개념화자의 심리적 기준보다 크다는 의미로 사용된다. 반면 '小'는 이러한 어휘와 함께 쓰여, 해당 공간의 크기가 일반적인 기준보다 작음을 나타낸다.

　차원 형용사 '大/小'의 기본 의미는 추상적인 영역으로도 확장된다. 먼저, 분량과 관련된 영역으로의 확장 양상은 다음 예시를 통해 확인할 수 있다.

(128) a. 這是一个大數字. (이것은 큰 숫자입니다.)
　　　b. 這不是个小數字. (이것은 작은 숫자가 아닙니다.)
　　　c. 輻射能達到最大數值. (방사는 가장 큰 수치에 도달할 수 있다.)
　　　d. 這是符合條件的最小數值. (조건에 맞는 가장 작은 수치이다.)
　　　e. 1,000美金的确是一个大數目. (1,000달러는 확실히 큰 액수입니다.)
　　　f. 一亿三千万不是小數目. (1억 3천만 위안은 적은 액수가 아닙니다.)

예시 (128)에서 보이듯이, '大'는 '數字(숫자)', '數值(수치)', '數目(액수)' 등의 단어와 함께 사용되어, 해당 숫자나 수치가 일반적인 기준보다 크다는 의미를 나타낸다. 반면 '小'는 이러한 어휘와 결합하여 해당 수치가 상대적으로 작다는 의미를 지닌다. 차원 형용사 '大'와 '小'가 분량과 관련된 추상적 영역으로 확장되는 현상은, 수량의 많고 적음을 물리적 규모로 판정하는 인식 방식에서 비롯된다. 일상 경험에서 부피가 크거나 범위가 넓은 사물은 '많음'과 연결되고, 부피가 작거나 범위가 좁은 사물은 '적음'과 연계된다. 이러한 공간적 규모에 대한 인식이 수량·수치 개념으로 은유적으로 전이되어, '大'는 숫자나 액수가 많고 큼을 나타내고, '小'는 그 양이 상대적으로 적고 작음을 나타내게 된다.

'大/小'는 또한 비율이나 정도와 관련된 어휘와 결합하여, 의미가 추상적 영역으로 확장되기도 한다.

  (129) a. 癌變的可能性很大. (암이 될 가능성이 매우 큽니다.)
     b. 出血的可能性小. (출혈 가능성이 작습니다.)
     c. 生鮮商品占了很大的比重. (신선 상품이 큰 비중을 차지합니다.)
     d. 商品出口比重小. (상품의 수출 비중이 작습니다.)
     e. 婦女參加工作的比例大. (여성들이 일에 참여하는 비율이 크다.)
     f. 肉的産值占很小比例. (고기의 생산량은 작은 비율을 차지한다.)

예시 (129)에서 '大'는 '可能性(가능성)', '比重(비중)', '比例(비율)' 등과 결합하여, 어떤 대상이 차지하는 정도나 비율이 상대적으로 높다는 의미를 나타낸다. 반면 '小'는 이러한 어휘와 함께 사용되어, 비율이나 정도가 일반적인 기준보다 낮음을 의미한다. 또한 '小'는 다음 예시에서 보이듯 숫자와 관련된 어휘와도 결합하여 사용될 수 있다.

  (130) a. 這个地方住着小二十戶. (이 지방에는 20여 가구가 살고 있다.)
     b. 學生眞是小一万了. (학생은 정말 만 명이나 됩니다.)
     c. 愛人年年能賺小兩千. (남편은 매년 이천 정도만 벌 수 있다.)

예시 (130a)를 보면, '小'는 '二十戶'와 결합하여 한 지역에 대략 20가구가 거주하고 있음을 나타낸다. 또한 예시 (130b)에서는 '一万'과 결합하여 금액이 대체로 만 위안에 가까움을 의미한다. 예시 (130c)에서는 '兩千'이라는 수사와 함께 사용되어, 금액이 상대적으로 적다는 의미를 나타낸다. 이처럼 '小'는 구체적인 수량 어휘와 자주 결합하는 반면, '大'는 이러한 수량 어휘와는 결합되지 않는다는 점에서 차이를 보인다.

'大/小'는 범위와 관련된 어휘와 함께 사용되어 의미가 추상적 영역으로 확장되는 양상을 보인다.

(131) a. 建筑市場是个大領域. (건축 시장은 큰 분야입니다.)
b. 壟斷了某一个小領域. (어느 작은 분야를 독점했다.)
c. 疾病大范圍傳播. (질병이 광범위하게 퍼지고 있다.)
d. 病變的范圍小. (병변의 범위가 작습니다.)
e. 股价大幅上漲. (주가가 큰 폭으로 올랐다.)
f. 气溫開始小幅度回升. (기온이 작은 폭으로 상승하기 시작했다.)

예시 (131)에서 '大'는 '領域(분야)', '范圍(범위)', '幅度(폭)'와 결합하여, 해당 대상의 범위가 일반적인 기준보다 넓다는 의미로 나타난다. 반면 '小'는 이러한 어휘들과 함께 사용되어 범위가 상대적으로 좁다는 의미를 나타낸다. 차원 형용사 '大'와 '小'가 범위와 관련된 어휘와 결합되어 의미가 추상적 영역으로 확장되는 것은 일상 경험에서 그 원인을 찾을 수 있다. 일반적으로 넓거나 큰 공간은 포함하는 대상이 많고, 좁거나 작은 공간은 상대적으로 포함하는 대상이 적다고 인식된다. 이러한 공간 규모에 대한 인식이 '領域(분야)', '范圍(범위)', '幅度(폭)' 등과 결합하면서 '大'는 대상의 영역이 일반적인 기준보다 넓고 크다는 의미로, '小'는 상대적으로 좁고 작다는 의미로 은유적으로 확장된다.

　차원 형용사 '大/小'는 공간적 개념에서 비롯되어, 대상들 간의 관계를 나타내는 추상적 의미로도 확장된다.

> (132) a. 産量和光照有很<u>大</u>的關系. (생산량은 빛과 큰 관계가 있다.)
> b. 癌症發病率与性別的<u>關系小</u>. (암 발병률은 성별과의 관계가 작다.)
> c. 工業和环保<u>關聯大</u>. (산업과 환경 보호는 큰 연관이 있다.)
> d. 課程間的<u>關聯很小</u>. (커리큘럼 간의 연관이 작습니다.)
> e. 他們的<u>緣分大</u>. (그들의 인연은 큽니다.)
> f. 同日出生的<u>小緣分</u>. (같은 날에 태어난 작은 인연이다.)

　위의 예시 (132)에서 보듯이, '大/小'는 '關系(관계)', '關聯(관련)', '緣分(인연)' 등의 단어와 함께 사용되어, 대상 사이의 관계가 보통 정도보다 밀접하다는 의미가 된다. 반대로, '小'는 이러한 어휘와 결합하여 대상 사이의 관계가 친밀하지 않다는 것으로 나타난다. 차원 형용사 '大/小'는 공간적 개념에서 비롯되어 대상 간 관계를 나타내는 추상적 의미로 확장된다. 일상 경험에서 넓거나 큰 공간은 다양한 요소들이 밀접하게 연결될 수 있는 환경으로 인식되며, 반대로 좁거나 작은 공간은 상대적으로 연결의 폭이 제한된 상태로 여겨진다. 이러한 공간적 경험을 바탕으로 '大/小'의 공간적 의미가 추상적 관계 영역으로 확장된다.

　차원 형용사 '大/小'는 공간적 개념을 기반으로 감정과 관련된 추상적 의미로도 확장될 수 있다.

> (133) a. 她心里感到了很<u>大</u>的幸福. (그녀는 마음에 큰 행복을 느꼈습니다.)
> b. 連<u>小</u>的幸福都不忍獨享. (작은 행복조차도 혼자 누릴 수 없다.)

c. 你們得承受巨大的悲傷. (당신들은 큰 슬픔을 견뎌야 합니다.)
   d. 快樂中有小悲傷. (기쁨 속에 작은 슬픔이 있습니다.)
   e. 他負着很大的痛苦向前進. (그는 큰 고통을 안고 전진하고 있다.)
   f. 生活中有一些小痛苦. (살다 보면 작은 고통도 있다.)

위의 예시 (133)에서 '大'는 '幸福(행복)', '悲傷(슬픔)', '痛苦(고통)'과 같은 긍정적 혹은 부정적인 감정을 나타내는 단어와 결합하여, 해당 감정 상태가 일반적인 수준보다 강하다는 의미를 지닌다. 반면 '小'는 이러한 단어들과 결합하여 그 감정의 강도가 상대적으로 약하다는 뜻을 나타낸다. 차원 형용사 '大/小'는 공간적 크기 개념을 바탕으로 감정과 관련된 추상적 의미로 확장될 수 있다. 일상 경험에서 큰 공간이나 대상은 강하고 압도적인 힘을 연상시키며, 반대로 작은 공간이나 대상은 약하고 미세한 존재감을 떠올리게 한다. 이러한 공간적 인식이 감정의 강도 개념으로 전이되어 '大'는 행복, 슬픔, 고통 등 감정 상태가 일반적인 수준보다 크고 강하다는 의미를 가지게 된다. 반면 '小'는 상대적으로 감정의 세기나 정도가 약하다는 뜻으로 확장된다.

차원 형용사 '大'는 시간과 관련된 어휘와 결합하여 은유적인 의미를 나타내기도 한다.

(134) a. 大淸早有位小姐托我們轉交一封急信給東尼先生. (이른 아침에 어떤 아가씨가 우리에게 토니 씨에게 급한 편지를 전해 달라고 부탁했다.)
   b. 原諒我大晚上的說這么可怕的事. (한밤중에 이런 끔찍한 이야기를 한 것을 용서해 주세요.)
   c. 大冬天他會趕着羊在蒼凉的原野上浮動. (한겨울에 그는 양떼를 몰고 황량한 들판을 떠돌아다닌다.)

위의 예시 (134)에서, 중국어 차원 형용사 '大'는 '淸早(아침)', '晚上(밤)', '冬天(겨울)' 등의 단어와 함께 사용되어 공간 개념이 시간 영역으로 확장되었다. 구체적으로 살펴보면, 예문 (134a)에서 '大淸早(이른 아침)'이라는 표현은 새벽의 이른 시간을 가리킨다. 이는 구체적인 시간에 국한되지 않고 어떤 사건이나 행동이 아주 일찍 일어났다는 것을 강조한다. 또한, 예문 (134b)에서 '大晚上(한밤중)'이라는 표현은 보통 밤늦은 시간을 의미한다. 이 표현은 때로 어떤 사람이나 사물이 늦은 시간에 활동하는 것이 적절하지 않거나 비정상적이라는 것을 강조하는 감정적인 뉘앙스를 지닐 수도 있다. 마지막으로 예문 (134c)에서 '大冬天(한겨울)'이라는 표현은 몹시 추운 겨울철이라는 의미이다. '小'는 이러한 시간 명사와 함께 사용되지 못해 '大'와 차이가 있다.

차원 형용사 '大/小'는 어떤 사건이 발생하는 정도가 강하거나 약하다는 의미를 나타낸다.

(135) a. 今晚有場大戰. (오늘 밤 큰 전쟁이 있다.)
b. 兩國邊界小戰不斷. (양국의 국경에서 작은 전쟁이 끊이지 않다.)
c. 礦井塌方, 釀成了大事故. (광산이 무너져 큰 사고가 발생했다.)
d. 小事故時有發生. (작은 사고들이 종종 일어납니다.)
e. 大的沖突已經停止. (큰 충돌은 중지되었다.)
f. 双方多次發生小沖突. (쌍방은 여러 차례 작은 충돌을 일으켰다.)

예시 (135)에서 '大/小'는 '戰爭(전쟁)', '事故(사고)', '충돌(沖突)' 등의 추상적인 단어와 함께 사용되어 전쟁, 사고, 충돌 등이 일어나는 정도가 상대적으로 강하거나 약하다는 뜻으로 나타난다. 차원 형용사 '大'와 '小'가 사건의 규모나 심각성을 나타내는 추상적 의미로 확장되는 이유는, 사람의 물리적 공간 경험에서 그 원인을 찾을 수 있다. 일반적으로 큰 공간이나 대상은 더 많은 부분을 포함하고 강한 영향력을 가지며, 작은 공간이나 대상은 상대적으로 제한적이다. 이러한 물리적 크기 인식이 은유적으로 사건의 강도나 범위로 전이되어 '大/小'라는 차원 형용사를 통해 의미가 확장된다.

'大/小'는 동작의 강도가 상대적으로 강하거나 약하다는 의미를 나타내기도 한다.

　　(136) a. 振幅較<u>大的</u>抖動. (진폭이 큰 떨림이다)
　　　　　b. 手有很<u>小的</u>抖動. (손에 아주 작은 떨림이 있습니다.)
　　　　　c. 人們感到了<u>大的</u>晃動. (사람들은 큰 흔들림을 느꼈다.)
　　　　　d. 感知到了<u>小的</u>晃動. (작은 흔들림이 감지되었습니다.)
　　　　　e. 光發生了很<u>大的</u>移動. (빛이 크게 움직였습니다.)
　　　　　f. 星座有微<u>小的</u>移動. (별자리는 작게 움직입니다.)

위의 예시 (136)에서, '大/小'는 '大的/小的'라는 관형사형으로 뒤에 나타나는 동작 명사인 '抖動(떨림)', '晃動(흔들림)', '移動(움직임)'과 함께 사용되어 동작의 움직이는 강도가 일반적인 기준보다 강하거나 약하다는 것을 의미한다. 차원 형용사 '大/小'가 동작의 강도나 정도를 나타내는 추상적 의미로 확장되는 이유는, 사람의 공간적 크기 경험에서 비롯된다. 일반적으로 큰 대상은 더 강한 힘이나 영향력을 가진다는 인식이 있고, 작은 대상은 상대적으로 약하고 미세한 움직임을 연상한다. 이러한 물리적 크기에 대한 인지가 동작의 강도에 대한 평가로 은유적으로 전이되어, '大'는 강하고 뚜렷한 움직임을, '小'는 약하고 미세한 움직임을 의미하게 된 것이다.

차원 형용사 '大/小'는 권력과 관련된 단어와 함께 사용되어 추상적 의미를 개념화하기도 한다.

(137) a. 他的權力很大. (그는 큰 권력을 가지고 있다.)

b. 她需要小權力. (그녀는 작은 권력을 필요로 한다.)

c. 他的影響力很大. (그의 영향력은 매우 크다.)

d. 品牌影響力小. (브랜드 영향력이 작다.)

e. 家族勢力大. (가족의 세력이 큽니다.)

f. 他恨自己的勢力小. (그는 자신의 세력이 작은 것을 싫어합니다.)

예시 (137)에서 '大/小'는 '權力(권력)', '影響力(영향력)', '勢力(세력)'과 같은 추상적인 단어와 결합하여, 어떤 사람이나 단체가 가지는 권력이 상대적으로 강하거나 약하다는 의미를 나타낸다. 차원 형용사 '大'와 '小'가 권력이나 영향력과 같은 추상적 의미로 확장되는 이유는, 사람들의 인지 경험에 기반한다. 큰 공간이나 대상은 일반적으로 더 많은 부분을 포함하고 중요하고 강력한 존재로 인식된다. 이러한 경험을 통해 '大'는 힘과 영향력이 강한 상태를 은유적으로 표현하는 데 사용되고, '小'는 그 반대로 상대적으로 약하고 제한적인 상태를 나타낸다.

'大/小'는 성격이나 품성과 관련된 단어와 함께 사용되어 의미를 확장되기도 한다.

(138) a. 一个人的心胸很大. (한 사람의 마음이 매우 큽니다.)

b. 他心胸小, 脾气大. (그는 마음이 작고 성깔이 대단합니다.)

c. 你這人眞是度量大. (당신은 정말 도량이 큽니다.)

d. 她的度量小. (그녀의 도량이 작습니다.)

e. 以大胸怀成就事業. (배포를 크게 가지고 일을 성취한다.)

f. 他的權力很大, 但胸怀很小. (그의 권력은 크지만 배포가 작다.)

위의 (138)에서 '大'는 '心胸(마음)', '度量(도량)', '胸怀(배포)'와 같은 단어와 결합하여, 타인을 포용하고 이해하는 마음이 일반적인 수준보다 크고 넓다는 의미를 나타낸다. 반면 '小'는 이러한 단어들과 함께 사용되어, 사람의 포용력이나 이해심이 상대적으로 부족하거나 좁다는 뜻을 나타낸다. 차원 형용사 '大/小'가 성격이나 품성과 관련된 단어와 결합하여 의미가 확장되는 이유는, 사람의 심리적 공간 경험에 기반한다. 넓고 큰 공간은 더 많은 것을 수용할 수 있다는 인식이 마음의 크기와 포용력으로 은유적으로 전이된다. 따라서 '大'는 마음이 넓고 포용력이 강한 상태를, '小'는 상대적으로 마음이 좁고 이해심이 부족한 상태를 나타내는 개념으로 확장된다.

'大'는 색채와 관련된 어휘와 함께 사용되어 은유적 의미를 나타낸다. 이러한 의미 확장은 '小'에서는 나타나지 않는 특징이다.

(139) a. 她涂着大紅色的口紅. (그녀는 진한 빨간 립스틱을 바르고 있다.)
b. 他們用大綠色作畵. (그들은 진한 녹색으로 그림을 그립니다.)
c. 一个涂着大紫色的招牌. (진한 보라색으로 칠해진 표지판이다.)

예시 (139)에서 보이듯이, '大'는 '紅色(빨간색)', '綠色(녹색)', '紫色(보라색)' 등 색채를 나타내는 어휘와 결합하여, 해당 색이 일반적인 기준보다 더 진하고 선명하다는 의미를 나타낸다. 반면, '小'는 이러한 색채 어휘와 결합되지 않으며, 이로 인해 '大'와 뚜렷한 차이를 보인다. 이는 '大'가 강도나 크기의 확대를 강조하는 반면, '小'는 축소나 약함을 표현하는 데 색의 강도 축소는 자연스럽지 않기 때문이다. 따라서 '大'는 색채의 진하기를 표현하는 데 적합하지만 '小'는 그런 확장이 일어나지 않는다.

차원 형용사 '大/小'는 소리와 관련된 어휘와 결합되어, 그 공간적 개념이 청각 영역으로 확장된다.

(140) a. 駕駛室噪音大. (조종실은 소음이 큽니다.)
　　　b. 收音机噪音小多了. (라디오의 소음이 훨씬 작습니다.)
　　　c. 噪音被一陣更大的笑聲淹沒了. (소음이 더 큰 웃음소리에 묻혔다.)
　　　d. 道靜听得笑聲小了. (도경이는 웃음소리가 작아지는 것을 들었다.)
　　　e. 父子見面大哭一場. (부자가 만나서 크게 울었습니다.)
　　　f. 大哭變成了小哭. (큰 울음소리가 작은 울음소리로 바뀌었다.)

위의 예시 (140)에 나타난 바와 같이, '大'는 '소음(噪音)', '웃음소리(笑聲)', '울음소리(哭聲)' 등의 어휘와 결합하여 소리가 개념화자의 심리적 기준보다 강하다는 의미를 지닌다. 반면 '小'는 이러한 추상적 단어와 결합하여 소음이나 웃음소리, 울음소리가 상대적으로 약하다는 것을 의미한다. 차원 형용사 '大/小'가 소리와 관련된 추상 의미로 확장되는 것은, 소리의 물리적 특성 중 진폭과 음량이 공간의 크기 개념과 밀접하게 연관되어 있기 때문이다. 소리의 진폭이 크면 음량이 커지고, 이는 물리적으로 '큰' 소리로 인지된다. 반대로 진폭이 작으면 음량이 작아 '작은' 소리로 인식된다. 이처럼 소리의 강도는 크기와 직접적으로 연결되므로, '大'는 강하고 넓게 퍼지는 소리를, '小'는 약하고 제한된 소리를 표현하는 데 자연스럽게 확장될 수 있다.

차원 형용사 '大/小'의 기본의미는 후각 영역으로 확장되는 양상을 나타내기도 한다.

(141) a. 這車氨液气味大. (이 차는 암모니아액 냄새가 심합니다.)
　　　b. 冷食較熱食气味小. (찬 음식은 뜨거운 음식보다 냄새가 덜하다.)
　　　c. 生魚的腥味大. (생선의 비린내가 많이 납니다.)
　　　d. 熟魚比生魚的腥味小. (익힌 생선은 날고기보다 비린내가 덜하다.)
　　　e. 車內异味大. (차 안에서는 이상한 냄새가 많이 납니다.)

f. 新車异味小. (새 차는 이상한 냄새가 적습니다.)

위의 예시 (141)에서, '大'는 '气味(냄새)', '腥味(비린 냄새)', '异味(이상한 냄새)' 등의 어휘와 결합하여 냄새가 일반적인 수준보다 강하다는 의미로 사용된다. 반면, '小'는 후각과 관련된 어휘와 결합하여 냄새가 개념화자의 심리적 기준보다 약하다는 의미를 나타낸다. 차원 형용사 '大/小'가 후각 영역으로 확장되는 이유는 냄새의 강도와 크기가 물리적 공간의 크기 개념과 유사하게 인식되기 때문이다. 강한 냄새는 넓은 공간을 채우는 것처럼 크게 느껴지고, 약한 냄새는 제한된 공간에 머무르는 듯 작게 인식된다. 이러한 경험을 바탕으로 '大'는 냄새가 강하고 넓게 퍼지는 것을, '小'는 냄새가 약하고 좁게 퍼지는 것을 의미하는 추상적 개념으로 확장된다.

'大/小'의 기본의미는 시각, 청각, 후각 영역뿐만 아니라 미각 영역으로도 확장될 수 있다.

(142) a. 葡萄酒酸味大. (와인은 신맛이 강합니다.)
b. 果實甛味大, 酸味小. (과일은 단맛이 강하고 신맛이 적습니다.)
c. 老姜辣味大. (생강은 매운 맛이 강합니다.)
d. 産品香味濃郁, 辛辣味小. (제품은 향이 강하고 매운 맛이 적다.)
e. 喜歡吃羊肉味大点儿的. (양고기 맛이 강한 것을 좋아한다.)
f. 綿羊肉味小. (양고기는 냄새가 적습니다.)

예시 (142)에서 '大'는 '酸味(신맛)', '辣味(매운 맛)', '肉味(고기 맛)' 등의 단어와 함께 사용되어, 해당 맛이 일반적인 기준보다 강하거나 진하다는 의미를 나타낸다. 반면 '小'는 이러한 어휘들과 결합하여 맛이 상대적으로 약하거나 연하다는 의미를 갖는다. 차원 형용사 '大/小'의 기본 의미가 미각 영역으로 확장되는 이유는 일상 경험에서 찾을 수 있다. 일반적으로 강한 맛은 공간을 가득 채우는 큰 대상처럼 인식되고, 약한 맛은 제한된 범위에 머무는 작은 대상으로 여겨진다. 이러한 경험은 '大/小'의 공간적 개념이 추상적인 미각 영역으로 공감각적 의미 전이되는 기초가 된다.

제5장

한·중 1차원 형용사의 의미 대응 양상

본 장에서는 3장에서 논한 한국어와 중국어 차원 형용사의 기본의미와 확장의미를 바탕으로, 한국어와 중국어의 1차원 형용사의 전체적인 의미 대조 양상을 살펴보고자 한다. 또한, 한·중 차원 형용사의 의미 확장 양상이 물리적, 신체적, 문화적, 인지적 측면에서 다양한 원인에 의해 발생함을 밝히고자 한다.

5.1. '길다/長' 및 '짧다/短'의 의미 대응 양상

5.1.1. '길다/長'의 의미 대응 양상

1) 공통점

차원 형용사 '길다/長'은 '물체의 길이가 상대적으로 길다'라는 기본의미를 나타낸다.

(143) a. 긴 {끈/그림자/목…}
   b. {繩子/影子/脖子…} 長

예시 (143)에서 보면 알 수 있듯이, 차원 형용사 '길다/長'은 '끈/繩子', '그림자/影子', '목/脖子' 등 선적 특성이 부각되는 구체적 물체와 결합하여, 해당 대상물의 길이가 평균적인 심리적 기준을 초과함을 나타낸다. 차원 형용사의 크기 판정 기준은 절대적인 값이 정해져 있는 것이 아니라 화자의 심리적 기준과 비교하여 판단한 값이 크거나 작은 것을 말한다(권희정, 2019:31). 물리적 대상의 길이도 마찬가지로 개념화자의 심리적 기준을 바탕으로 판정된다. '길다/長'의 이러한 의미를 도식으로 표현하면 다음 <그림 6>과 같다.

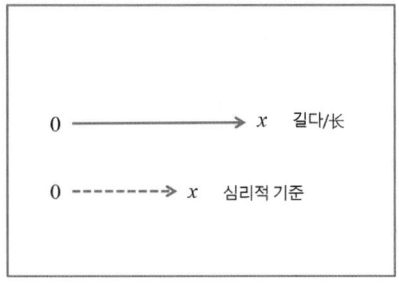

<그림 6> '길다/長'의 도식

위의 <그림 6>에서 볼 수 있듯이, '0'점을 기준으로 'x'축에 따라 이어지는 실체적 길이가 이를 보는 화자의 심리적인 기준을 초과하면 물건의 길이를 '길다/長'이라고 이해하게 된다. '길다/長'과 함께 사용되는 대상물은 1차원 '선'(예: 끈/繩子)의 특징을 가진 물체뿐만 아니라, 2차원 '면'(예: 그림자/影子), 3차원 '부피'(예: 목/脖子)를 지닌 구체물일 수 있다. 또한, '길다/

長'은 물리적 대상물 자체의 길이를 측정하는 것이기 때문에 고유성[5]이 나타난다. 그리고 이들이 수식하는 물건들은 수평이나 수직적인 방향의 제한이 없으며(이종각, 1982: 237), 해당 물체의 길이를 측정할 때는 지면(地面)이나 수평면(水平面)과 같은 '기준점(reference point)'이 없다는 특징이 있다.

차원 형용사 '길다/長'의 기본의미는 시간 영역으로 확장된다. 다음의 예를 보자.

    (144) a. 긴 {밤/겨울/시간…}
            b. 長 {夜/冬/時間…}

예시 (144)에서 볼 수 있듯이, '길다/長'은 '밤/夜', '겨울/冬', '시간/時間' 등과 같은 단어들과 결합하여, 시간이 길게 지속된다는 의미를 나타낸다. 이처럼 '길다/長'이 추상적인 시간 관련 어휘들과 함께 쓰이는 이유는, 물리적 대상의 길이와 시간 개념 사이에 존재하는 일련의 구조적 대응 관계를 통해 설명할 수 있다. 먼저, 물체의 '선적 특성'은 시간이라는 추상적 개념이 지닌 가장 전형적인 속성 중 하나로 간주된다(任永軍, 2006:72). 이는 시간이 본질적으로 과거, 현재, 미래라는 시간 축을 따라 선형적이고 주기적으로 진행되는 것으로 간주되기 때문이다. 이러한 대응 관계는 <그림 7>에 의해 보다 구체적으로 시각화 될 수 있다.

---

5   차원 형용사의 '고유성'은 물리적 대상물 자체에 갖추어져 있는 공간적 '선', '면', '부피'의 특징을 가리킨다. 예를 들면, 차원 형용사 '길다/짧다'는 물리적 대상물 자체의 한끝부터 이어진 다른 한끝까지의 공간적 길이 특성을 나타내기 때문에 '고유성'이 나타난다.

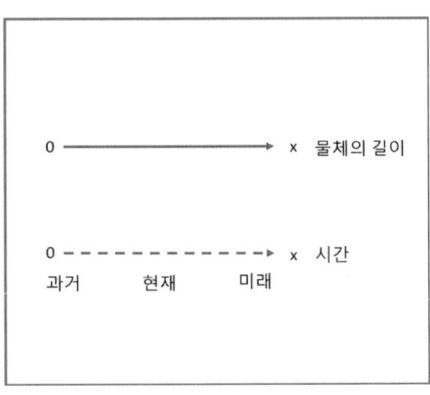

<그림 7> 시간의 '선'의 특징

지나간 과거는 사람의 뒤에 있고, 다가올 미래는 앞에 있다고 인식하는 것은 시간에 대한 보편적이고 체계적인 인지 양상이라 할 수 있다(김찬화, 2005:102). 즉, 시간은 어느 한 시점에서 다른 시점까지의 간격으로 이해되며, 이는 '길다/長'이 나타내는 물리적 길이 개념과 유사하게 선형적인 특성을 지닌다. 또한 시계와 같은 도구를 통해 '초(秒)', '분(分)', '시(時)' 등으로 시간을 세분화하여 측정할 수 있는데, 이는 물리적 대상의 길이를 미터 등의 단위로 측정하는 방식과 구조적으로 대응된다. 따라서 인지의미론의 관점에서 '길다/長'은 물리적 길이가 지닌 특성이 구조적 은유를 통해 시간 개념에 투사되어, 은유적 의미로 개념화된다고 할 수 있다.

'길다/長'은 '밤/夜', '겨울/冬', '시간/時間' 등 시간의 양을 나타내는 명사뿐만 아니라, 사건 발생과 관련된 시간적 의미를 지닌 어휘들과도 결합하여 의미를 확장한다.

(145) a. 긴 {전쟁/여행/이별…}
     b. 長 {戰/旅/別…}

위의 예시 (145)에서 볼 수 있듯이, '긴 전쟁/長戰', '긴 여행/長旅', '긴 이별/長別'과 같은 표현은 각 사건이 장시간 지속되었음을 의미한다. '길다/長'은 원래 공간적 연장성을 나타내는 형용사로, 물리적 대상의 길이가 일반적 기준보다 길다는 의미를 나타낸다. 그러나 시간 또한 연속성과 측정 가능성을 지닌 개념으로 인식되기 때문에, 이러한 속성이 공간적 길이 개념과 구조적으로 유사하다는 점에서, '길다/長'은 시간 영역으로 의미가 확장된다. 나아가, 이러한 의미 확장은 단순한 은유적 투사에 그치지 않고, 환유적 기제와도 밀접하게 연결된다. 즉, '길다/長'은 사건 명사와 결합할 때, 사건 전체가 아닌 그 지속 시간이라는 부분 속성을 부각함으로써 사건 전체를 지칭하게 된다. 인지언어학적 관점에서 이는 '부분(지속 시간)'이 '전체(사건)'를 대신 지칭하는 환유 인지 기제가 작용한 것으로, 사건의 시간적 특성을 중심으로 사건을 인식하고 개념화하게 되는 것이다. 결과적으로 '길다/長'의 시간적 의미 확장은 '시간은 길이이다'라는 구조적 은유와 '부분-전체' 환유라는 인지 기제가 복합적으로 작용한 결과라 할 수 있다.

차원 형용사 '길다/長'은 특정 행위나 상태의 시간적 지속성을 강조하는 의미로 확장되어 쓰이기도 한다.

(146) a. 길게 {탄식하다/웃다/울리다…}
　　　 b. 長 {嘆/笑/鳴…}

위의 예시 (146)에서 보듯이, '길게 탄식하다/長嘆', '길게 웃다/長笑', '길게 울리다/長鳴'과 같은 표현은 탄식, 웃음, 울림 등 특정 소리가 오랜 시간 지속됨을 의미한다. 인지의미론적 관점에서 이러한 표현은 해당 행위를 직접적으로 기술하기보다는, 그 지속 시간이라는 부분 속성을 부각함으로써 전체 행위를 간접적으로 지시하는 방식이라 할 수 있다. 이는 '부분(지속 시간)'이

'전체(행위)'를 대신하여 의미를 전달하는 환유적 인지 기제가 작용한 결과로, 청자가 이러한 표현을 접했을 때 자연스럽게 그 소리 행위의 전체 양상과 상황적 맥락을 떠올리게 되는 인지적 경험으로 이해할 수 있다.

일반적으로 소리는 진동이나 파동이 공기 등의 매질을 통해 청각 기관에 전달되어 감지되는 감각 또는 그 현상을 의미한다. 소리의 주요 특성에는 높낮이(주파수), 크기(진폭), 음질(파형) 등이 포함되며, 이들은 물리적 속성에 해당한다. 하지만, '소리의 길이'는 소리 자체의 물리적 속성이 아니라 소리가 지속되는 시간을 의미하므로, '길다'의 의미 확장은 청각 범주가 아니라 시간 범주로 분류하는 것이 적절하다.

2) 차이점

한국어 '길다'는 감정을 나타내는 어휘와 함께 사용되어 의미를 확장한다. 그러나 중국어 '長'은 이러한 확장이 불가한 것으로 나타난다.

(147) a. 긴 {사랑/슬픔/고민…}
　　　b. * {愛情/悲傷/苦惱…} 長

위의 예시 (147a)에서 볼 수 있듯이, '길다'는 '사랑', '슬픔', '고민' 등 긍정적이거나 부정적인 감정을 나타내는 어휘와 결합하여, 해당 감정이 오랜 시간 지속되었음을 의미한다. 인지의미론적 관점에서 이러한 표현은 '감정의 지속 시간'이라는 부분 요소가 전체 '감정'을 대신하여 지시하는 환유적 인지 기제를 통해 개념화된 것이다. 다시 말해, 감정 전체를 직접적으로 언급하지 않고도, 그 감정이 지속된 시간이라는 일부분을 강조함으로써 청자는 자연스럽게 감정의 전반적인 상태, 강도, 그리고 변화 양상을 연상하게 된다.

중국어에서는 '長'이 이러한 감정을 나타내는 어휘와 자연스럽게 결합하지 않는다. 대신에 '長久的(오랜)'이라는 형용사가 '愛情(사랑)', '悲傷(슬픔)', '苦惱(고민)' 등과 함께 사용되어 감정의 지속성을 표현한다.

또한, 한국어에서 '길다'는 관계를 나타내는 어휘와 결합하여 사용될 수 있지만, 중국어의 '長'은 이러한 어휘와 자연스럽게 결합하지 않는다는 차이점이 있다. 이러한 차이는 아래의 예시를 통해 보다 구체적으로 확인할 수 있다.

  (148) a. 긴 {인연/관계/사귐…}
     b. * {緣分/關系/交往…} 長

위의 예시 (148a)를 보면, 한국어 '길다'는 '인연', '관계', '사귐' 등 사람 간의 관계를 나타내는 어휘와 결합하여, 그러한 관계가 오랜 시간 지속되었음을 의미한다. 이러한 표현은 부분(관계가 맺는 시간)이 전체(사람 간의 관계)를 대신 지시하는 개념적 환유를 통해 의미를 확장하게 된 것이다. 즉, 사람 간의 관계라는 추상적이고 복합적인 개념을 직접적으로 기술하기보다는, 그 관계가 유지된 시간이라는 구체적이고 측정 가능한 속성을 부각함으로써 관계의 안정성, 지속성, 깊이 등을 간접적으로 전달하는 것이다.

반면, 중국어에서는 '長'이 관계를 나타내는 어휘와 직접적으로 결합하는 것이 자연스럽지 않다. 대신 '長久的(오랜)'이라는 형용사가 '緣分(인연)', '關系(관계)', '交往(사귐)' 등의 명사를 수식함으로써, 오랜 시간 동안 유지되어 온 관계를 표현한다.

이외에 차원 형용사 '길다/長'의 기본의미는 추상적인 개념인 분량 영역으로도 확장되기도 한다.

  (149) a. 긴 {시/편지/글…}

b. 長 {詩/信/文章…}

위의 예시 (149)에서 보듯이, '길다/長'은 '시/詩', '편지/信', '글/文章' 등과 같은 어휘와 결합하여, 해당 텍스트의 분량이 많음, 즉 내용이 풍부하고 길다는 의미를 나타낸다. 한국어에서 '길다'는 위의 명사뿐만 아니라 '분량'이라는 단어와도 함께 자연스럽게 사용된다. 다음 예시를 통해 확인할 수 있다.

(150) a. 어쩌면 우리에게는 오히려 더 <u>긴 분량</u>이 필요할 것이다.
 b. 내가 그것을 읽지 않은 까닭이 <u>긴 분량</u> 때문이었을까.
 c. 페니키아 문자 기록 가운데 가장 <u>분량이 긴</u> 것으로 유명하다.

위의 예시 (150)에서 확인할 수 있듯이, '길다'는 '분량'과 결합하여 양이 많고 길다는 의미를 나타낸다. 그러나 중국어에서는 '長'이 아닌 '大(크다)'가 '量(양)'을 수식하여, 양이 많다는 의미를 보다 자연스럽게 표현한다.

'길다/長'의 기본 의미가 분량 영역으로 확장되는 원인은, 물리적 대상의 길이가 지닌 여러 특성이 분량 개념과 인지적으로 연결되면서, 의미 확장의 구조화를 가능하게 하기 때문이다. 예를 들어, 물리적 대상의 길이가 센티미터나 미터 등의 단위로 측정될 수 있듯이, 시와 편지, 글 등의 분량도 페이지 수나 문장의 수와 같은 방식으로 가늠할 수 있다. 또한, 물리적 길이가 갖는 '선형적 연속성'은 글이나 편지를 읽는 데 소요되는 시간의 지속성과 대응된다. 이러한 대응 관계를 바탕으로, '길다/長'의 기본 의미는 구조적 은유를 통해 분량 개념으로 확장되며, 일정한 양을 초과한 분량은 자연스럽게 '길다/長'으로 인식되는 인지적 구조가 형성된다.

'길다/長'의 기본의미와 확장의미의 공통점과 차이점을 정리하면 다음 <표 33>과 같다.

<표 33> '길다/長'의 기본의미와 확장의미[6]

의미			결합어	길다	長
기본의미	물리적 대상물의 길이		끈/繩子, 그림자/影子, 목/脖子…	+	+
확장의미	시간	시간의 양	밤/夜, 겨울/冬, 시간/時間…	+	+
		사건의 지속된 시간	전쟁/戰, 여행/旅, 이별/別…	+	+
		행위의 지속된 시간	탄식하다/嘆, 웃다/笑, 울리다/鳴…	+	+
		감정의 지속된 시간	사랑, 슬픔, 고민…	+	-
		관계의 지속된 시간	인연, 관계, 사귐…	+	-
	분량		시/詩, 편지/信, 글/文章…	+	+
			분량…	+	-

표에서 보이듯이, '길다/長'는 기본 의미인 '물리적 대상의 길이가 길다'를 바탕으로 여러 인지 기제를 통해 시간, 분량 등 추상적 의미 영역으로 확장되고 있다. '길다/長'의 확장된 의미 중에서도 특히 시간 영역으로의 의미 확장이 가장 두드러진다. 또한, 시간 영역에서 '길다'는 감정, 관계 등과 관련된 단어와 함께 사용되어 기본의미가 시간 영역으로 확장될 수 있지만 '長'은 이러한 단어와 결합할 수 없다. 그리고 '길다/長'의 기본의미가 분량 영역으로 확장되기도 한다. 『現代漢語詞典』(2016)에 수록된 '長'의 사전적 의미에는 이와 같은 추상적 의미가 명시되어 있지 않지만, 말뭉치 자료를 보면 '長'은 '詩(시)', '信(편지)', '文章(글)' 등의 단어와 함께 사용되어 분량 영역으로 확장되기도 한다.

---

[6] <표 33>에 사용된 '+' 기호는 '길다/長'이 해당 의미 범주에 제시된 결합어와 자연스럽게 결합하여 실제 언어 사용에서 자주 나타나는 경우를 의미한다. 반면, '-' 기호는 '길다/長'이 해당 의미 범주의 결합어와 자연스럽게 결합하지 않거나, 의미상 어색하여 일반적으로 사용되지 않는 경우를 나타낸다.

5.1.2. '짧다/短'의 의미 대응 양상

1) 공통점

차원 형용사 '짧다/短'은 '물리적인 대상의 길이가 짧다'라는 기본의미를 나타낸다.

  (151) a. 짧은 {끈/그림자/목…}
     b. {繩子/影子/脖子…} 短

예시 (151)에서, 차원 형용사 '짧다/短'은 '끈/繩子', '그림자/影子', '목/脖子' 등의 대상물의 길이가 상대적으로 짧다는 의미를 나타낸다. 이러한 의미를 도식으로 표현하면 다음 <그림 8>과 같다.

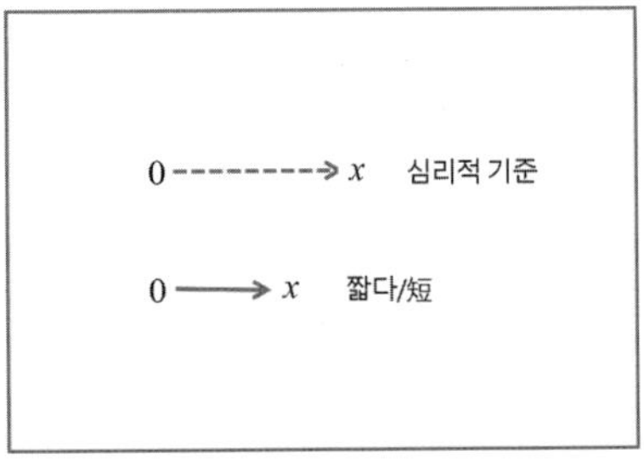

$$0 \dashrightarrow x \quad \text{심리적 기준}$$
$$0 \longrightarrow x \quad \text{짧다/短}$$

<그림 8> '짧다/短'의 도식

위의 <그림 8>을 보면, '0'점을 기준으로 'x'축을 따라 뻗어 있는 대상의 실제 길이가 개념화자의 심리적 기준에 미치지 못했을 때 '짧다/短'으로 인식된다. '짧다/短'의 물리적 특징은 '길다/長'과 마찬가지로 고유성을 가지고, 방향의 제한이 없으며, 기준점이 필요하지 않다는 것들이 있다.

차원 형용사 '짧다/短'은 시간의 양을 나타내는 추상적 단어와 결합하여 의미를 확장한다.

  (152) a. 짧은 {밤/겨울/시간…}
     b. {夜/冬/時間…} 短

위의 (152)에서 '짧다/短'이 '밤/夜', '겨울/冬', '시간/時間' 등 시간의 양을 나타내는 단어와 결합하면 시간이 짧은 기간 동안 유지됨을 의미한다. '짧다/短'은 원래 물리적 공간에서의 물체의 길이(예: 끈/繩子, 머리카락/頭髮, 길/路, 목/脖子 등)를 측정하는 데 사용된다. 이들이 물리적 길이를 넘어 시간의 양과 관련된 표현으로 확장되는 것은, 인지의미론의 관점에서 구조적 은유를 통해 물리적 길이의 여러 가지 특징이 시간에 투사하여 개념화된 것이다. 즉, 물리적 길이는 선형적이며 측정이 가능하고, 길거나 짧을 수 있다는 특징을 지니는데, 이러한 특성이 시간의 지속성, 측정 가능성, 그리고 시간 간격의 길고 짧음과 구조적으로 대응한다. 이러한 체계적인 대응 관계를 바탕으로 '시간이 오래되지 못하다'는 의미가 '시간이 짧다'는 것으로 개념화되어 표현된다.

 '짧다/短'이라는 표현은 사건과 관련된 시간적 의미를 지닌 단어들과 결합하여 의미를 확장하기도 한다.

  (153) a. 짧은 {전쟁/여행/이별…}
     b. 短 {戰/旅/別…}

위의 예시 (153)에서, '짧은 전쟁/短戰', '짧은 여행/短旅', '짧은 이별/短別'이라는 표현은 각각 전쟁, 여행, 이별이라는 사건의 지속 시간이 매우 짧다는 것을 의미한다. 일반적으로 '사건'은 특정 시간 동안 발생하는 일이나 활동을 지칭하며, 모든 사건은 시간의 흐름 속에서 이루어지므로 시작과 끝을 기준으로 그 길이를 측정할 수 있다. 따라서 '사건이 짧다'라는 표현에서 '사건'은 실제로는 해당 사건이 차지하는 시간적 길이를 나타내며, 이는 사건의 시간적 속성을 통해 사건 개념을 이해하는 방식이다. 다시 말해, 이러한 표현은 사건의 한 부분인 시간적 특성을 통해 전체 사건을 지칭하는 환유적 인지 기제에 의해 개념화된 것이다.

'짧다/短'은 '시간의 양'이나 '사건이 지속된 시간' 외에도 '행위가 지속된 시간'을 나타내기도 한다.

　　(154) a. 짧게 {탄식하다/웃다/울리다…}
　　　　　b. 短 {嘆/笑/鳴…}

위의 예시 (154)에서 '짧게 탄식하다/短嘆', '짧게 웃다/短笑', '짧게 울리다/短鳴'이라는 표현은 각각 탄식, 웃음, 울림과 같은 소리가 매우 짧은 시간 동안 지속된다는 의미를 나타낸다. '행위'란 특정한 환경에서 발생하는 동작이나 행동을 의미하며, 우리는 이러한 행위를 인식할 때 그것이 이루어지는 데 걸리는 시간적 길이를 통해 개념화하게 된다. 이러한 점에서 볼 때, 탄식하다, 웃다, 울리다와 같은 행위를 시간적 지속성이라는 특성을 통해 이해하는 것은 인지의미론의 관점에서 환유적 기제를 통한 개념화한 것이라 할 수 있다.

2) 차이점
한국어에서 '짧다'는 긍정적이거나 부정적인 감정을 나타내는 어휘와 결합하여, 해당 감정이 지속되는 시간의 길이를 나타낸다.

(155) a. 짧은 {사랑/슬픔/고민…}
b. * {愛情/悲傷/苦惱…} 短

　예시 (155a)에서 볼 수 있듯이, '짧다'는 '사랑', '슬픔', '고민' 등 감정을 나타내는 어휘와 결합하여 추상적 의미로 확장된다. 본래 '짧다'는 물리적 대상의 길이가 짧음을 의미하지만, 이 물리적 개념은 시간의 지속성을 나타내는 의미로 전이되기도 한다. 즉, '짧다'는 짧은 시간 동안 지속되는 상태를 표현하는 데 사용되며, 감정 역시 일정한 시간적 지속성을 갖기 때문에 그 지속 시간이 길지 않을 경우 '짧다'로 표현되는 것이다. 중국어에서는 '短'이 아닌 '短暫的(잠깐)'이라는 단어가 이러한 어휘와 함께 사용되어 감정이 지속된 시간이 아주 짧다는 의미를 나타낸다.
　또한, 한국어에서 '짧다'는 사람 간의 관계를 나타내는 어휘와 결합하여 관계의 지속 시간을 의미한다.

(156) a. 짧은 {인연/관계/사귐…}
b. * {緣分/關系/交往…} 短

　위의 예시 (156a)에서, '짧다'는 '인연', '관계', '사귐' 등 사람 사이의 관계를 나타내는 어휘와 결합하여, 그 연결이 시간적으로 짧게 지속됨을 의미한다. 사람 사이의 관계가 짧다는 것은 실제로 그 관계가 맺어지는 시간적 길이가 짧다는 것을 의미한다. 다시 말해 관계라는 개념을 관계가 맺어지는 시간적 길이를 통해서 이해하는 것이 인지의미론의 관점에서 말하는 개념적 환유를 통한 의미적 확장이다. 한편, 중국어에서는 '短'이 이러한 어휘와 결합하지 않으며, 대신 '短暫的(잠깐)'이라는 표현이 '緣分(인연)', '關系(관계)', '交往(사귐)' 등과 함께 사용되어 관계가 짧은 시간 동안만 지속된다는 의미를 나타낸다.

차원 형용사 '짧다/短'은 분량을 나타내는 단어와 결합하여 양이 적다는 의미가 된다.

   (157) a. 짧은 {시/편지/글…}
      b. 短 {詩/信/文章…}

예시 (157)에서 '짧다/短'은 '시/詩', '편지/信', '글/文章' 등과 같은 단어들과 함께 쓰여, 해당 대상의 내용이 적음을 나타낸다. '짧다'는 '시', '편지', '글'이라는 단어들과 함께 사용되는 것뿐만 아니라 '분량'과 같은 단어와도 함께 사용될 수 있다.

   (158) a. 논문은 <u>분량이</u> <u>짧은</u> 점이 저서와 다르다.
      b. 단시간에 읽을 수 있을 만한 <u>짧은 분량</u>으로 완성시킨다.
      c. 그 <u>짧은 분량</u>에 사회적, 심리적 측면들까지 포괄한다.

위의 예시 (158)에서 '짧은 분량'은 양이 적다는 의미를 가진다. 하지만 중국어에서는 '短' 대신 '小(작다)'가 '量(양)'을 수식하여 분량이 적다는 의미를 나타낸다.

한국어에서 '짧다'는 능력과 관련된 어휘와 함께 사용되어 추상적 의미를 나타낸다.

   (159) a. 짧은 {학문/견문/지식…}
      b. * {學問/見聞/知識…} 短

예시 (159a)를 보면, '짧다'는 '학문', '견문', '지식'과 결합하여 '사람의 식견이나 지식 등이 제한적이고 부족하다'는 의미가 된다. 그러나 중국어에서는 '短' 대신 '低'나 '淺' 등과 같은 단어가 '學問(학문)', '見聞(견문)', '知識(지식)'이라는 단어와 함께 사용되는 것이 자연스럽다. 한국어에서 '짧다'가 '학문', '견문', '지식' 등의 어휘와 활발하게 결합하는 것은 사람의 사고방식과 깊게 연관되어 있다. 보통 어떤 사물이 기대치보다 짧은 것은 나쁜 것으로 여겨져, '짧다'는 주관적으로 부정적인 감정을 표현하는 경향이 있다. 또한 한국 사람들은 자신이 갖춘 지식이나 학문적 소양 등을 겸손하게 표현하려는 경향이 있으므로 '학문', '견문', '지식' 등 추상 개념과 결합할 때, 자신을 낮추고자 하는 의도로 '짧다'가 자주 사용되는 것으로 보인다.

'짧다/短'의 기본의미와 확장의미의 공통점과 차이점을 정리하면 다음 <표 34>와 같다.

<표 34> '짧다/短'의 기본의미와 확장의미[7]

의미			결합어	짧다	短
기본의미	물리적 대상물의 길이		끈/繩子, 그림자/影子, 목/脖子…	+	+
확장의미	시간	시간의 양	밤/夜, 겨울/冬, 시간/時間…	+	+
		사건의 지속된 시간	전쟁/戰, 여행/旅, 이별/別…	+	+
		행위의 지속된 시간	탄식하다/嘆, 웃다/笑, 울리다/鳴…	+	+
		감정의 지속된 시간	사랑, 슬픔, 고민…	+	-
		관계의 지속된 시간	인연, 관계, 사귐…	+	-
	분량		시/詩, 편지/信, 글/文章…	+	+
			분량…	+	-
	능력		식견, 견문, 지식…	+	-

---

[7] <표 34>의 '+'와 '-' 기호는 '짧다/短'이 해당 의미 범주에 실제로 결합되어 자연스럽게 사용되는지를 나타내는 지표로 해석할 수 있다. '+' 기호는 '짧다/短'이 해당 의미 범주로 자연스럽게 사용될 수 있음을 의미한다. 반대로 '-' 기호는 '짧다/短'이 해당 의미 범주로 자연스럽게 사용되지 않거나, 의미상 어색하여 일반적으로 사용되지 않는 경우를 나타낸다.

<표 34>를 보면, '짧다/短'의 '물리적 대상의 길이가 짧다'라는 기본의미를 바탕으로 여러 가지 추상적 의미가 확장되고 있다. 이 중에서도 특히 시간 영역으로의 의미 확장이 가장 두드러진다. 또한, 시간 영역에서 '짧다'는 감정, 관계 등과 관련된 단어와 함께 사용될 수 있지만 '短'은 이러한 단어와 결합하지 않는다. 그리고 '짧다'는 '식견', '견문', '지식' 등과 관련된 추상적인 단어와 함께 사용되어 기본의미가 능력 영역으로 확장된다. 반면에 '短'은 이러한 추상적인 영역으로의 의미 확장이 불가능하다.

5.2. '높다/高' 및 '낮다/低'의 의미 대응 양상

5.2.1. '높다/高'의 의미 대응 양상

1) 공통점

차원 형용사 '높다/高'는 물리적 대상의 수직적 길이나 위쪽으로의 공간적 위치를 나타낸다.

    (160) a. {산/굴뚝/집…}이 높다
           b. 高 {山/烟囱/房子…}

예시 (160)에서 한국어 '높다'와 중국어 '高'는 모두 물리적 차원의 수직적 길이나 공간적 위치가 위쪽에 있음을 지시하는 기본 의미를 가진다. '산이 높다/高山'은 산의 밑부분에서부터 정상에 이르는 수직적 길이가 화자의 심리적 기준보다 크다는 것을 의미한다. '굴뚝이 높다/烟囱高'는 굴뚝의 수직적 연장이 상대적으로 길다는 뜻을 나타내며, '집이 높다/房子高'는 지면으로부터 지붕에 이르는 수직적 길이가 일반적인 수준을 초과함을 가리킨다. 이처럼 '높다/高'는 구체적 물체를 대상으로 한 수직적 길이와 공간적 위치의 인지적 지각을 드러내며, 이러한 의미 구조를 도식화하면 <그림 9>와 같다.

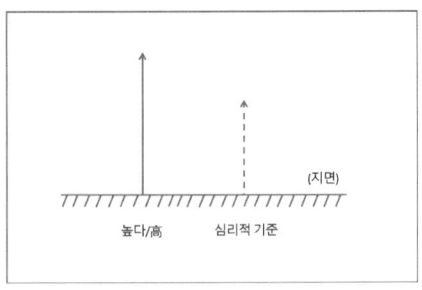

<그림 9> '높다/高'의 도식 1(劉喜樂, 2018:27)

위의 <그림 9>에서, 물리적 대상물의 아래로부터 맨 위까지의 높이가 개념화자의 심리적 기준을 넘어선다면 '높다/高'라고 인식하게 된다. 또한, 여기서 '높다/高'는 '산', '굴뚝', '집' 등 대상물 자체의 높이를 측정하는 것이기 때문에 고유성의 특징이 나타난다. 그리고 '높다/高'는 해당 대상물의 높이를 측정할 때 수직 상향이라는 방향적 제약이 있으며, 지면(地面)이라는 기준점이 필요하다는 특징이 나타난다.

차원 형용사 '높다/高'는 물리적 대상의 수직 상향 거리, 즉 아래에서 위까지의 공간적 간격을 나타낸다.

(161) a. 높은 {구름/천장/지붕…}
　　　 b. {云/天花板/屋頂…} 高

예시 (161)에서 한국어 '높다'와 중국어 '高'는 모두 물리적 차원의 수직적 거리, 곧 아래에서 위까지 이어지는 공간적 간격이 크다는 의미를 표현한다.

'높은 구름/高云'은 지면으로부터 구름이 위치한 곳까지의 간격이 멀리 떨어져 있음을 나타낸다. 또한 '높은 천장/天花板高'와 '높은 지붕/屋頂高'는 바닥에서부터 천장이나 지붕에 이르기까지의 수직적 거리가 크다는 점을 지시한다. 이와 같이 '높다/高'는 대상 자체의 크기를 지시하는 것이 아니라, 대상과 기준점인 지면이나 바닥 사이의 공간적 간격을 부각하는 용법이라는 점에서 의미적 특징을 지닌다. 이러한 의미를 도식으로 보면 다음 <그림 10>과 같다.

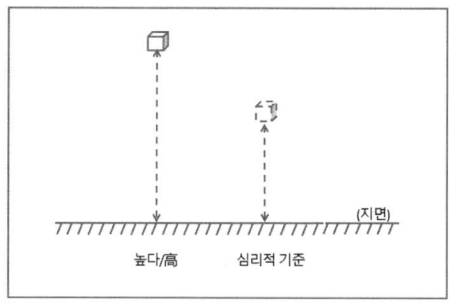

<그림 10> '높다/高'의 도식 2

위의 <그림 10>을 보면, 지면으로부터 해당 대상물이 위치하는 지점까지의 거리가 개념화자의 심리적 기준을 초과한다면 '높다/高'라고 인식된다. '구름', '천장', '지붕' 등 물체의 높이는 해당 대상물 자체의 높이가 아니기 때문에, 비고유적 특징을 나타낸다. '높다/高'는 이러한 대상물의 높이를 측정할 때, 수직 상향의 방향 제한이 있으며, 지면(地面)이라는 기준점이 요구된다는 특징이 나타난다.

'높다/高'는 숫자와 관련된 어휘와 함께 사용되면 물리적 높이 개념이 분량 영역으로 확장된다.

(162) a. 높은 {점수/숫자/성적…}
　　　b. {分數/數字/成績…} 高

위의 예시 (162)를 보면, '높다/高'는 '점수/分數', '숫자/數字', '성적/成績'이라는 단어와 함께 쓰여 해당 수치나 숫자가 일반적인 기준보다 크다는 것을 의미한다. 인지의미론의 관점에서 이는 [많음은 위이다]라는 개념 은유에 기반한다. 인간은 일상 경험 속에서 쌓이는 물건의 높이나 액체의 수위 등을 통해 '양이 많아지면 위로 올라간다'는 공간과 수량 간의 반복된 경험을 축적한다. 이러한 신체적·지각적 경험은 개념적 은유 구조로 일반화되어, 물리적 위치('높다')를 통해 수량의 많음을 간접적으로 표현하고 개념화하게 된다.

'높다/高'는 수치나 숫자를 나타내는 단어 외에 기계로 숫자를 측정할 수 있는 단어와 결합할 수 있다.

(163) a. 높은 {도수/수압/기압…}
　　　b. {度數/水壓/气壓…} 高

위의 예시 (163)에서, '높은 도수/度數高'라는 표현은 술의 알코올 함량이 많다는 뜻으로 나타난다. 또한, '높은 수압/水壓高'라는 표현은 물의 압력이 세다는 의미가 된다. 그리고 '높은 기압/气壓高'라는 표현은 대기의 압력이 강하다는 것을 의미한다. 한국어에서 '수압'이나 '기압'은 '높다', '크다'와 함께 사용될 수 있지만, '도수'는 '높다'와만 함께 사용되며, '크다'와 함께 사용되지 않는다. 반면에 중국어에서 '度數(도수)', '水壓(수압)', '气壓(기압)'은 '高'와 결합할 수 있을 뿐만 아니라, '大'와 함께 사용될 수도 있다.

추상적 개념인 '수치'는 일반적으로 수직적 위치인 '높이'와 연결되어 시각화된다. 예를 들어 막대그래프에서 수치가 클수록 막대가 위로 올라가는 모습으로 나타난다. 다시 말해 수치가 커질수록 '높음'으로 표현하는 것이고, 수치가 작아질수록 '낮음'으로 표현하는 것이다. 또한, 알코올 농도를 알코올 눈금의 수치로 표현하고, 수압의 세기를 수압계의 수치 변화로 지시하며, 공기 압력의 강도를 기압계의 수치 변화로 나타내는 것은 모두 부분이 전체를 대신 지시하는 개념적 환유를 통한 의미 확장이다. 물리적 높이와 수치 간의 관계, 그리고 알코올 농도, 수압의 세기, 공기 압력의 강도 등이 수치와의 상호 관련성을 바탕으로 알코올 농도나 수압, 기압이 강하다는 상태를 차원 형용사 '높다/高'를 통해 개념화된다.

차원 형용사 '높다/高'는 비율과 관련된 단어와 결합하여 추상적 의미가 확장되기도 한다.

  (164) a. 높은 {시청률/득표율/사망률…}
     b. {收視率/得票率/死亡率…} 高

예시 (164)에서 '높다/高'는 '시청률/收視率', '득표율/得票率', '사망률/死亡率'과 결합하여 어떤 대상이 차지하는 비율이 일반적인 기준을 초과한다는 의미를 갖는다. 일상생활에서 특정 현상이나 사건의 발생률을 분석할 때, 일반적으로 그래프를 사용하여 관찰한다. 특히 막대그래프를 통해 대상이 차지하는 비율을 직관적으로 확인할 수 있다. 이는 막대의 높이가 높을수록 해당 대상의 비율이 커지고, 막대의 높이가 낮을수록 비율이 작아지기 때문이다.

'높다/高'는 정도와 관련 있는 어휘와 결합하여 기본의미가 분량 영역으로 확장되기도 한다. 다음의 예시를 보자.

(165) a. 높은 {신뢰도/완성도/만족도…}
　　　b. {信賴度/完成度/滿意度…} 高

예시 (165)에서 볼 수 있듯이 한국어 '높다'와 중국어 '高'는 '신뢰도', '완성도', '만족도'와 같은 추상적 명사와 결합하여 물리적 차원의 높이가 아닌 추상적 정도나 수준을 지시한다. 이는 신뢰, 완성, 만족과 같은 속성이 양적 지표로 환산될 수 있다는 인식에 기반한다. 다시 말해, 화자는 신뢰가 크거나 만족이 충분히 충족된 상태를 수직적 거리의 크기로 개념화하여 표현한다. 여기에서 '높다/高'가 사용될 수 있는 것은, 원래 물리적 공간에서 위로 멀리 솟아 있는 현상을 크기와 강도의 증가로 연상하는 인지적 습관이 추상적 영역으로 전이된 결과라고 할 수 있다. 따라서 신뢰의 정도가 크다는 사실은 '신뢰도가 높다'라는 표현으로, 완성이 충분히 이루어진 상태는 '완성도가 높다'라는 표현으로, 만족이 크게 충족된 상태는 '만족도가 높다'라는 표현으로 개념화된다. 이러한 의미 확장은 수치적 수량이라는 부분적 속성이 전체 속성의 질적 수준을 대표하는 환유적 인지 기제에 기반하며, 동시에 '높다/高'가 본래 지닌 공간적 차원 개념이 추상적 분량 영역으로 전이됨으로써 개념화된 결과로 이해할 수 있다.

'높다/高'는 질이나 수준과 관련된 단어와 함께 사용되어 은유적 의미를 나타낸다.

(166) a. 높은 {생활 수준/교육 수준/질…}
　　　b. {生活水平/教育水准/質量} 高

위의 예시 (166)에서 보이듯이, '높다/高'는 '생활 수준/生活水平', '교육 수준/教育水准', '질/質量'과 함께 사용되어 제품이나 서비스 등의 수준 정도가 뛰어나거나 우수하다는 의미를 나타낸다. 이는 [좋음은 위이다]라는 지향적 인지 기제를 통해 물리적 높이 개념이 추상적 평가 영역으로 확장되어 나타난 추상적 의미이다. 신체적 경험을 바탕으로 '위'는 긍정적인 개념과 연결되고, '아래'는 부정적인 개념과 연결된다.[8] '높다/高'는 물리적으로 위에 있는 표현이며, 이 개념은 긍정적 측면의 추상적 의미를 나타낼 때 적용된다. 따라서 제품이나 서비스 등의 질 또는 수준이 우수하다는 의미를 나타내는 경우, '높다/高'를 통해 개념화하게 된다.

차원 형용사 '높다/高'는 능력과 관련된 단어와 결합하여 은유적 의미를 나타낸다.

(167) a. 높은 {학식/능력/지식…}
b. {學識/能力/知識…} 高

위의 예시 (167)에서 '높은 학식/學識高'라는 표현은 사람의 학문적 지식이 폭넓다는 의미가 된다. 또한, '높은 능력/能力高'라는 표현은 어떤 사람이 특정 분야에서 발휘하는 능력이나 전문성이 뛰어나다는 것을 뜻한다. 그리고 '높은 지식/知識高'라는 표현은 사람들이 가진 정보와 이해에 깊이가 있고 방대하다는 뜻으로 나타난다. '높다/高'가 능력과 관련 있는 단어와 함께 쓰이는 원인은 물리학적인 관점에서 근거를 찾아볼 수 있다. 일반적으로 산을 오르는 것은 평지(平地)에서 걷는 것보다 더 어렵고 한층 큰 노력과

---

8 '위'는 긍정적인 개념과 연결되고, '아래'는 부정적인 개념과 연결된다는 것은 우리의 신체적 경험에 근거한 것이다. 예를 들어, 사람들은 기분이 좋을 때는 몸을 똑바로 세우려 하고, 기분이 나쁠 때는 몸을 웅크리려 하는 경향이 있다. 또한, 사람이 높은 위치에 있을 때 시야가 넓어져 더 많은 것을 볼 수 있다. 반면에 낮은 위치에 있으면 시야가 제한되어 볼 수 있는 대상이 적어진다.

많은 시간이 필요하다.[9] 같은 이치로, 어떤 사람은 학식을 풍부하게 하거나 다양한 능력을 키우기 위해 다른 사람들보다 더 많은 시간과 노력을 필요로 한다. 따라서 학식이나 능력, 지식 따위가 보통 수준을 넘어선다는 것을 '높다/高'를 통해 개념화하게 된다.

2) 차이점

차원 형용사 '높다/高'는 사람의 '신장(身長)'을 가리키는 경우 미세한 차이를 나타낸다.

(168) a. * 키가 높다.
　　　 b. 這是一位个子高的男子. (키 큰 남자입니다.)

위의 예시 (168)에서 보이듯이, 한국어에서는 사람의 신장(身長)을 지칭할 때 '높다'라는 1차원 형용사가 아닌 '크다'라는 3차원 형용사를 통해 가리킨다. 반면에 중국어로는 '高'라는 1차원 형용사나 '大'라는 3차원 형용사로 모두 다 사람의 신장(身長)을 지칭할 수 있다. 사람의 신장(身長)을 묘사할 때 중국어와 한국어에서 각기 다른 차원 형용사를 사용해서 표현하는 것은 중국인과 한국인의 인식이 다르다는 것과 관련이 있다. 아래의 <그림 11>과 <그림 12>를 통해 구체적으로 살펴볼 수 있다.

---

[9] 평지에서 이동할 때는 마찰력만 극복하면 되지만, 산을 오르는 과정에서는 마찰력과 중력을 모두 이겨내야 한다(任永軍, 2000:42). 따라서 산을 오르는 것은 평지를 걷는 것보다 더 어렵다.

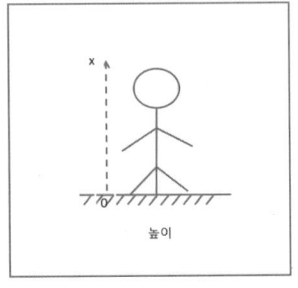
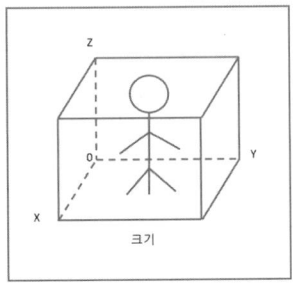

<그림 11> 중국인의 '키'에 　　<그림 12> 한국인의 '키'에
　　　관한 인식　　　　　　　　　　관한 인식

위의 <그림 11>과 <그림 12>를 보면, 중국인은 사람의 신장을 1차원으로 인식하는 것이고, 반면에 한국인은 사람의 키를 3차원으로 인식하는 것이다(김진수·오금희, 2014:42). 중국어에서는 사람의 발바닥에서 정수리까지의 길이를 신장(身長)으로 인식하기에 '高'나 '低'를 통해 표현하게 된다. 반면에 한국어에서는 부피를 통해 사람의 키를 인식한다. 즉, 몸의 길이, 너비, 높이 등 신체적 특성을 전체적으로 파악하여 사람의 신장(身長)을 인식하는 것이다. 따라서 한국어에서는 사람의 키를 묘사할 때 공간적 부피를 가진 '크다/작다'를 통해 표현한다.

'높다'는 긍정적이거나 부정적인 품성을 나타내는 어휘와 모두 사용될 수 있지만, '高'는 긍정적인 품성과 관련된 단어만 함께 쓰일 수 있다.

(169) a. {인품/품격/인격…}이 높다
　　　 b. {人品/品德/人格…} 高

위의 예시 (169)에서, '높다/高'는 '인품/人品', '품격/品德', '인격/人格' 등의 단어와 함께 쓰이면 사람의 인품이나 덕이 좋다는 의미를 나타낸다.

한국어에서 '높다'는 '인품', '품격', '인격'이라는 단어와 함께 쓰이는 것 외에 부정적인 의미를 나타내는 '악명'이라는 단어와 함께 사용될 수 있다.

 (170) a. 악명이 높다.
    b. * 惡名高

위의 예시 (170)을 보면, 한국어에서 '높다'는 '악명'이라는 단어와 함께 사용되어 어떤 사람이나 기업, 또는 단체가 부정적인 명성을 가지고 있다는 것을 나타낸다. 중국어에서 '高'는 주로 '덕망이나 인품 등이 좋다'는 긍정적인 의미를 가리키며, '악명이 높다'라는 한국어 표현은 '惡名遠揚(악명이 널리 퍼진다)'라는 중국어 표현과 대응될 수 있다.

'높다/高'가 사회적 지위나 권력과 관련된 단어와 함께 사용될 때, '高'가 '높다'보다 더 제한적 사용으로 드러난다.

 (171) a. 높은 {신분/지위/직급…}
    b. {身份/地位/職級…} 高

위의 예시 (171)에서, '높다/高'는 '신분/身份', '지위/地位', '직급/職級' 등의 단어와 함께 사용되어 사람의 사회적 권력이나 지위가 높다는 의미가 된다. '높다'는 또한 다음과 같은 추상적 단어와 함께 사용될 수 있다.

 (172) a. 높은 {권력/세력/권세…}
    b. * {權力/勢力/權勢…} 高

위의 (172a)에서 '높다'는 '권력', '세력', '권세' 등의 단어와 함께 사용되어, 권력의 강함을 의미한다. 그러나 중국어에서 '高' 대신 '大(크다)'라는 단어가 '權力(권력)', '勢力(세력)', '權勢(권세)'를 수식하여 권력의 강함을 지칭하는 것이 자연스럽다.

높이 개념이 권력 영역으로 확장되는 원인은 문화적 요인 및 신체적 경험과 밀접한 관계가 있다. 일반적으로 권력이나 영향력이 큰 사람이 상대적으로 높은 위치에 있고, 권력이나 영향력이 작은 사람은 상대적으로 낮은 위치에 있다고 인식한다(Semino & Demjén, 2017:137). 예를 들어, 고대 봉건왕조에서 권력을 쥐고 있던 황제는 높은 자리에서 아래에 있는 신하들과 정책을 논의했다(蘭純, 1999:12). 또한, 현대 회사에서 높은 층에서 근무하는 사람은 일반적으로 더 큰 권력을 가진 고위직 간부이며, 낮은 층에서 일하는 사람은 권력이 상대적으로 낮고 지위 또한 낮은 직원들이다. 이 외에, 전투에서 힘이 더 센 사람은 승리하며 위로 일어서는 반면, 희생자는 아래에 쓰러져 있다(Taylor, 1989:138). 이러한 문화적 측면이나 신체적 경험을 바탕으로 [힘이 강한 것은 위이다], [힘이 약한 것은 아래이다]라는 지향적 은유가 형성된다. 그러므로 권력이 강한 것은 '높다/高'를 통해 개념화하게 된다.

'높다/高'는 모두 청각 영역으로의 확장이 이루어지지만, '高'가 '높다'보다는 청각 영역에서의 사용이 제한적임을 알 수 있다.

(173) a. 높은 {음/소리/외침…}
　　　 b. 高 {音/聲/喊…}

위의 예시 (173)에서 '높은 음/高音', '높은 소리/高聲', '높은 외침/高喊'이라는 표현은 소리의 음높이가 높다는 의미를 나타낸다. 한국어에서 '높다'는 '음', '소리', '외침' 등의 단어와 함께 사용될 뿐만 아니라 다음과 같은 단어들과도 함께 사용될 수 있다.

 (174) a. 그녀들의 <u>높은 웃음 소리</u>가 들렸다.
   b. 마을의 끝에서 개 한 마리가 가늘고 <u>높은 울음</u>을 길게 뽑아냈다.
   c. 점점 <u>높은 신음 소리</u>를 내면서 주먹을 부르르 떨고 있었다.

 위의 예시 (174)를 보면, 한국어에서 '높다'는 '웃음소리', '울음소리', '신음소리'의 음높이가 상대적으로 높다는 의미를 나타낸다. 반면 중국어에서는 '高' 대신 '大(크다)'가 '笑聲(웃음소리)', '哭聲(울음소리)', '呻吟聲(신음소리)'이라는 단어와 함께 사용되는 것이 더 자연스럽다.
 높이 개념이 청각 영역으로 확장되는 원인을 물리학적인 현상이나 신체적 경험을 통해 설명할 수 있다. 물리학적인 관점에서 소리의 높이는 '음고(音高)'를 나타내는데 음고(音高)는 또한, '주파수(周波數)'와 밀접한 관계가 있다. 즉, 높은 주파수는 높은 '음고(音高)', 낮은 주파수는 낮은 '음고(音高)'를 유발한다(장가영, 2014:63). 또한, 소리의 높이는 신체적 경험과 관련이 있다. 사람이 '고음(高音)'을 낼 때 목을 길게 빼거나 턱을 들고 팔을 올리는 등 위 방향과 관련된 신체적 행동을 하며, '저음(低音)'을 낼 때는 턱을 목 쪽으로 당기거나 팔을 아래로 내리는 아래 방향과 관련된 신체적 동작을 한다(임혜원, 2003: 222). 이러한 물리학적인 현상이나 신체적 반응을 바탕으로 소리의 음높이가 높다는 것은 '높다/高'로 개념화된다.
 한국어에서 '높다'는 감정을 나타내는 어휘와 결합함으로써 감정의 강도나 고조된 상태를 나타낸다. 반면, 중국어의 '高'는 이러한 감정 영역으로의 의미 확장을 보이지 않는다.

 (175) a. 높은 {행복/사랑/분노…}

b. * {幸福/愛/憤怒…} 高

　위의 예시 (175a)를 보면, 한국어에서 '높다'는 '행복', '사랑', '분노' 등의 감정이 상대적으로 강렬하다는 의미를 가리킨다. 감정의 강도가 어느 정도 강한지를 수치로 표현할 수 있으며 그 수치를 다시 물리적 높이로 표현할 수 있기 때문에, 강렬한 감정을 '높다'를 통해 개념화한다. 또한, '높은 행복', '높은 사랑', '높은 분노'라는 표현은 실제로는 '행복의 강도', '사랑의 강도', '분노의 강도'가 높다는 것을 의미한다. 이는 전체 개념인 '행복', '사랑', '분노'를 그 개념들의 일부분인 '강도'를 통해 이해하는 방식으로, 환유를 통해 이루어진 것이다. 중국어에서는 '高' 대신 '大'가 '幸福(행복)', '愛(사랑)', '憤怒(분노)' 등과 결합하여 감정의 강렬한 정도를 나타낸다는 것에 '높다'와 차이를 보였다.

　차원 형용사 '높다/高'의 기본의미와 확장의미의 공통점과 차이점을 정리해 보면 다음 <표 35>와 같다.

<표 35> '높다/高'의 기본의미와 확장의미[10]

의미			결합어	높다	高
기본 의미	상향	길이	산/山, 굴뚝/烟囱, 집/房子…	+	+
			个子	-	+
		거리	구름/云, 천장/天花板, 지붕/屋頂…	+	+
확장 의미	분량	수치	점수/分數, 숫자/數字, 성적/成績 도수/度數, 수압/水壓, 기압/气壓…	+	+
		비율	시청률/收視率, 득표율/得票率, 사망률/死亡率…	+	+
		정도	신뢰도/信賴度, 완성도/完成度, 만족도/滿意度…	+	+

평가	질이나 수준	생활 수준/生活水平, 교육 수준/教育水准, 질/質量…	+	+
	성품	인품/人品, 품격/品德, 인격/人格…	+	+
		악명	+	-
	권력	지위/地位, 등급/等級, 직급/職級…	+	+
		권력, 세력, 권세…	+	-
	능력	학식/學識, 능력/能力, 지식/知識…	+	+
감각	청각	음/音, 소리/聲, 외침/喊…	+	+
		웃음소리, 울음소리, 신음소리…	+	-
	감정	행복, 사랑, 분노…	+	-

위의 <표 35>를 살펴보면, '높다/高'는 '대상물의 수직 상향 길이가 길다'는 의미와 '대상물의 수직 상향 거리가 멀다'는 의미를 나타낸다. 확장의미를 살펴보면, '높다/高'는 수치, 비율, 정도 등과 관련된 어휘와 함께 사용되어 물리적 높이 개념이 분량 영역으로 확장된다. 또한, 이들은 질이나 수준, 성품, 권력, 능력 등과 관련된 단어와 함께 사용되어 물리적 높이 개념이 평가 영역으로 확장된다. 그리고 '높다/高'는 청각 영역으로의 확장이 모두 이루어지지만, '높다'는 '高'보다 더 광범위하게 사용된다. 이외에도 '높다'는 감정과 관련된 어휘와 함께 사용될 수 있지만, '高'는 감정 영역으로의 확장이 보이지 않는다.

---

10 <표 35>의 기호 '+'는 '높다/高'가 해당 의미 영역에서 자연스럽게 사용되며 실제 어휘 결합에서도 빈번히 나타나는 경향이 있음을 나타낸다. 반면 '-'는 해당 의미나 문맥에서 일반적으로 사용되지 않음을 의미한다.

5.2.2. '낮다/低'의 의미 대응 양상

1) 공통점

차원 형용사 '낮다/低'는 물리적 대상물의 수직 상향 길이가 짧다는 의미를 나타낸다.

(176) a. {산/굴뚝/집…}이 낮다
 b. 低 {山/烟囱/房子…}

위의 예시 (176)에서, '낮다/低'는 '산/山'이라는 단어와 결합하여 산의 밑에서부터 꼭대기까지의 높이가 상대적으로 낮다는 의미를 가리킨다. 또한, '낮다/低'는 '굴뚝/烟囱'이라는 단어와 함께 쓰여, 굴뚝의 높이가 개념화자의 심리적 기준에 미치지 못한다는 뜻으로 나타난다. 그리고 '낮다/低'는 '집/房子'와 함께 쓰여, 땅부터 집의 지붕까지의 높이가 일반적인 기준을 초과하지 않다는 의미를 나타낸다. '낮다/低'의 이러한 물리적 개념을 도식으로 나타내면 다음 <그림 13>과 같다.

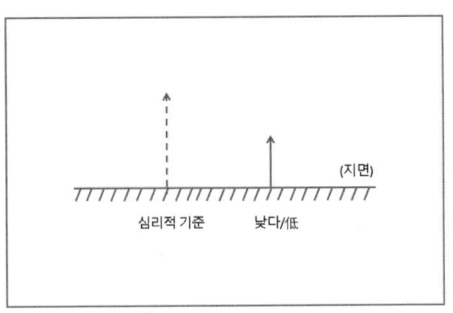

<그림 13> '낮다/低'의 도식 1

위의 <그림 13>에서 알 수 있듯이, 물리적 대상물의 아래로부터 가장 위까지의 높이가 개념화자의 심리적 기준에 미치지 못하면 '낮다/低'라고 인식하게 된다. '산'이나 '굴뚝', '집' 등과 같이 '낮다/低'와 함께 사용되는 대상물은 일정한 길이를 가진 대상물이어야 한다. 또한, 차원 형용사 '낮다/低'는 대상의 상향 길이를 측정할 때, 고유성, 방향적 제한, 그리고 땅이라는 기준점이 존재한다는 특징을 갖는다.

차원 형용사 '낮다/低'는 대상물의 수직 상향 거리가 가깝다는 의미를 나타낸다.

(177) a. 낮은 {구름/천장/지붕…}
　　　 b. {云/天花板/屋頂…} 低

위의 예시 (177)에서, '낮다/低'는 '구름/云'이라는 단어와 함께 사용되어 지표면에서 구름까지의 거리가 상대적으로 낮다는 것을 의미한다. 또한, '낮다/低'는 '천장/天花板'이라는 단어와 결합하여 건물 내부의 천장의 높이가 보통 정도보다 낮다는 의미가 된다. 그리고 '낮다/低'는 '지붕/屋頂'과 함께 쓰여 지붕이 상대적으로 지면과 가까이 위치하고 있다는 의미를 나타낸다. 이러한 의미를 도식으로 보면 다음 <그림 14>와 같다.

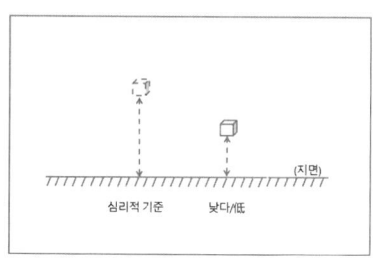

<그림 14> '낮다/低'의 도식 2

위의 <그림 14>를 보면, 지면으로부터 해당 대상물이 위치하는 지점까지의 거리가 일반적인 기준에 미치지 못하면 '낮다/低'로 인식된다. '낮다/低'는 대상물의 높이를 측정하는 경우 비고유적 특징이 나타나고, 방향 제한이 있으며, 기준점이 필요하다는 특징이 나타난다.

'낮다/低'는 대상물의 수직 상향 길이나 수직 상향 거리를 나타낼 뿐만 아니라, 대상물의 수직 하향 거리를 나타내기도 한다.

(178) a. 낮은 {골짜기/구덩이…}
　　　 b. 低 {谷/坑…}

위의 예시 (178)를 통해 알 수 있듯이, '낮다/低'는 '골짜기/谷', '구덩이/坑' 등의 단어와 함께 사용되어 해당 지역이 주변 지역보다 지형의 높이가 상대적으로 낮다는 의미를 나타낸다. 이러한 의미를 도식으로 보면 다음 <그림 15>와 같다.

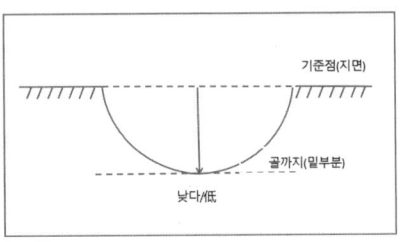

<그림 15> '낮다/低'의 도식 3

위 <그림 15>에서, '낮다/低'는 지평면 아래의 거리, 즉 지면(地面)으로부터 땅속까지의 어떤 대상의 수직 하향 거리를 의미한다. '낮다/低'는 '골짜기', '구덩이' 등 대상물 자체의 높낮이를 나타내는 것이 아니라 두 지점 사이의

비물리적 거리를 나타내는 것이므로 비고유적 특징이 나타난다. 또한, '낮다/低'는 이러한 의미를 나타낼 때 방향 제약이 있으며, 지면(地面)이라는 기준점이 필요하다는 특징이 나타난다. '높다/高'는 이러한 의미가 없어 '낮다/低'와 차이가 나타난다.

'낮다/低'는 수치나 숫자를 나타내는 어휘와 결합함으로써, 물리적 높이 개념이 수량이나 정도를 나타내는 추상 영역으로 의미가 확장된다.

(179) a. 낮은 {점수/숫자/성적…}
b. {分數/數字/成績…} 低

예시 (179)에서 '낮다/低'는 '점수/分數', '숫자/數字', '성적/成績' 등의 어휘와 결합하여, 해당 수치나 수량이 상대적으로 적거나 미치지 못함을 의미한다. 일반적으로 양이 많을수록 해당 대상이 물리적 공간에서 더 위쪽에 위치한다고 인식되며, 반대로 양이 적을수록 더 아래쪽에 존재한다고 인식하는 경향이 있다. 인지의미론의 관점에서 이는 [적음은 아래이다]라는 인지 기제를 통해 수치나 숫자가 작다는 것은 '낮다/低'를 통해 개념화한 것이다.

차원 형용사 '낮다/低'는 기계로 숫자를 측정할 수 있는 추상적 어휘와 함께 사용되어 의미가 확장되기도 한다.

(180) a. 낮은 {도수/수압/기압…}
b. {度數/水壓/气壓…} 低

예시 (180)에서, '낮다/低'는 숫자나 수치가 상대적으로 작다는 의미를 나타낸다. 중국어에서 '度數(도수)'와 '水壓(수압)', '气壓(기압)'은 '低'뿐만 아니라 '小'와도 함께 사용될 수 있다. 한국어에서 '수압'과 '기압'은 '낮다', '작다'와 함께 사용될 수 있지만, '도수'는 '낮다'와만 함께 사용되며, '작다'와 함께 사용되지 않는다. '낮다/低'가 '도수', '수압', '기압' 등의 추상적 대상과 함께 사용되는 것은 일상 경험을 통해 설명할 수 있다. 이는 술의 도수나 수압, 기압 등이 상승하면 측정기의 눈금이 위로 올라가기 때문이다. 반면에 술의 도수나 수압, 기압이 하강하면 측정기의 눈금이 아래로 내려간다. 이러한 경험을 바탕으로 술의 알코올 함량 정도나 수압 또는 기압의 강도를 '낮다/低'를 통해 개념화한다.

'낮다/低'는 비율을 나타내는 어휘와 함께 사용되어 추상적 의미가 확장되기도 한다.

(181) a. 낮은 {시청률/득표율/사망률…}
b. {收視率/得票率/死亡率…} 低

위의 예시 (181)에서 '낮다/低'는 '시청률/收視率', '득표율/得票率', '사망률/死亡率'이 상대적으로 적은 비중을 차지하고 있음을 의미한다. 이는 부분(수치)으로 전체(시청률, 득표율, 사망률)를 대신 지시하는 환유적 인지 기제를 통해 의미를 개념화하는 것이다.

'낮다/低'는 정도를 나타내는 단어와 함께 사용되어 의미가 분량 영역으로 확장되기도 한다.

(182) a. 낮은 {신뢰도/완성도/만족도…}
b. {信賴度/完成度/滿意度…} 低

위의 예시 (182)를 보면, '낮다/低'는 '신뢰도/信賴度', '완성도/完成度', '만족도/滿意度' 등 정도와 관련 있는 단어와 함께 사용되어 어떤 특성이나 속성이 작거나 약한 정도를 의미한다. 수치화된 측정값을 통해 신뢰도, 완성도, 만족도 등의 추상적 개념을 이해하는 것은 부분(수치)을 통해 전체(신뢰도, 완성도, 만족도)를 이해하는 환유적 표현이다.

'낮다/低'는 '생활 수준/生活水平', '교육 수준/教育水准', '질/質量'이라는 단어와 함께 사용되어 은유적 의미를 나타낸다.

  (183) a. 낮은 {생활 수준/교육 수준/질…}
     b. {生活水平/教育水准/質量} 低

위의 예시 (183)의 '낮다/低'는 질이나 수준과 관련된 단어와 함께 사용되어 제품이나 서비스의 수준이 좋지 않다는 것을 의미한다. '낮은 생활 수준/生活水平低', '낮은 교육 수준/教育水准低', '낮은 질/質量低'라는 표현은 인지의미론적 관점에서 [나쁨은 아래이다]라는 지향적 은유를 통해 개념화된다. 이는 우리의 물리적 경험에서 비롯된 것으로 보인다. 일반적으로 '위'는 긍정적인 개념과 연결되며, '아래'는 부정적인 개념과 연결된다. '낮다/低'는 물리적 높이에서 아래에 있는 것을 의미하며, 은유적으로는 부정적인 뜻으로 사용될 수 있다. 따라서 질이나 수준이 좋지 않다는 추상적 개념을 이해하는 데 '낮다/低'가 사용되는 것이다.

'낮다/低'는 '학식', '능력', '지식' 등의 단어와 결합하여 수준이 부족하거나 미흡하다는 추상적 의미를 나타낸다.

  (184) a. 낮은 {학식/능력/지식…}
     b. {學識/能力/知識…} 低

위의 예시 (184)에서 보듯이, '낮다/低'는 '학식(學識)', '능력(能力)', '지식

(知識)' 등의 단어와 결합하여 해당 대상의 수준이 부족하거나 열등하다는 의미를 나타낸다.

이러한 표현은 개념 은유 [나쁨은 아래이다]에 기반한 지향성 은유의 일례로, 물리적 공간 개념인 '높이/낮이'가 평가나 가치 판단이라는 추상적 개념 영역으로 확장된 것이다. 인간은 일상적인 신체적 경험을 통해 '위'는 긍정적이고 강하며 바람직한 것으로, '아래'는 부정적이고 약하며 바람직하지 않은 것으로 인식하게 된다. 예컨대 '높은 점수', '높은 수준' 등은 긍정적인 평가를 반영하며, 반대로 '낮은 성적', '낮은 지위', '낮은 능력' 등은 부정적인 평가를 암시한다. 이러한 인식은 인간이 중력의 영향을 받는 물리적 환경에서 '위'를 도달하기 어렵고 가치 있는 영역으로, '아래'를 상대적으로 열등하고 쉽게 도달 가능한 영역으로 지각하는 인지적 체험에 기반한다. 이러한 경험은 언어 속에서 개념화되어 '낮다/低'라는 표현을 통해 평가의 영역에서 부정적 의미를 나타내는 것으로 사용된다.

'낮다/低'는 품성이나 성격과 관련된 단어와 함께 사용되어 은유적 의미를 나타낸다.

  (185) a. {인품/품격/인격…}이 낮다
     b. {人品/品德/人格…} 低

위의 예시 (185)를 보면, '낮다/低'는 '인품/人品', '품격/品德', '인격/人格' 등의 단어와 함께 사용되어 인품이나 덕이 나쁘다는 의미를 나타낸다. '낮다/低'가 성격이나 품성과 관련된 단어와 함께 사용되는 원인은 신체적 경험을 통해 설명할 수 있다. 영화나 소설 작품에서는 일반적으로 선하고 긍정적인 인물이 종종 머리를 높이 들고 등을 펴며, 가슴을 펴고, 자신감 있게 걸어가는 모습을 보인다(沈莹, 2011:28). 반면에 악하고 부정적인 인물은 종종 머리를 숙이고 등을 구부리며, 얼굴이 아래로 향하는 등 하향(下向)적인 신체적 특징을 갖고 있다. 이러한 신체적 경험을 토대로 사람의 품성이나 인품이 좋지 않을 때에는 '낮다/低'를 통해 개념화된다.

2) 차이점

차원 형용사 '낮다'와 '低'는 사람의 '신장(身長)'을 지칭할 때 세밀한 차이가 나타난다.

(186) a. * 키가 낮다.
b. 我个子低. (저는 키가 작습니다.)

위의 예시 (186)에서 보이듯이, 사람의 신장(身長)을 지칭할 때, 한국어에서는 1차원 형용사 '낮다'가 아닌 3차원 형용사 '작다'를 사용한다. 반면에 중국어로는 1차원 형용사 '低'나 3차원 형용사 '小'로 사람의 신장(身長)을 지칭한다. 그리고 중국어에서 '低'로 사람의 신장(身長)을 지칭하는 표현을 볼 수는 있지만, 일상생활에서는 '矮(낮다)'로 키가 작다는 의미를 나타내는 것이 더 자연스럽다.

중국어에서 '대상물의 수직 하향 거리'라는 '低'의 물리적 개념이 더 추상화되어 '대상이 어떤 처지에 빠져 있다'라는 추상적 의미를 나타내기도 한다. 한국어 '낮다'는 이러한 추상적 의미가 없어 차이가 나타난다.

(187) a. * 중국 축구는 지금 낮은 골짜기에 빠져 있다.
b. 中國足球正處于低谷. (중국 축구는 지금 침체기에 빠져 있다.)
c. * 경제는 여전히 낮은 바닥에 있습니다.
d. 經濟仍然在低谷徘徊. (경제는 여전히 침체기에 있습니다.)

e. * 부동산이 낮은 구덩이에 빠졌습니다.

f. 房地産跌入低谷. (부동산이 침체 상태에 빠졌습니다.)

위의 예시 (187)을 보면, 중국어에서 '低'는 물리적 대상의 수직 하향 거리를 의미할 뿐만 아니라, 그 의미가 확장되어 '해당 대상이 좋지 않거나 곤란한 상황에 처해 있다'는 추상적 개념을 나타내기도 한다. 반면 한국어에서 '낮은 골짜기', '낮은 바닥', '낮은 구덩이' 등의 표현은 주로 물리적인 수직 하향 거리를 지칭하는 데 사용된다. '사람이나 집단이 어떤 상태나 처지에 빠져 있다'는 개념은 '낮은 골짜기'나 '낮은 바닥', '낮은 구덩이'라는 표현으로 지칭하는 것이 아니라 '침체기에 빠져 있다'와 같은 관용 표현을 통해 드러난다.

'낮다'와 '低'의 권력 영역으로의 의미 확장 양상을 비교하면 '低'가 '낮다' 보다 제한적이다. 다음의 예시를 보자.

(188) a. 낮은 {신분/지위/직급…}

b. {身份/地位/職級…} 低

예시 (188)에서 볼 수 있듯이, '낮다/低'는 '신분/身份', '지위/地位', '직급/職級'과 같은 어휘와 결합하여 개인의 사회적 권력이나 지위가 상대적으로 낮거나 약하다는 의미를 나타낸다. 인지의미론의 관점에서, 이러한 표현은 [힘이 강한 것은 위이고, 힘이 약한 것은 아래이다]라는 지향적 은유를 통해 은유적 의미를 개념화한 것이다.

한국어에서 차원 형용사 '낮다'는 '신분', '지위', '직급'이라는 단어와 함께 사용될 수 있을 뿐만 아니라 '권력'이나 '세력', '권세' 등의 추상적인 단어와 함께 사용될 수 있다.

(189) a. 낮은 {권력/세력/권세…}
　　　 b. * {權力/勢力/權勢…} 低

　예시 (189a)에서 보듯이, 한국어 차원 형용사 '낮다'는 '권력', '세력', 그리고 '권세'등의 어휘와 결합하여 권력이 상대적으로 약하다는 의미가 된다. 반면, 중국어에서 '低'는 이러한 어휘를 직접 수식하는 경우는 자연스럽지 않으며, 일반적으로 '小(작다)'가 '權力(권력)', '勢力(세력)', '權勢(권세)' 등의 단어와 함께 사용되어 권력의 약함을 표현하는 것이 더 자연스럽다.
　차원 형용사 '낮다/低'는 공통적으로 청각 영역으로 의미가 확장되지만, '低'는 한국어의 '낮다'에 비해 청각 영역에서의 용법이 상대적으로 제한적이다. 이에 대한 구체적인 예시는 다음과 같다.

(190) a. 낮은 {음/소리/외침…}
　　　 b. 低 {音/聲/喊…}

　예시 (190)에서 보이듯이, 차원 형용사 '낮다/低'는 '음/音', '소리/聲', '외침/喊'과 같은 추상적인 어휘와 결합하여 소리의 높낮이, 즉 음의 높이가 상대적으로 낮다는 의미로 사용된다. 이 외에도 한국어에서는 '낮다'가 다양한 소리와 관련된 어휘들과 결합하여 사용될 수 있다.

(191) a. <u>낮은 웃음 소리</u>가 날아다녔다.
　　　 b. <u>낮은 울음 소리</u>를 낸다.
　　　 c. 어디선가 <u>낮은 신음 소리</u>가 들리고 있었다.

　예시 (191)를 보면, 한국어에서 차원 형용사 '낮다'는 '웃음소리', '울음소리', '신음소리'와 결합하여, 소리의 음높이가 상대적으로 낮다는 의미가 된다. 반면 중국어에서 '低' 대신 '小(작다)'가 '笑聲(웃음소리)', '哭聲(울음소리)', '呻吟聲(신음소리)'이라는 단어와 결합하여 소리의 음높이가 낮다는 의미를 가리킨다.

차원 형용사 '낮다/低'의 기본의미와 확장의미의 공통점과 차이점을 정리해 보면 다음 <표 36>과 같다.

<표 36> '낮다/低'의 기본의미와 확장의미[11]

의미			결합어	낮다	低
기본 의미	상향	길이	산/山, 굴뚝/烟囱, 집/房子…	+	+
			个子	-	+
		거리	구름/云, 천장/天花板, 지붕/屋頂…	+	+
	하향 거리		골짜기/谷, 구덩이/坑…	+	+
확장 의미	분량	수치	점수/分數, 숫자/數字, 성적/成績…	+	+
			도수/度數, 수압/水壓, 기압/气壓…	+	+
		비율	시청률/收視率, 득표율/得票率, 사망률/死亡率…	+	+
		정도	신뢰도/信賴度, 완성도/完成度, 만족도/滿意度…	+	+
	평가	질이나 수준	생활 수준/生活水平, 교육 수준/教育水准, 질/質量…	+	+
		성품	인품/人品, 품격/品德, 인격/人格…	+	+
		권력	지위/地位, 등급/等級, 직급/職級…	+	+
			권력, 세력, 권세…	+	-
		능력	학식/學識, 능력/能力, 지식/知識…	+	+
	감각	청각	음/音, 소리/聲, 외침/喊…	+	+
			웃음소리, 울음소리, 신음소리…	+	-

11　<표 36>에 나타난 '+'는 '낮다/低'가 해당 의미 범주에서 실제 사용 가능하며, 의미적 결합이 자연스럽게 이루어짐을 의미한다. 반대로 '-'는 '낮다/低'가 해당 문맥이나 의미 영역에서 일반적으로 쓰이지 않거나 결합이 어색한 경우를 나타낸다.

위의 <표 36>을 보면, '낮다/低'는 '대상물의 수직 상향 길이가 짧다'는 의미와 '대상물의 수직 상향 거리가 가깝다'는 물리적 개념을 나타낸다. 또한 '낮은 골짜기/低谷', '낮은 구덩이/低坑' 등의 표현에서 볼 수 있듯이 '낮다/低'는 대상물의 수직 하향 거리를 나타낼 수 있지만,『표준국어대사전』과『現代漢語詞典』에는 이러한 의미 항목이 수록되어 있지 않다. 확장의미를 살펴보면, '낮다/低'는 분량 영역으로 확장되는 양상을 보인다. 또한, 이들은 질이나 수준, 성품, 권력, 능력 등과 관련된 단어와 함께 사용되어 기본의미가 평가 영역으로도 확장된다. 그리고 '낮다/低'는 청각 영역으로 확장되기도 하는데, '낮다'가 '低'보다 더 광범위하게 사용된다.

5.3. '깊다/深' 및 '얕다/淺'의 의미 대응 양상

5.3.1. '깊다/深'의 의미 대응 양상

1) 공통점

차원 형용사 '깊다/深'은 액체의 수직 하향 길이가 길다는 물리적 의미를 나타낸다.

  (192) a. 깊은 {강물/바닷물/호수…}
     b. {河水/海水/湖水…} 深

예시 (192)에서 '깊다/深'은 '강물/河水', '바닷물/海水', '호수/湖水' 등과 결합하여 액체의 수직 하향 길이가 상대적으로 길다는 물리적 의미를 나타낸다. 이러한 의미를 도식으로 나타내면 다음 <그림 16>과 같다.

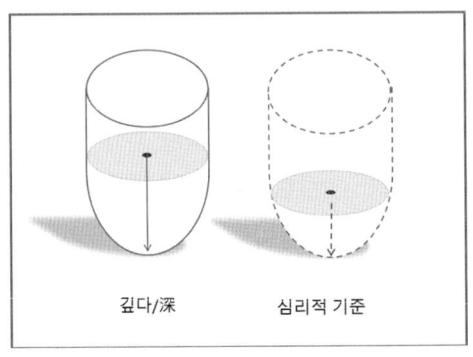

<그림 16> '깊다/深'의 도식 1

<그림 16>에서 나타나듯이, 액체의 수직 하향 깊이가 개념화자의 심리적 기준을 넘어섰을 때 '깊다/深'을 통해 인식하게 된다. 깊이가 적용되는 물체는 표면과 내부 치수를 가진 용기로 간주될 수 있어야 한다(Clark, 1973:39). 액체는 고정된 형태가 없지만, 액체 상태의 물이 용기에 담긴 후엔 일정한 형태와 경계를 갖춘 사물로 보일 수 있으므로, 강물이나 호수 등의 액체는 하향 깊이를 측정할 수 있는 물질로 보이게 된다. 또한, '깊다/深'은 액체의 깊이를 나타낼 때 고유성의 특징이 나타나고, 방향 제한이 있으며, 수평면(水平面)이라는 기준점이 필요하다.

차원 형용사 '깊다/深'은 물리적 대상의 수직 하향 거리를 지시하는 의미로도 사용된다.

(193) a. 깊은 {그릇/구덩이/우물…}
   b. 深 {碗/坑/井…}

위의 예시 (193)에서, '깊다/深'은 '그릇/碗', '구덩이/坑', '우물/井'의 입구에서 바닥까지의 수직 하향 거리가 보통 정도를 넘어선다는 의미를 나타낸다. 이러한 의미를 도식을 통해 보면 다음 <그림 17>과 같다.

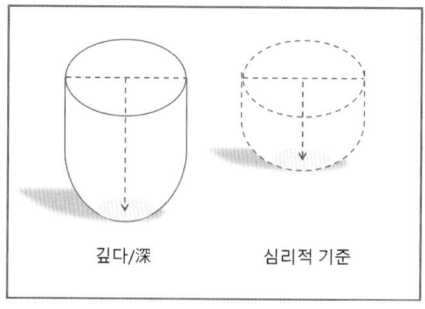

<그림 17> '깊다/深'의 도식 2

위의 <그림 17>에서, 용기의 가장자리로부터 바닥까지의 깊이가 개념화자의 심리적 기준을 초과하면 '깊다/深'이라고 인식하게 된다. '그릇', '구덩이', '우물' 등의 깊이는 해당 대상물 자체의 깊이가 아니기 때문에 비고유적 특징이 나타난다. 또한, '깊다/深'은 해당 대상물의 깊이를 측정할 때 방향 제약이 있으며, 기준점이 필요하다는 특징이 있다.

'깊다/深'은 '골/谷', '수렁/淵' 등의 단어와 함께 사용되어 '수직 하향 깊이'라는 물리적 의미를 나타내는 것 외에도, 이러한 의미가 더 추상화되어 '해당 대상이 어떤 측면으로 나쁘거나 어려운 상황 등의 상태에 빠져 있다'라는 은유적인 의미를 나타내기도 한다. 다음 예시를 통해 이를 살펴보자.

(194) a. 경기는 침체의 <u>깊은 골</u>에 빠져 들었다.
　　　b. 經濟跌入<u>深谷</u>. (경제는 깊은 골에 빠져 들었다.)
　　　c. 러시아는 더 <u>깊은 수렁</u>에 빠져들었다.
　　　d. 國家墜入<u>深淵</u>. (나라가 깊은 수렁으로 떨어졌다.)

e. 은정은 온몸이 <u>깊은 골짜기</u>에 빠진 것처럼 노곤해진다.

f. 人們跌入悲痛的<u>深谷</u>. (사람들은 슬픔의 깊은 골짜기로 떨어졌다.)

예시 (194a)와 예시 (194b)는 경제가 심각한 침체 상태에 있다는 의미가 된다. 또한, 예시 (194c)와 예시 (194d)는 나라가 매우 복잡한 문제나 심각한 어려움에 빠져 있으며, 그 상황에서 벗어나기가 어렵다는 뜻으로 나타난다. 그리고 예시 (194e)와 예시 (194f)는 사람의 몸이나 감정이 어떤 나쁜 상태에 처해 있다는 것을 의미한다. 따라서 '깊은 골/深谷', '깊은 수렁/深淵', '깊은 골짜기/深谷'라는 표현은 원래 골이나 수렁, 골짜기 등 대상의 수직 하향 거리를 의미한다. 그러나 위와 같은 문맥에서는 의미가 더 추상화되어 '해당 대상이 어려운 상황이나 상태에 빠져 있다'라는 은유적인 의미를 나타낸다. 이러한 추상적 의미를 나타내는 이유로는 우선 '깊다/深'이 '얕다/淺'보다는 물리적 대상물의 하향 거리를 더욱 길게 나타내기 때문이며 정도가 더욱 깊다는 의미를 내포하고 있다. 또한, 바다나 호수가 깊어질수록 물의 색깔이 점점 어두워지고 아무것도 보이지 않는 상태가 될 수 있다. 일반적으로 사람들은 어두운 곳보다 햇빛이 비치는 곳에서 더 안정감을 느낀다(Geeraerts & Cuyckens, 2007:193). 그러므로 깊이와 색깔 사이의 감정적인 연상을 통해, '깊다'와 '深'은 어둡고 좋지 않은 상황을 나타내는데 사용될 수 있다. 따라서 사람이나 집단 등 대상이 어떤 어려운 상황이나 좋지 않다는 상황에 깊이 빠져 있는 의미를 강조하는 경우, '깊다/深'을 통해 개념화할 수 있다.

'깊다/深'은 대상물의 수평 내향 거리를 나타낸다. 관련된 예시는 다음과 같다.

(195) a. 깊은 {동굴/골목/숲…}

b. {洞/巷子/林子…} 深

위의 예시 (195)에서 보이듯이, '깊다/深'은 '동굴/洞', '골목/巷子', '숲/林子' 등 대상의 입구로부터 속까지의 수평 내향 거리를 나타낸다. 도식을 통해 살펴보면 다음 <그림 18>과 같다.

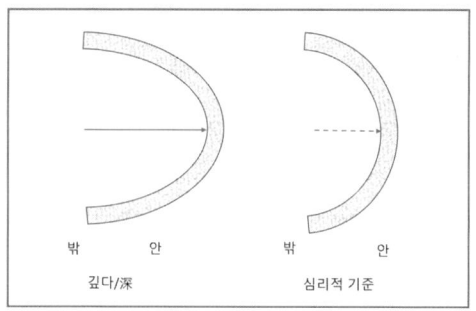

<그림 18> '깊다/深'의 도식 3

위의 <그림 18>에서 보이듯이, '동굴'이나 '골목', '숲' 등 대상의 밖에서부터 속까지의 수평 내향 거리가 개념화자의 심리적 기준을 초과했을 때 '깊다/深'으로 인식된다. '깊다/深'은 이러한 대상물들의 깊이를 측정할 때, 비고유적 특징이 나타나고, 방향 제한이 드러나며, 기준점이 필요하다는 특징이 나타나기도 한다.

차원 형용사 '깊다/深'은 시간을 뜻하는 어휘와 함께 사용되면 의미가 시간 영역으로 확장된다.

(196) a. 깊은 {밤/가을/겨울…}
　　　b. 深 {夜/秋/冬…}

위의 (196)에서, '깊다/深'은 '밤/夜', '가을/秋', '겨울/冬' 등의 시간 표현과 결합하여, 특정 시간대가 상당히 진행되었거나 심화된 상태임을 나타낸다. '깊다/深'이 '밤', '가을', '겨울'과 같은 추상적 시간 개념과 결합될 수 있는 이유는 일상 경험에서 기인한다. 일반적으로 바다의 깊이가 깊어질수록 물의 색은 점점 짙은 파란색이나 검은색으로 변화한다. 이와 유사하게, 밤이 깊어질수록 주변은 더 어두워지고, 가을이 깊어질수록 나뭇잎의 색이 더욱 짙어진다. 이러한 물리적 깊이와 색의 변화에 대한 경험적 연관성은 시간 개념에까지 확장되어, '밤', '가을', '겨울'과 같은 표현이 '깊다/深'과 함께 사용될 때 시간의 진행 정도나 상태의 심화를 강조하는 은유적 의미로 작용하게 된다.

차원 형용사 '깊다/深'은 감정과 관련된 어휘와 함께 사용되어 은유적 의미를 나타낸다.

  (197) a. 깊은 {사랑/원망/분노…}
     b. 深 {愛/怨/怒…}

예시 (197)에서 '깊다/深'는 '사랑/愛', '원망/怨', '분노/怒' 등 긍정적이거나 부정적인 감정 어휘와 결합하여, 화자가 특정 감정 상태에 깊이 몰입해 있음을 나타낸다. 이러한 감정 영역으로의 확장은 일상적 경험에 바탕을 둔 개념적 은유에 의해 이루어진다. 일반적으로 깊은 바다나 우물은 내부를 들여다보거나 접근하기 어렵다. 이와 유사하게, '깊은 사랑', '깊은 원망', '깊은 분노'는 겉으로 드러나기 어려우며, 마음속 깊은 곳에 자리한 감정으로 인식된다. 즉, 물리적 깊이에 대한 경험이 감정의 강도, 복잡성, 접근 난이도와 연결되면서, 감정 개념이 '깊다/深'와 결합해 은유적으로 개념화되는 것이다.

'깊다/深'의 깊이 개념이 관계 영역으로 확장된다. 이에 대한 예시는 다음과 같다.

(198) a. 깊은 {인연/관계/친분…}
b. {緣分/關系/交情…} 深

위의 예시 (198)에서 '깊다/深'은 '인연/緣分', '관계/關系', '친분/交情' 등의 어휘와 결합하여 사람 사이의 관계가 내면적이고 친밀하다는 의미를 나타낸다. 물리적 깊이의 개념이 인연이나 관계, 친분 등과 같은 추상적 개념에 적용되는 이유는 일상 경험을 통해 설명할 수 있다. 일반적으로 깊은 곳은 표면보다 접근하기 어렵고, 더욱 신중하게 탐색해야 한다는 사람들의 보편적 경험이 있다. 이와 마찬가지로, 인연이나 관계, 친분은 단순히 표면적이거나 일시적인 관계를 맺기도 하지만, 오랜 시간과 깊은 교류를 통해 형성된 내면적이고 중요한 관계도 있다. 이러한 관계는 표면적이지 않고 깊이를 가지며, 진지하게 고려해야 할 관계이다. 이러한 경험적 유사성에 따라, 친밀한 인간 관계는 '깊다/深'라는 표현을 통해 개념화되는 것이다.

차원 형용사 '깊다'와 '深'의 물리적 개념은 능력의 영역으로도 확장이 이루어진다.

(199) a. {학문/이해/학식…}이 깊다
b. {學問/理解/學識…} 深

위의 예시 (199)에서 보이듯이, '깊다/深'은 '학문/學問', '이해/理解', '학식/學識' 등과 결합하여 어떤 영역이나 분야에 대한 인식이나 이해가 깊다는 의미를 나타낸다. '깊다/深'이 능력과 관련된 어휘와 결합되는 것은 일상적 경험에 기반한 개념적 연관성에 기인한다. 일반적으로 깊이 개념의 대표적인 지시물은 그릇에 담긴 물로, 이는 일정량의 축적이 가능하다는 특징을 지닌다(장가영, 2014:107). 학문이나 지식과 같은 추상 개념도 지속적인 학습을 통해 축적될 수 있으며, 그 양이 많아질수록 수준이 '깊어졌다'고 인식된다. 이처럼 축적과 깊이 사이의 경험적 연관성에 기반하여, 일정 수준을 초과한 지식이나 이해는 '깊다/深'이라는 표현으로 개념화된다.

2) 차이점

한국어에서 '깊다'는 자연 현상과 관련된 단어와 함께 사용되어 해당 대상물의 진한 정도를 나타낸다.

(200) a. 깊은 {안개/연기/그늘…}
   b. * 深 {霧/烟/樹蔭…}

예시 (200a)에서, '깊다'는 '안개', '연기', '그늘'이라는 단어와 함께 사용되어 대상의 밀도나 짙은 정도를 나타낸다. 반면 중국어에서는 '深'이 아닌 '濃(진하다)'이라는 단어가 '霧(안개)', '烟(연기)'을, '濃密(빽빽하다)'라는 단어가 '樹蔭(그늘)'과 결합하여 해당 대상의 짙은 정도를 나타낸다.

한국어에서 '깊다'가 '안개', '연기', '그늘'과 결합할 수 있는 이유는, 이들 대상이 공간 속을 채우며 안으로 파고드는 성질을 지니고 있기 때문이다. 화자는 짙은 안개나 연기를 마치 시야와 공간을 '깊이' 침투하는 것으로 인식하며, 그 결과 '깊다'라는 형용사를 통해 밀도와 강도를 표현하게 된다. 반면 중국어에서는 이러한 성질을 '깊음'의 차원으로 개념화하지 않고, 주로 '濃', '濃密'과 같이 밀집도와 강도를 직접 지시하는 형용사를 사용한다. 다시 말해, 한국어는 '공간의 침투와 심층화'라는 개념적 틀을 통해 감각 경험을 언어화하는 반면, 중국어는 '밀집과 농도'라는 속성에 주목하여 별도의 전용 형용사로 표현한다는 차이가 존재한다.

'깊다'와 '深'은 모두 색채 어휘와 결합할 수 있으나, '깊다'는 '深'에 비해 이러한 결합이 상대적으로 제한적이다.

(201) a. 깊은 갈색
b. 深褐色

위의 예 (201)처럼, '깊다'와 '深'은 '갈색/褐色'이라는 단어와 함께 사용되어 색채의 진한 정도를 나타낸다. 그러나 중국어에서 '深'은 다양한 색채 어휘와 자유롭게 결합할 수 있는 반면, 한국어에서 '깊다'는 이러한 단어와 함께 사용되는 것이 상대적으로 제한적이다. 다음의 예시를 보자.

(202) a. * 깊은 {파란색/녹색/회색…}
b. 深 {藍色/綠色/灰色…}

예시 (202b)에서 '深'은 '藍色(파란색)', '綠色(녹색)', '灰色(회색)' 등과 결합하여 일반적인 정도보다 색상이 더 짙다는 의미를 나타낸다. 반면 한국어에서는 색채의 진한 정도를 표현할 때 '깊다'보다는 '짙다'가 더 일반적으로 사용된다.

중국어에서 '深'이 색채와 관련된 단어와 함께 사용되는 원인은 물리학적 관점에서 물의 깊이 변화에 따라 생기는 색채의 변화를 통해 설명할 수 있다.[12] 다시 말해 해수면의 바닷물은 일반적으로 연한 파란색으로 나타난다(金美順, 2009:50). 다른 색보다 파장이 더 짧은 파란색 빛은 수심이 깊어질수록

산란이 더 잘 되고, 산란 면적이 더 넓어지므로, 수심이 깊어짐에 따라 파란색 빛은 더 진한 파란색으로 나타난다(박천식, 1999:151). 이러한 물리학적 현상을 바탕으로 짙은 색채는 '深'을 통해 인식하게 된다.

한국어에서 차원 형용사 '깊다'는 음향 관련 어휘와 결합하여 의미를 확장할 수 있다.

  (203) a. 깊은 {한숨/신음소리/기침…}
     b. * 深 {嘆息/呻吟/咳嗽…}

위의 예시 (203a)에서 '깊다'는 '한숨', '신음소리', '기침'이라는 단어와 결합하여 소리의 크기를 나타낸다. 그러나 중국어에서는 일반적으로 '深'이 아닌 '大聲(큰 소리)'라는 단어가 '嘆息(한숨)', '呻吟(신음소리)', '咳嗽(기침)'과 함께 사용되어 소리가 상대적으로 크다는 의미를 나타낸다.

한국어에서 '깊다'가 '한숨', '신음소리', '기침'과 결합할 수 있는 이유는 청각적 경험을 공간적 깊이 개념과 연결시키는 인지적 전이에 있다. 사람은 숨을 깊이 내쉴수록 소리가 더 무겁고 길게 울려 퍼지며, 이는 단순한 크기 이상의 '속으로부터 나온 울림'이라는 감각을 동반한다. 이러한 체험은 '깊다'가 소리의 강도뿐 아니라 그 내적 지속성을 함께 지시하는 표현으로 확장되는 배경이 된다. 반면 중국어에서 '深'은 주로 공간적 거리나 추상적 수준을 지시하는 데 국한되며, 소리의 크기나 강도를 표현할 때는 보다 직접적으로 '大聲'과 같은 어휘를 선호한다. 이로 인해 동일한 소리 현상에 대해 한국어는 내면적 울림을 '깊다'로 개념화하지만, 중국어는 물리적 크기를 '大聲'

---

12 색채 인식에 필요한 세 가지 조건은 빛을 반사하는 물체, 반사된 빛을 받는 물체, 그리고 반사된 빛을 접수할 수 있는 눈이다(李福印, 2008:83).

으로 지시하는 방식이 정착된 것이다.

한국어에서는 '깊다'의 깊이 개념이 후각 영역으로 확장되어 공감각적 의미 전이 양상을 나타낸다.

  (204) a. 깊은 {향/향기…}
     b. * {香/香气…} 深

예시 (204a)를 보면, 한국어에서 '깊다'는 '향', '향기' 등의 단어와 함께 사용되어 향기가 보통 정도보다 진하다는 추상적인 의미를 나타낸다. 반면에 중국어에서는 '深'이 아닌 '濃(진하다)'이라는 단어가 '香(향)', '香气(향기)'와 함께 사용되는 것이 더 자연스럽다.

한국어에서 '깊다'가 '향', '향기'와 결합할 수 있는 것은 '깊다'가 본래 공간적 심도를 표현하면서 동시에 감각적 경험의 확산성과 파급성을 개념화하는 방식으로 확장되었기 때문이다. 향기는 눈에 보이지 않으면서도 공기 속에 스며들어 점차 멀리까지 퍼져나가며 감각을 자극하는 특성이 있는데, 이러한 확산과 침투의 경험이 물리적으로 '깊은 곳에서 울려 나오는' 현상과 연결되어 '깊다'라는 형용사로 개념화된 것이다. 반면 중국어의 '深'은 주로 물리적 거리나 내적 정도를 표현하는 데 국한되어, 향기와 같은 비가시적·확산적 속성을 직접 수식하기보다는 '濃(진하다)'처럼 강도의 농도를 드러내는 형용사가 선택되는 것이 더 자연스럽다.

한국어에서 '깊다'의 깊이 개념이 미각 영역으로 확장되어 공감각적 의미 전이 양상을 나타내기도 한다.

  (205) a. 깊은 맛
     b. * 味深

위의 예시 (205a)를 보면, '깊다'는 '맛'이라는 단어와 함께 사용되어 깊이 개념이 미각 영역에 확장되며 맛이 진하다는 의미가 된다. 그러나 중국어에서는 '深'이 아닌 '濃'이라는 단어가 '味道(맛)'과 함께 사용되어 맛이 진하다는 의미를 나타낸다.

한국어에서 '깊다'는 공간적 심도를 표현하는 기본 의미에서 출발하여 개념적 은유를 통해 시간, 정서, 감각의 층위성을 표상하는 형용사로 확장되었다. 그 결과 '깊은 맛'은 단순히 강도가 강하다는 의미를 넘어 여러 층위가 겹쳐져 여운을 남기는 복합적이고 내재적인 미각 경험을 지시한다. 반면 중국어의 '深'은 의미 확장의 범위가 주로 공간에서 시간, 정도, 감정으로 한정되는 경향을 보여 미각 영역에서는 강도와 밀도를 나타내는 '濃'이 전통적으로 정착되었다. 따라서 중국어에서는 맛의 강렬함을 표현할 때 '深'보다는 '濃'을 선택하는 것이 더 적합하다.

차원 형용사 '깊다/深'의 기본의미와 확장의미의 공통점과 차이점을 정리하면 다음 <표 37>과 같다.

<표 37> '깊다/深'의 기본의미와 확장의미[13]

의미			결합어	깊다	深
기본 의미	하향	길이	강물/河水, 바닷물/海水, 호수/湖水…	+	+
		거리	그릇/碗, 구덩이/坑, 우물/井…	+	+
	수평 내향 거리		동굴/洞, 골목/巷子, 숲/林子…	+	+
확장 의미	시간		밤/夜, 가을/秋, 겨울/冬…	+	+
	감정		사랑/愛, 원망/怨, 분노/怒…	+	+
	관계		인연/緣分, 관계/關系, 친분/交情…	+	+
	능력		학문/學問, 이해/理解, 학식/學識…	+	+
	감각	시각	자연현상	안개, 연기, 그늘…	+	-
			색채	갈색/褐色	+	+
				藍色, 綠色, 灰色…	-	+
		청각		한숨, 신음소리, 기침…	+	+

| | | 후각 | 향, 향기… | + | - |
| | | 미각 | 맛 | + | - |

위의 <표 37>을 보면, '깊다/深'은 주로 '대상물의 수직 하향 길이', '대상물의 수직 하향 거리', '대상물의 수평 내향 거리'라는 의미를 나타낸다. 그러나『표준국어대사전』은 '깊다'에 '겉에서 속까지의 수평 내향 거리'라는 의미만을 수록하였고 '수직 하향 길이'나 '수직 하향 거리'라는 의미는 기재하지 않았다. '깊다/深'의 확장의미를 보면, 이들이 시간, 감정, 관계, 능력과 관련된 단어와 함께 사용되어 은유적 의미를 개념화한다는 것이 공통점으로 드러난다. 그리고 '깊다'의 의미는 시각, 청각, 후각, 미각 등의 감각 영역으로의 확장에 있어서 '深'보다 제한이 덜하다는 것을 알 수 있다.

5.3.2. '얕다/淺'의 의미 대응 양상

1) 공통점

차원 형용사 '얕다'와 '淺'은 모두 액체의 수직적 깊이가 짧다는 공간적 의미를 나타낸다.

  (206) a. 얕은 {강물/바닷물/호수…}
       b. {河水/海水/湖水…} 淺

예시 (206)에서 '얕다/淺'은 '강물/河水', '바닷물/海水', '호수/湖水' 등 액

---

13 <표 37>에 제시된 '+'는 '깊다/深'가 해당 의미 범주에서 의미적으로 잘 어울리며, 실제 언어 사용에서도 빈번하게 나타나는 용례임을 보여준다. 반면, '-'는 해당 문맥에서 일반적으로 결합되지 않거나 사용 빈도가 낮아 어색하게 여겨지는 경우를 의미한다.

체의 수직 하향 길이가 짧다는 의미를 나타낸다. 이러한 의미를 도식으로 나타내면 다음 <그림 19>와 같다.

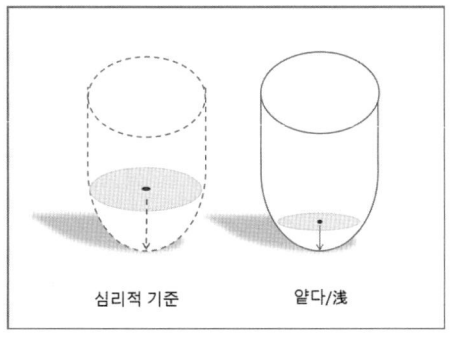

<그림 19> '얕다/淺'의 도식 1

위의 <그림 19>에서, 액체의 수직 하향 깊이가 일반적인 기준에 미치지 못하면 '얕다/淺'으로 인식된다. '강물', '바닷물', '호수'의 깊이는 해당 대상물의 물리적 특성이기 때문에 고유성을 가진다. 또한, 이 깊이를 나타낼 때 방향적 제한이 있으며, 수평면이라는 기준점이 필요하다.

차원 형용사 '얕다/淺'은 물리적 대상물의 수직 하향 거리를 나타내기도 한다. 관련된 예시를 보면 다음과 같다.

(207) a. 얕은 {그릇/구덩이/우물…}
　　　 b. 淺 {碗/坑/井…}

예시 (207)에서 한국어 '얕다'와 중국어 '淺'은 모두 물리적 대상의 수직 하향 거리, 즉 깊이가 상대적으로 짧음을 나타낸다. 우선 '얕은 그릇/淺碗'은 그릇의 깊이가 충분하지 않아 많은 양의 음식을 담기 어렵다는 점을 지시한다. '얕은 구덩이/淺坑'은 땅을 판 깊이가 깊지 않아 쉽게 드나들 수 있고, 무언가를 담거나 묻는 데 한계가 있음을 나타낸다. '얕은 우물/淺井' 역시 수직적 깊이가 부족하여 지하수가 충분히 고이지 못하거나 쉽게 고갈될 수 있다는 특성을 드러낸다. 도식을 통해 보면 다음 <그림 20>과 같다.

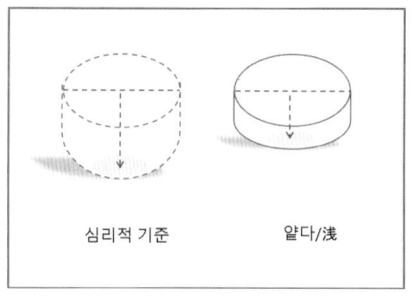

<그림 20> '얕다/淺'의 도식 2

위의 <그림 20>처럼, 용기의 가장자리로부터 바닥까지의 깊이가 일반적인 기준에 미치지 못하면 '얕다/淺'으로 인식된다. '얕다/淺'은 '그릇', '구덩이', '우물' 등과 같은 대상물의 깊이를 측정할 때 비고유적 특성, 방향적 제한, 그리고 기준점이 있다는 특징을 가진다.

차원 형용사 '얕다/淺'은 대상물의 수평 내향 거리가 가깝다는 의미를 나타낸다.

　　(208) a. 얕은 {동굴/골목/숲…}
　　　　　b. 淺 {洞/巷子/林子…}

예시 (208)에서 '얕다/淺'은 '동굴/洞', '골목/巷子', '숲/林子' 등 공간적 대상과 결합하여, 입구로부터 내부까지의 수평 내향 거리가 짧다는 의미를 나타낸다. 도식을 통해 살펴보면 다음 <그림 21>과 같다.

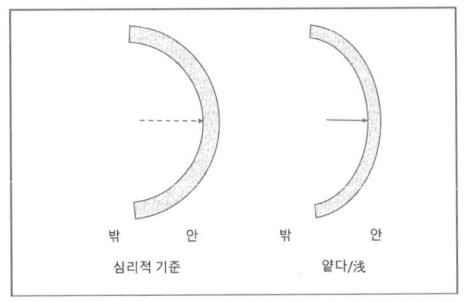

<그림 21> '얕다/淺'의 도식 3

위의 <그림 21>에서, 해당 대상의 밖에서부터 속까지의 수평 내향 거리가 일반적인 기준에 미치지 못하면 '얕다/淺'으로 인식된다. '얕다/淺'은 이러한 의미를 나타낼 때 비고유적 특징, 방향적 제한, 그리고 기준점이 필요하다는 특징이 나타난다.

'얕다/淺'은 대상물의 수직 상향 높이를 나타낸다. 이에 대한 예를 보면 다음과 같다.

   (209) a. 얕은 {구릉/모래언덕/언덕…}
      b. 淺 {丘陵/沙丘/丘…}

예시 (209)에서 한국어 '얕다'와 중국어 '淺'은 모두 물리적 차원에서의 수직적 길이가 상대적으로 짧다는 의미를 지닌다. 구체적으로 '얕은 구릉/淺丘陵', '얕은 모래언덕/淺沙丘', '얕은 언덕/淺丘'과 같은 표현은 지면으로부터의 상승 거리가 크지 않아, 산이나 고지처럼 높은 지형에 비해 낮고 완만한 형태를 드러낸다. 이러한 의미 관계는 도식으로 제시하면 다음 <그림 22>

와 같다.

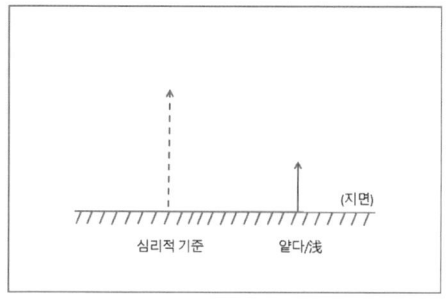

<그림 22> '얕다/淺'의 도식 4

위의 <그림 22>를 보면, 물리적 대상의 아래에서 위까지의 수직 상향 높이가 상대적으로 낮을 때 '얕다/淺'이라고 인식하게 된다. '얕다/淺'은 대상의 수직 상향 높이를 나타낼 때 고유성이 나타나고, 방향 제한이 있으며, 지면(地面)이라는 기준점이 필요하다는 특징이 나타난다.

차원 형용사 '얕다/淺'은 관계를 나타내는 단어와 결합하여 추상적 의미를 나타낸다.

   (210) a. 얕은 {인연/관계/친분…}
      b. {緣分/關系/交情…} 淺

위의 예시 (210)에서 보듯이, '얕다/淺'은 '인연/緣分', '관계/關系', '친분/交情'과 같은 추상 명사와 결합하여 인간관계의 친밀도가 낮고 표면적임을 나타낸다. '얕다/淺'의 물리적 개념이 추상적인 관계 영역으로 확장되는 것은 일상 경험을 통해 설명할 수 있다. 일반적으로 얕은 물이나 웅덩이는 깊이가 낮아 바닥이 쉽게 드러나며, 접근이 어렵지 않다는 체험적 인식이 형성되어 있다. 이와 유사하게, 내면적 연결이 부족한 관계는 쉽게 파악되고, 깊이 있는 이해를 요구하지 않는 경향이 있다. 따라서 물리적 깊이에 대한 일상적 경험이 관계의 질을 인식하는 데에 은유적으로 작용하며, '얕다/淺'은 이러한 표면적 관계를 개념화하는 데 활용된다.

차원 형용사 '얕다/淺'은 능력과 관련된 단어와 함께 사용되어 은유적 의미를 나타낸다.

(211) a. {학문/이해/학식…}이 얕다
b. {學問/理解/學識…} 淺

예시 (211)에서 보이듯, '얕다/淺'은 '학문/學問', '이해/理解', '학식/學識' 과 같은 추상 명사와 결합하여 지식이나 인식의 깊이가 부족함을 나타낸다. '얕다/淺'이 이러한 추상적 어휘와 함께 사용되는 것은 물리적 경험을 통해 설명될 수 있다. 예를 들어, 그릇에 담긴 물이 적으면 수면이 낮아 바닥이 쉽게 드러나는 것처럼, 축적된 지식이 적을수록 이해나 통찰도 피상적일 수 있다. 이러한 인식을 바탕으로, 깊이 없는 지식이나 부족한 학식을 표현할 때 '얕다/淺'이라는 차원 형용사가 은유적으로 사용된다.

2) 차이점

한국어 차원 형용사 '얕다'는 대상물의 수직 상향 거리를 나타낸다. 반면 중국어 '淺'이 가지는 물리적 개념 중에는 이와 대응되는 의미가 없다. 관련된 예시를 보면 다음과 같다.

(212) a. 얕은 {지붕/하늘/구름…}
b. * 淺 {屋頂/天/云…}

위의 예시 (212a)에서 '얕다'는 '지붕', '하늘', '구름' 등의 단어와 함께 사용되어 '대상의 수직 상향 거리가 낮다'라는 의미를 나타낸다. '얕다'의 이러한 의미를 도식으로 보면 다음 <그림 23>과 같다.

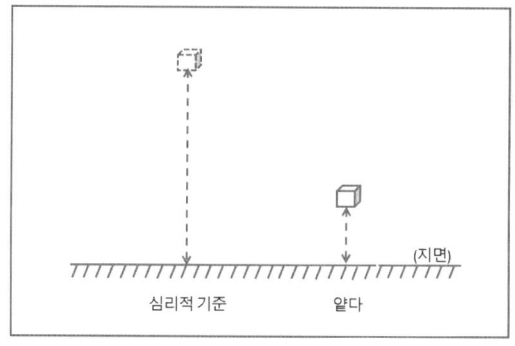

<그림 23> '얕다'의 도식

위의 <그림 23>처럼, 지면(地面)으로부터 '지붕'이나 '하늘', '구름' 등의 대상까지의 수직 상향 거리가 상대적으로 낮다면 '얕다'라고 인식할 수 있다. '얕다'는 이러한 의미를 가리킬 때 비고유적 특징, 방향 제한이 있다는 특징, 그리고 기준점이 필요하다는 특징이 있다. 중국어에서는 '淺'이 아닌 '低'가 이러한 의미를 지칭한다는 점에서 '얕다'와 차이가 있다.

한국어에서 '얕다'는 감정과 관련된 어휘와 함께 사용되어 은유적 의미를 나타낸다.

(213) a. 얕은 {사랑/원망/분노…}
    b. * 淺 {愛/怨/怒…}

위의 예시 (213a)를 보면, '얕다'는 '사랑', '원망', '분노' 등과 같은 긍정적이나 부정적인 감정을 나타내는 어휘와 함께 사용되어 사람이 어떤 감정 상태에 깊이 빠지지 않았다는 의미를 나타낸다. 그러나 중국어에서 '淺'은 이러한 단어와 결합하지 않는다. 대신 '小(작다)'라는 단어가 이런 유형의 감정 관련 단어와 함께 사용되어 어떤 감정이 일반적인 기준에 비해 강렬하지 않다는 의미를 나타낸다.

한국어에서 '얕다'는 감정과 관련된 어휘와 결합할 수 있으나 중국어에서 '淺'은 그러한 용법이 허용되지 않는 이유는 두 언어의 언어적 관습과 인지적 차이에 기인한다. 한국어에서는 감정을 주체가 빠져드는 내적 공간으로 은유화하여 그 강도를 깊음과 얕음의 차원에서 이해하는 경향이 있다. 따라서 감정이 충분히 깊지 않거나 표면적일 경우 이를 '얕다'로 표현하는 것이 자연스럽다. 반면 중국어에서는 감정을 공간적 깊이보다는 크기와 양적 범주로 개념화하는 방식이 우세하다. 이로 인해 감정의 강도를 설명할 때 '淺'보다는 '小'와 같은 형용사가 선호되며, 이는 감정을 내적 공간의 침잠 여부로 평가하는 한국어와 달리 규모와 강렬함의 정도를 상대적으로 계량화하여 서술하는 중국어의 인지적 특성을 반영한다.

한국어에서 '얕다'는 사회적 지위나 권력과 관련된 어휘와 함께 사용되어 추상적 의미를 나타낸다.

    (214) a. {지체/지위/신분…}이 얕다
           b. * {門第/地位/身份} 淺

예시 (214a)에서 보이듯이 '얕다'는 '지체', '지위', '신분'과 같은 추상 명사와 결합하여 개인의 사회적 지위나 권력이 상대적으로 낮음을 나타낸다. 본래 '얕다'는 '낮다'와 유사하게 '구릉', '모래언덕', '언덕' 등과 결합하여 대상의 수직적 높이가 낮다는 물리적 특성을 지시하였다. 이러한 물리적 개념이 추상화되면서 권력이나 사회적 위치와 같은 영역으로 확장되어 낮은 지위나 약한 권력을 표현하는 은유적 의미가 형성되었다. 그러나 중국어에서 '淺'은 이와 같은 추상 명사와 결합하지 않으며, 대신 '低'가 사회적 지위나 권력의 약함을 나타내는 용법으로 정착함으로써 한국어의 '얕다'와는 상이한 의미 확장 양상을 보여준다.

중국어에서 '淺'은 색채를 나타내는 어휘와 함께 사용되어 은유적 의미를 나타낸다.

(215) a. * 얕은 {파란색/녹색/회색…}
　　　 b. 淺 {藍色/綠色/灰色…}

위의 예시 (215b)에서 '淺'은 '藍色(파란색)', '綠色(녹색)', '灰色(회색)' 등의 단어와 결합하여 색상이 보통 정도보다 연하다는 의미를 나타낸다. 반면에 한국어에서는 '얕다'가 아닌 '옅다'라는 단어가 색채와 관련된 단어와 함께 사용되어 색깔의 연한 정도를 나타낸다.

중국어에서 '淺'은 색채와 자연스럽게 결합하여 '淺藍色', '淺綠色'와 같이 색조의 옅음을 표현하는 형용사로 정착하였다. 이러한 용법은 얕은 수심에서 빛의 투과와 반사가 상대적으로 뚜렷하게 나타나 물빛이 밝고 연하게 지각되는 물리적 경험에 근거한 것으로, 공간적 깊이와 색채의 밝기 사이의 대응 관계가 언어적으로 은유화된 결과라 할 수 있다. 이에 비해 한국어의 '얕다'는 공간적 깊이에서 출발하였으나, 주로 지식이나 경험, 사고의 부족과 같이 부정적인 가치 평가를 담는 은유적 용례로 확장되는 경향이 강하다. 이러한 의미적 경향성으로 인해 '얕다'는 색채의 정도와 같은 중립적인 속성에는 적용되지 못한다.

한국어에서 '얕다'는 소리를 나타내는 단어와 결합하여 시각에서 청각 영역으로의 공감각적 의미 전이가 나타난다.

  (216) a. 얕은 {한숨/신음소리/기침…}
     b. * 淺 {嘆息/呻吟/咳嗽…}

 위의 예시 (216a)에서, '얕다'는 '한숨', '신음소리', '기침'이라는 단어와 결합하여, 소리가 작다는 의미를 나타낸다. 그러나 중국어에서는 일반적으로 '淺'이 아닌 '輕輕的(가벼운)'이라는 단어가 이러한 단어와 결합하여 소리의 작음을 의미한다.

 한국어에서 '얕다'가 소리와 결합할 수 있는 것은 공간적 깊이의 부족이라는 기본적 의미가 은유적으로 확장되어 강도와 울림의 정도를 판정하는 척도로 기능하기 때문이다. 즉, 깊이 있는 소리는 넓게 퍼지고 오래 남는 반면, 얕은 소리는 울림이 짧고 파급이 제한된다는 경험적 대응이 존재하며, 이러한 대응이 청각 영역으로 전이되어 '얕은 한숨', '얕은 신음소리'와 같은 표현이 가능해진다. 반면 중국어에서 '淺'은 주로 색채나 정도와 같이 물리적이나 시각적 속성에 한정적으로 쓰이며, 청각 분야에서는 힘이나 무게감이 약해짐을 바탕으로 한 '輕輕的'가 습관적으로 자리 잡고 있다. 따라서 중국어 화자는 소리의 크기를 공간적 깊이의 부족과 연결하기보다는, 힘이 약한 물리적 도식을 통해 개념화하는 경향을 보인다.

 한국어에서 차원 형용사 '얕다'의 깊이 개념이 미각 영역으로 확장되기도 한다.

  (217) a. 얕은 맛
     b. * 味淺

위의 예시 (217a)를 보면, 한국어에서 차원 형용사 '얕다'는 '맛'이라는 단어와 함께 사용되어 맛이 진하지 않다는 은유적 의미가 된다. 그러나 중국어에서 차원 형용사 '淺'이 아닌 '淡'이라는 단어가 '味道(맛)'과 함께 사용되어 의미를 나타낸다.

한국어에서 '얕다'가 미각 영역으로 확장된 것은 공간적 깊이의 부족이라는 기본적 의미가 맛의 강도와 농도를 평가하는 영역으로 은유적으로 전이된 결과이다. 물리적 깊이의 결여는 감각적 체험의 단순함이나 불충분함과 개념적으로 대응되며, 이를 통해 '얕은 맛'은 맛의 층위가 단조롭고 풍부하지 못한 특성을 지시하게 된다. 반면 중국어에서 '淺'은 주로 색채나 추상적 정도와 같은 시각적 범주에 사용될 뿐, 미각과는 관습적 연관이 형성되지 않았다.

차원 형용사 '얕다/淺'의 기본의미와 확장의미의 공통점과 차이점을 정리하면 다음 <표 38>과 같다.

<표 38> '얕다/淺'의 기본의미와 확장의미[14]

의미			결합어	얕다	淺
기본 의미	하향	길이	강물/河水, 바닷물/海水, 호수/湖水…	+	+
		거리	그릇/碗, 구덩이/坑, 우물/井…	+	+
	수평 내향 거리		동굴/洞, 골목/巷子, 숲/林子…	+	+
	상향	길이	구릉/丘陵, 모래언덕/沙丘, 언덕/丘…	+	+
		거리	지붕, 하늘, 구름…	+	-
확장 의미	감정		사랑/愛, 원망/怨, 분노/怒…	+	-
	관계		인연/緣分, 관계/關系, 친분/交情…	+	+

[14] <표 38>에 나타난 '+'는 '얕다/淺'가 해당 의미 범주에서 의미적 제약 없이 자연스럽게 쓰일 수 있음을 보여준다. 반면 '-'는 그러한 의미와의 결합이 어색하거나 실제 사용에서 드물게 나타나는 경우를 가리킨다.

능력			학문/學問, 이해/理解, 학식/學識…	+	+
권력			지체, 지위, 신분…	+	-
감각	시각	색채	藍色, 綠色, 灰色…	-	+
	청각		한숨, 신음소리, 기침…	+	-
	미각		맛	+	-

<표 38>을 보면, '얕다/淺'은 '대상물의 수직 하향 길이가 짧다'는 의미와 '대상물의 수직 하향 거리가 가깝다'는 의미, 그리고 '대상물의 수평 내향 거리가 가깝다'는 물리적 개념을 나타낸다. 한편 '얕다/淺'에는 '물리적 대상물의 수직 상향 길이'라는 의미가 나타나지만 『표준국어대사전』(1999), 『現代漢語詞典』에서는 이러한 의미 항목이 보이지 않는다. 그리고 '얕다'는 '대상물의 상향 거리'라는 의미가 나타나지만, '淺'의 사전적 의미에서 이와 대응된 의미 항목이 없다. 확장의미를 보면, '얕다/淺'의 추상적 영역으로의 의미 확장에 있어 공통점보다 차이점을 더 뚜렷하게 드러낸다. 이 중에서 '얕다/淺'은 관계 영역과 능력 영역으로의 의미적 확장이 공통점으로 드러난다. 또한, '얕다'의 의미는 감정, 청각, 미각 등의 추상적 영역으로의 확장이 나타나지만, '淺'은 이러한 추상적 영역으로 확장되지 않는다. 그리고 중국어에서 '淺'은 색채 어휘와 함께 사용될 수 있지만, 한국어에서 '얕다'가 아닌 '엷다'가 색채 어휘와 함께 사용되는 것이 자연스럽다.

제6장

한·중 2,3차원 형용사의 의미 대응 양상

본 장에서는 한국어와 중국어의 2차원 형용사인 '넓다/寬', '좁다/窄', 그리고 3차원 형용사인 '굵다/粗', '가늘다/細', '크다/大', '작다/小'의 기본 의미와 확장의미 간의 대응 양상을 살펴보도록 한다. 아울러, 이러한 의미 확장이 발생하는 원인에 대해서도 다양한 관점에서 분석하고자 한다.

6.1. '넓다/寬' 및 '좁다/窄'의 의미 대응 양상

6.1.1. '넓다/寬'의 의미 대응 양상

1) 공통점

차원 형용사 '넓다/寬'은 사물의 가로 너비를 지시하는 데 사용된다. 이에 대한 구체적인 예시는 다음과 같다.

(218) a. 넓은 {길/벽/침대…}

b. 寬 {路/墙/床…}

　예시 (218)에서 보면 알 수 있듯이, 한국어 '넓다'와 중국어 '寬'은 모두 사물의 가로 방향으로 펼쳐진 너비가 상대적으로 크다는 의미를 지닌다. 구체적으로 '넓은 길/寬路'이라는 표현은 양쪽 가장자리 사이의 간격이 커서 이동이나 통행이 여유롭게 이루어지는 상태를 나타낸다. '넓은 벽/寬墙'은 벽면의 좌우 폭이 커서 시각적으로 크게 드러나는 특성을 표현하며, '넓은 침대/寬床'은 침대의 가로 면적이 넓어 여러 사람이 함께 누울 수 있을 만큼 여유로운 공간성을 드러낸다. 이러한 의미적 특성을 도식화하면 다음 <그림 24>와 같이 제시할 수 있다.

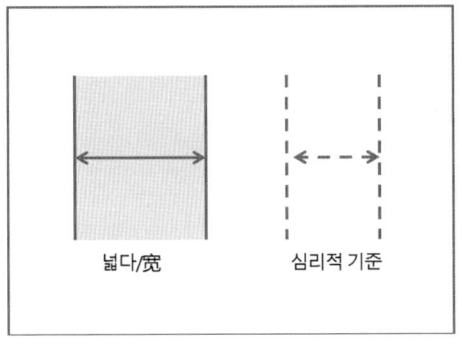

<그림 24> '넓다/寬'의 도식 1

　위의 <그림 24>를 보면 알 수 있듯이, 어떤 대상의 너비가 개념화자의 심리적 기준을 초과하면 '넓다/寬'이라고 인식하게 된다. 차원 형용사 '넓다/寬'은 물건의 가장 긴 한쪽과 이와 평행 관계에 있는 다른 한쪽 사이의 너비를 나타내며,[15] '넓다/寬'은 이러한 의미를 나타낼 때 고유성의 특징이 나타나고, 방향의 제약이 없다는 특징이 있으며 기준점이 필요 없다는 특징

이 나타난다.

'넓다/寬'은 구체적 대상물의 너비를 나타내는 것 외에 구멍의 너비를 나타내기도 한다.

    (219) a. {틈/통/입구…}가 넓다
           b. {縫隙/筒/口…} 寬

예시 (219)에서 보면 알 수 있듯이, 한국어 '넓다'와 중국어 '寬'은 사물의 가로 너비를 지시하는 기본 의미를 넘어, 틈이나 통로, 입구와 같이 공간이 열려 있는 부분의 폭이 크다는 의미를 나타낸다. '틈이 넓다/縫隙寬'이라는 표현은 두 사물 사이의 간격이 크게 벌어져 있음을 드러내며, '통이 넓다/筒寬'은 원통형 공간의 내부 지름이 커서 수용할 수 있는 여유가 크다는 뜻을 담는다. 또한 '입구가 넓다/口寬'은 출입구의 가로 폭이 커서 드나듦이나 통행이 원활하다는 속성을 보여준다. 한국어 차원 형용사 '넓다'와 중국어 차원 형용사 '寬'의 이러한 의미적 특성을 도식으로 보면 다음 <그림 25>와 같다.

---

15 물리적 대상물의 공간적 너비는 길이 개념과 일정한 상관관계를 지닌다. 즉, 어떤 물체의 너비가 크다면, 일반적으로 그에 상응하는 길이 또한 너비보다 길어야 한다. 또한, 길이와 너비로 구성된 2차원 평면에서 너비가 넓어질수록 전체 면적이 커지며, 면적이 커지면 3차원 물체가 차지하는 공간의 크기도 증가한다. 반대로 너비가 작아지면, 보통 길이 역시 함께 줄어들며, 이로 인해 2차원 평면의 면적도 감소하고, 결과적으로 해당 대상물이 차지하는 전체 공간 역시 작아지게 된다(伍瑩, 2013:155).

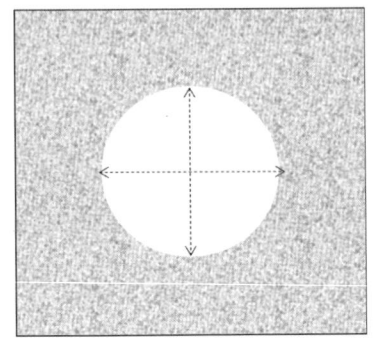 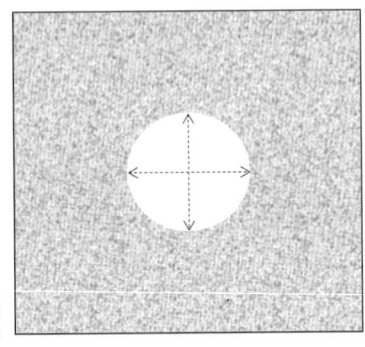

넓다/寬　　　　　　　심리적 기준

<그림 25> '넓다/寬'의 도식 2

위의 <그림 25>에서, 틈새의 가로 수평 양 끝 사이의 너비가 개념화자의 심리적 기준을 넘어선다면 '넓다/寬'이라고 인식하게 된다. '틈', '통', '입구' 등의 넓이는 해당 대상물 자체의 넓이가 아니기 때문에 비고유적 특징이 나타난다. 또한, '넓다/寬'은 이러한 의미를 나타낼 때 방향 제한이 없고, 기준점이 필요 없다는 특징이 나타난다.

차원 형용사 '넓다'와 '寬'의 물리적 개념은 추상적인 범위 영역으로 확장된다. 이에 대한 예시를 보면 다음과 같다.

(220) a. 넓은 {범위/영역/폭…}
　　　 b. {范圍/領域/幅度…} 寬

예시 (220)에서 '넓다/寬'은 '범위/范圍', '영역/領域', '폭/幅度' 등의 어휘와 결합하여, 대상이 특정 분야에 국한되지 않고 다양한 영역에 걸쳐 있음을 의미한다. '넓다/寬'이 추상적인 범위 영역으로 확장되는 것은 일상생활에서 그 원인을 찾을 수 있다. 다음 <그림 26>과 같은 개념적 도식을 통해 구체적으로 살펴보도록 한다.

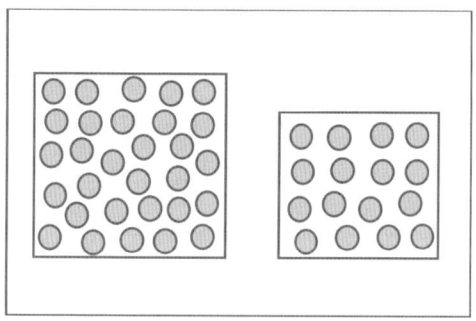

<그림 26> 면적과 분량의 연관성

위의 <그림 26>을 보면, 물리적 대상의 면적이 넓을수록 더 많은 대상을 포함할 수 있으며, 면적이 좁을수록 포함되는 대상의 수는 제한된다는 것을 알 수 있다(방원, 2019:26). 예를 들어, 넓은 들판은 더 많은 사람을 수용하고 다양한 활동을 수행할 수 있는 반면, 좁은 공간은 수용 인원이 적고 활동의 범위 또한 제한된다. 이러한 일상적 경험은 추상적 개념인 '범위', '영역', '폭' 등의 개념에도 적용될 수 있다. 이에 따라 거래의 범위, 선택의 폭, 연구의 영역 등 다양한 분야에 걸쳐 있음을 표현할 때 '넓다/寬'이라는 형용사를 통해 그 개념이 구체화된다.

'넓다/寬'은 성품과 관련된 어휘와 결합하여, 그 의미가 추상적인 영역으로 확장되기도 한다.

(221) a. 넓은 {마음/도량/가슴…}
　　　b. {心/度量/心胸…} 寬

예시 (221)에서 '넓다/寬'은 '마음/心', '도량/度量(气量)', '가슴/心胸'과 결합하여, 사람의 마음이 너그럽고 포용력이 크다는 의미를 나타낸다. 일반적으로 큰 물체는 작은 물체보다 더 넓은 공간을 차지하며, 더 많은 사물이나 내용을 담을 수 있다. 예를 들어, 큰 병은 작은 병보다 더 많은 쌀을 담을 수 있고, 큰 상자는 더 많은 물건을 수용할 수 있다. 이러한 물리적 경험과 보편적인 인식에 기반하여, 넓은 마음을 가진 사람은 좁은 마음을 가진 사람보다 더 많은 사람이나 상황을 이해하고 수용할 수 있다고 여겨진다. 따라서 '사람의 도량이나 포용력이 일반적인 기준을 초과한다'는 개념은 '넓다/寬'을 통해 인지적으로 개념화된다.

2) 차이점

한국어에서 '넓다'는 대상물의 면적을 나타내는 데 사용되며, 이는 중국어 '寬'에서는 드러나지 않는 물리적 특징이다.

(222) a. 넓은 {바다/운동장/방…}
　　　 b. * {海/運動場/房間…} 寬

예시 (222a)에서 한국어 '넓다'는 바다, 운동장, 방과 같은 대상의 전체적인 면적이 크다는 의미를 표현한다. '넓은 바다'라는 말은 시각적으로 끝이 보이지 않을 만큼 광활한 수평적 공간을 지시하며, '넓은 운동장'은 사람들이 활동할 수 있는 공간의 면적이 크다는 속성을 드러낸다. 또한 '넓은 방'이라는 표현은 내부 공간이 충분히 크고 여유롭다는 점을 강조한다. 이러한 의미 구조를 도식화하면 다음 <그림 27>과 같다.

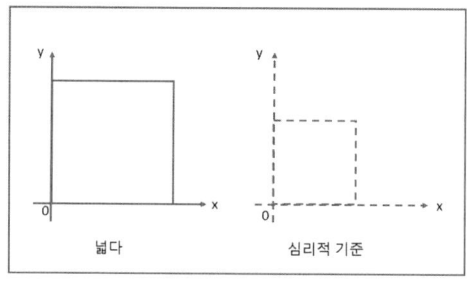

<그림 27> '넓다'의 도식

위의 <그림 27>에서 볼 수 있듯이, 대상물의 면적이 일반적인 기준을 초과하는 경우, 한국어에서는 '넓다'를 통해 이를 인식하게 된다. '넓다'는 이러한 의미를 나타낼 때 고유성, 방향의 제약 없음, 그리고 기준점이 필요 없다는 특징이 있다. 반면 중국어에서는 이러한 경우 '寬'을 사용하지 않는다. '寬'은 주로 사물의 가로 폭이나 통로의 너비와 같은 선형적 차원을 지시하는 데 한정되며, 바다나 운동장처럼 전체적인 면적의 크기를 나타내는 데는 적절하지 않다. 대신 중국어에서는 '大海', '大操場', '大房間'과 같이 '大'를 사용하여 전체 면적의 크기를 직접적으로 표현한다.

'넓다/寬'은 모두 능력과 관련된 단어와 함께 사용될 수 있지만, '넓다'는 '寬'보다 더 광범위하게 사용된다.

(223) a. 넓은 {생각/식견/안목…}
b. {思路/見識/眼光…} 寬

예시 (223)에서 보듯이, '넓다/寬'은 '생각/思路', '식견/見識', '안목/眼光' 등의 추상적 단어와 함께 사용되어, 어떤 사람이 다양한 측면이나 분야에 대해 폭넓은 인식과 깊은 이해를 지니고 있음을 나타낸다. 한국어에서는

'넓다'가 '생각', '지식', '안목'이라는 단어와 결합하는 것 외에도 '체험', '경험', '경력' 등의 단어와 결합되어 사용될 수 있다. 구체적인 예시를 살펴보면 다음과 같다.

(224) a. 깊고 <u>넓은 체험</u>이 있다.
     b. <u>넓은 경험</u>을 갖고 있다.
     c. 그는 생활에서 <u>넓은 경력</u>을 갖추었다.

예시 (224)를 보면, 한국어에서 '넓다'는 '체험', '경험', '경력' 등의 단어와 함께 사용되어, 개인이 일상적이거나 특정한 상황에서 쌓아온 지식과 능력이 풍부하다는 의미를 나타낸다. 반면, 중국어에서는 이러한 의미를 표현할 때 '寬'이 아니라 '多(많다)'나 '丰富(풍부하다)'와 같은 형용사를 사용하여 '体驗(체험)', '經驗(경험)', '經歷(경력)' 등의 명사와 결합시킴으로써, 축적된 지식이나 능력이 풍부하다는 뜻을 나타낸다.

'넓다/寬'의 의미가 능력 영역으로 확장되는 이유는, 물리적 대상의 너비라는 속성이 추상적 능력 영역과 체계적으로 대응되기 때문이다. 즉, 지식이나 견문이 풍부하다는 개념은 공간이 넓다는 물리적 특성과 은유적으로 연결된다. 또한, 지식이나 견문의 깊이와 폭은 학력, 일상적 토론, 대화 등의 다양한 방식으로 평가될 수 있으며, 이는 공간의 너비가 일정 기준에 따라 측정될 수 있다는 개념과도 대응된다. 나아가, 사람이 학습과 경험을 통해 인지 능력을 확장하고 다양화할 수 있다는 점은, 물리적 공간이 넓어질 수 있다는 특성과 일치한다. 이처럼 대상의 너비가 지닌 일련의 특성은 구조적 은유를 통해 능력 영역으로 확장되며, 그 결과 학식이나 견문이 풍부한 상태를 '넓다/寬'이라는 표현을 통해 개념화하게 된다.

한국어에서 차원 형용사 '넓다'는 인간관계와 관련된 어휘들과 결합하여 사용될 수 있다.

  (225) a. 넓은 {인간관계/인맥⋯}
     b. * {人際關系/人脉⋯} 寬

 위의 예시 (225a)에서 볼 수 있듯이, 한국어에서 '넓다'는 '인간관계', '인맥'과 결합하여 한 사람이 다양한 사람들과 폭넓은 친분 관계를 맺고 있음을 나타낸다. 반면, 중국어에서는 '寬'이 아니라 '广'이 '人際關系(인간관계)', '人脉(인맥)' 등과 결합하여 의미를 나타낸다. 인지언어학적 관점에서 이러한 표현은 구조적 은유를 통해 '넓이'라는 물리적 속성과 '관계'라는 추상적 개념 사이에 체계적인 대응 관계를 형성함으로써 개념화되는 것이다.

 한국어에서 '넓다'가 인간관계나 인맥과 같은 추상적 개념과 결합할 수 있는 것은 물리적 공간의 확장성이 사회적 관계망의 크기나 범위와 자연스럽게 연결되는 인지적 관습과 관련이 있다. 즉, 물리적으로 넓은 공간이 많은 사물이나 사람을 포용할 수 있다는 체험적 경험이 사회적으로 많은 사람과 교류하고 다양한 관계를 맺는 상황을 은유적으로 표현하는 데 전이된 것이다. 반면 중국어에서 '寬'은 주로 구체적 공간이나 사물의 물리적 폭을 나타내는 데 국한되어 사용되는 경향이 있으며, 인간관계와 같은 추상적 범주에는 관습적으로 확장되지 않았다. 그러므로 이러한 차이는 두 언어가 추상적 사회적 관계를 공간적 차원으로 개념화하는 방식과 어휘적 선택의 역사적 정착 과정의 차이에서 비롯된 것이다.

 '넓다/寬'의 기본의미와 확장의미의 공통점과 차이점은 다음과 같이 정리할 수 있다.

<표 39> '넓다/寬'의 기본의미와 확장의미[16]

의미			결합어	넓다	寬
기본의미	너비	물리적 대상물	길/路, 벽/墻, 침대/床…	+	+
		구멍	틈/縫隙, 바지통/筒, 입구/洞口…	+	+
	면적		바다, 운동장, 방…	+	-
확장의미	범위		범위/范圍, 영역/領域, 폭/幅度…	+	+
	능력		생각/思路, 식견/見識, 안목/眼光…	+	+
			체험, 경험, 경력…	+	-
	성품		마음/心, 도량/度量(气量), 가슴/心胸…	+	+
	관계		인간관계, 인맥…	+	-

위의 <표 39>를 보면, '넓다/寬'은 '물체나 구멍의 너비'라는 의미를 나타낸다. 또한, 한국어에서 '넓다'는 '물리적 대상물의 면적'이라는 의미를 가리킬 수 있지만, 중국어에서 '寬'은 이러한 의미를 표현하지 않는다. 확장의미를 살펴보면, '넓다/寬'은 '범위/范圍', '영역/領域', '폭/幅度' 등의 단어와 함께 사용되어 넓이 개념이 범위 영역으로 확장된다. 그러나 중국어의 경우, 『現代漢語詞典』에서 '寬'의 의미가 '범위' 영역으로 확장되는 의미를 볼 수 없다. 또한, '넓다/寬'은 '마음/心', '도량/度量(气量)', '가슴/心胸' 등의 단어와 결합하여 물리적 개념이 성품 영역으로 확장된다. 그리고 '넓다/寬'은 모두 능력 영역으로 확장되지만, 이러한 영역으로의 '寬'의 의미 확장은 '넓다'보다 더 제한적이다. 이외에 '넓다'는 관계 영역으로도 확장되지만, '寬'의 의미는 이러한 추상적 영역으로 확장되지 않는다.

---

16   <표 39>에 나타난 '+'는 '넓다/寬'가 해당 의미 영역에서 무리 없이 사용될 수 있으며, 실제 용례에서도 자연스럽게 나타남을 뜻한다. 반면 '-'는 의미적 결합이 잘 이루어지지 않거나 사용이 제한적인 경우를 가리킨다.

6.1.2. '좁다/窄'의 의미 대응 양상

1) 공통점

'좁다'와 '窄'은 물리적 대상물의 너비를 나타낸다. 이에 대한 예를 살펴보면 다음과 같다.

(226) a. 좁은 {길/벽/침대…}
　　　b. 窄 {路/墙/床…}

예시 (226)에서 한국어 '좁다'와 중국어 '窄'은 모두 물리적 공간에서 가로 방향의 간격이 상대적으로 작다는 의미를 지닌다. '좁은 길/窄路'은 양쪽 가장자리 사이의 간격이 작아 이동이나 통행이 불편하거나 제한되는 특성을 나타낸다. '좁은 벽/窄墙'은 벽면의 좌우 폭이 상대적으로 작아 시각적으로 협소하게 보이는 성질을 표현하며, '좁은 침대/窄床'은 침대의 가로 면적이 작아 누울 수 있는 공간이 충분치 않다는 속성을 드러낸다. 이러한 의미를 도식화하면 다음 <그림 28>과 같다.

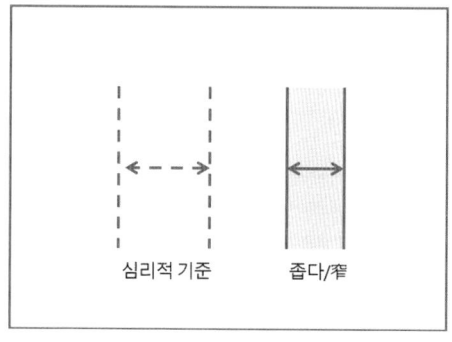

<그림 28> '좁다/窄'의 도식 1

위의 <그림 28>에서 볼 수 있듯이, 어떤 물리적 대상물의 너비가 일반적인 기준에 미치지 못하면 차원 형용사 '좁다/窄'으로 인식된다. '길'이나 '벽', '침대'의 너비는 해당 대상물 자체의 너비를 가리키기 때문에 고유성의 특징이 나타난다. 또한, '좁다/窄'은 이러한 대상물의 너비를 측정할 때 방향적 제한성이 없다는 특징, 그리고 기준점이 필요 없다는 특징이 나타난다.

차원 형용사 '좁다/窄'은 물리적 대상의 너비를 나타내는 것 외에, 구멍이나 틈 등의 너비를 표현하는 데에도 사용된다. 이에 대한 관련 예시는 다음과 같다.

(227) a. {틈/통/입구…}가 좁다
b. {縫隙/筒/口…} 窄

예시 (227)에서 보면 알 수 있듯이, 한국어 '좁다'와 중국어 '窄'은 모두 구멍이나 틈, 통로, 입구와 같이 공간이 열려 있는 부분의 가로 폭이 일반적 기준보다 작다는 의미를 드러낸다. 먼저 '틈이 좁다/縫隙窄'라는 표현은 두 사물 사이의 간격이 충분히 벌어지지 않아 제한적임을 나타내며, 또한, '통이 좁다/筒窄'이라는 표현은 원통형 공간의 내부 지름이 작아 수용할 수 있는 여유가 적다는 뜻을 담는다. 그리고 '입구가 좁다/口窄'이라는 표현은 출입구의 폭이 협소하여 드나듦이나 통행이 불편하거나 제한된다는 속성을 보여준다. 이러한 의미를 도식으로 구체적으로 살펴보면 다음 <그림 29>와 같다.

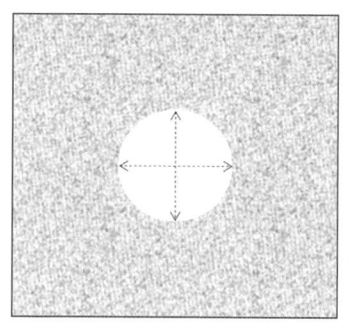 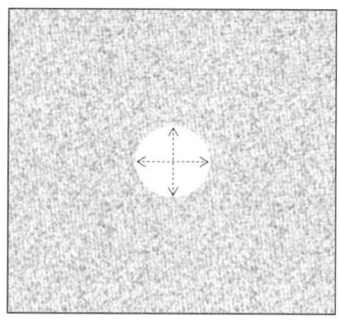

심리적 기준   좁다/窄

<그림 29> '좁다/窄'의 도식 2

위의 <그림 29>에서, '틈', '통', '입구' 등 대상물의 너비가 일반적인 기준에 미치지 못하면 '좁다/窄'을 통해 인식하게 된다. '좁다/窄'은 이러한 대상물의 너비를 측정할 때, 비고유적 특징이 나타나고, 방향의 제한이 없으며, 기준점이 필요하지 않다는 특징이 나타난다.

'좁다/窄'은 범위와 관련된 단어와 결합하여 물리적 개념이 추상적 영역으로 확장된다.

(228) a. 좁은 {범위/영역/폭…}
　　　b. {范圍/領域/幅度…} 窄

위의 예시 (228)에서 '좁은 범위/范圍窄'는 어떤 대상이 포괄하거나 적용할 수 있는 범위가 제한적임을 의미한다. 또한 '좁은 영역/領域窄'는 대상의 활동 범위나 영향력이 미치는 영역이 한정되어 있음을 나타내며, '좁은 폭/幅度窄'는 선택이나 변화의 폭이 제한되어 있다는 것을 의미한다. 이처럼 '좁다

'窄'이 '범위', '영역', '폭' 등과 같은 추상적 단어와 함께 사용되는 것은 일상적 경험에 근거를 두고 있다. 일반적으로 공간이 좁을수록 수용할 수 있는 대상이나 활동이 제한된다는 점에서, 예컨대 좁은 방은 소수의 사람만 수용할 수 있고, 좁은 운동장은 제한된 체육 활동만 가능하다. 이러한 공간적 제약의 특성이 추상 개념에 전이되어, '범위', '영역', '폭'과 같은 개념의 제한성을 '좁다/窄'을 통해 개념화하게 되는 것이다.

'좁다/窄'은 성격이나 품성을 나타내는 어휘와 함께 사용되어 의미를 확장하기도 한다.

(229) a. 좁은 {마음/도량/가슴…}
b. {心/气量/心胸…} 窄

예시 (229)에서 '좁은 마음/心窄'이라는 표현은 다른 사람을 포용하거나 어떤 상황을 포용하는 데 제한성이 있다는 의미가 된다. 또한, '좁은 도량/度量(气量)窄'이라는 표현은 다른 사람의 행동을 받아들이거나 의견을 이해하는 데 한계가 있다는 뜻으로 나타난다. 그리고 '좁은 가슴/心胸窄'이라는 표현은 다른 사람이나 상황에 대한 포용력이 부족하다는 의미를 지닌다.

좁은 공간은 그 안에 담을 수 있는 대상의 양과 범위를 제한한다는 체험적 사실은 인간에게 반복적으로 경험되는 기본 도식이다. 이러한 물리적 제약은 단순히 공간 인식에 국한되지 않고, 인간의 사고와 사회적 상호작용을 설명하는 추상적 영역으로 은유적으로 사상된다. 즉, 공간이 협소할수록 수용 능력이 줄어드는 현상이 '마음'이나 '도량', '가슴'과 같은 심리적·성격적 개념에 대응되면서, 타인을 포용하지 못하거나 견해를 수용하지 못하는 상태가 '좁다/窄'으로 개념화된 것이다.

2) 차이점

한국어에서 차원 형용사 '좁다'는 대상물의 면적이 일반적인 기준에 미치지 못함을 나타낸다. 그러나 중국어에서 대응 표현인 '窄'은 이러한 의미로는 사용되지 않다.

(230) a. 좁은 {바다/운동장/방…}
   b. * {海/運動場/房間…} 窄

예시 (230a)에서 한국어 차원 형용사 '좁다'는 바다, 운동장, 방과 같은 대상의 면적이 상대적으로 작거나 제한적이라는 의미를 나타낸다. '좁은 바다'라는 표현은 시각적으로 넓이가 충분하지 않아 개념화자의 기준에 비해 제한된 공간으로 인식되는 상태를 지시하며, '좁은 운동장'은 사람들이 활동할 수 있는 공간이 충분하지 않음을 강조한다. 또한 '좁은 방'이라는 표현은 내부 공간이 작고 여유가 부족하다는 점을 나타낸다. 이러한 의미를 도식으로 보면 다음 <그림 30>과 같다.

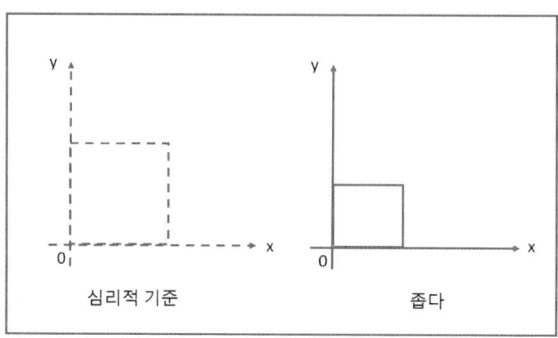

<그림 30> '좁다'의 도식

위의 <그림 30>에서, 대상물의 면적이 보통 정도에 미치지 못하면 '좁다'를 통해 이해한다. '좁다'는 '바다', '운동장', '방' 등과 같은 대상물의 면적을 나타낼 때 고유성을 가지고, 방향 제한이 없으며, 기준점이 필요 없다는 특징이 있다. 반면 중국어에서는 '窄'는 주로 사물의 가로 폭이나 통로의 너비와 같은 선형적 차원에서만 의미가 정착되어 있기 때문에, 바다, 운동장, 방과 같이 전체 면적의 크기를 나타내는 경우에는 사용되지 않는다. 대신 중국어에서는 이러한 대상의 면적이 상대적으로 작음을 표현할 때 '小'라는 형용사를 사용하여 '小海', '小操場', '小房間'과 같이 전체 크기의 축소를 직접적으로 나타낸다.

'좁다/窄'는 모두 물리적 의미에서 비롯되어 추상적인 능력 영역으로 의미가 확장되는 양상을 보인다. 그러나 중국어의 '窄'은 한국어의 '좁다'에 비해 활용 범위가 상대적으로 제한적이다.

    (231) a. 좁은 {생각/식견/안목…}
          b. {思路/見識/眼光…} 窄

예시 (231)에서 '좁다/窄'은 '생각/思路', '식견/見識', '안목/眼光' 등의 어휘와 결합하여, 어떤 개인이 제한된 관점이나 편협한 시야로 사고함을 의미한다. 이와 더불어 한국어에서 '좁다'는 '체험', '경험', '경력' 등의 단어와도 결합하여, 경험의 폭이나 활동의 범위가 협소하다는 의미로 확장될 수 있다.

    (232) a. 이것은 단지 자신의 <u>좁은 체험</u>일 뿐입니다.
          b. 판단은 <u>좁은 경험</u>에서 이루어지지 않는다.
          c. 그녀는 <u>좁은 경력</u>을 가진다.

위의 예시 (232)를 보면, '좁다'는 '체험', '경험', '경력'과 같은 추상적 어휘와 결합하여, 특정 영역이나 분야에서 축적된 지식이나 능력이 일반적인 수준에 미치지 못하거나 제한적임을 의미한다. 반면, 중국어에서는 이러한 의미를 표현할 때 '窄'보다는 '少(적다)'나 '不足(부족하다)' 등의 표현이 사용되어, 해당 분야의 경험이나 역량이 부족하거나 제한되어 있음을 나타낸다.

차원 형용사 '좁다/窄'이 능력 영역으로 확장되는 것은 물리적 공간의 협소함이 인지적 범위의 한계와 연결되는 개념적 은유에서 비롯된다. 즉, 시각적으로 인지되는 공간의 폭이 제한되어 있다는 특성은 곧 사고와 경험의 범위가 제한적이라는 개념으로 전이된 것이다. 이러한 공간적 협소함이 인지적·경험적 한계로 자연스럽게 확장되면서 '좁은 생각/思路窄', '좁은 식견/見識窄', '좁은 안목/眼光窄'과 같이 다양한 추상 명사와 결합하여 사용된다. 이는 물리적 속성에서 추상적 사고 영역으로의 은유적 연속성을 적극적으로 수용하는 언어적 특성을 보여준다.

'좁다'는 관계와 관련된 단어와 결합하여 추상적 의미를 나타낸다. 이에 대한 예시를 보면 다음과 같다.

  (233) a. 좁은 {인간관계/인맥…}
     b. * {人際關系/人脉…} 窄

위의 예시 (233a)에서 보이듯이, 한국어 차원 형용사 '좁다'는 '인간관계', '인맥' 등의 단어와 결합하면 사람이 소수의 사람과의 관계만 유지하는 경향이 있음을 나타낸다. 반면, 중국어에서는 이러한 의미를 표현할 때 '窄'보다는 '缺乏(부족하다)'이 '人際關系(인간관계)'를, '少(적다)'가 '人脉(인맥)'을 수식하여 유사한 확장 의미를 나타낸다.

한국어에서 '좁다'가 인간관계나 인맥과 같은 추상적 영역으로 확장될 수 있는 것은, 물리적 공간의 협소함이 곧 수용 대상의 제한성으로 연결된다는 경험적 도식이 사회적 관계망에도 자연스럽게 투사되었기 때문이다. 즉, 물리적으로 좁은 공간이 적은 수의 사람만을 수용할 수 있다는 체험적 사실이, 사회적 관계가 제한적이고 폭이 넓지 않다는 개념으로 은유적으로 전이된 것이다. 이에 반해 중국어에서 '窄'은 주로 물리적 공간이나 구체적 사물의 폭에 한정된 용례가 중심을 이루었으며, 사회적 관계망을 설명하는 추상적 개념에는 은유적으로 확장되지 않았다.

'좁다/窄'의 기본의미와 확장의미의 공통점과 차이점을 정리하면 다음 <표 40>과 같다.

<표 40> '좁다/窄'의 기본의미와 확장의미[17]

의미			결합어	좁다	窄
기본 의미	너비	물리적 대상물	길/路, 벽/墙, 침대/床…	+	+
		구멍	틈/縫隙, 바지통/筒, 입구/洞口…	+	+
	면적		바다, 운동장, 방…	+	-
확장 의미	범위		범위/范圍, 영역/領域, 폭/幅度…	+	+
	능력		생각/思路, 식견/見識, 안목/眼光…	+	+
			체험, 경험, 경력…	+	-
	성품		마음/心, 도량/度量(气量), 가슴/心胸…	+	+
	관계		인간관계, 인맥…	+	-

<표 40>에서, '좁다/窄'은 '너비가 좁다'는 의미를 나타낸다. 또한, '좁다'는 '면적이 작다'는 의미를 가리킬 수 있지만, '窄'은 이러한 의미를 표현하지 않는다. 확장의미를 살펴보면, '좁다/窄'의 물리적 개념이 범위 영역으로 확

---

17 <표 40>에서 '+'는 '좁다/狹'가 해당 의미 범주에서 결합어와 자유롭게 어울리며 자연스럽게 사용될 수 있음을 나타낸다. 반면, '-'는 해당 범주 내에서 의미적 결합이 제한되거나 자유로운 결합이 어려운 경우를 의미한다.

장된다. 그러나 『現代漢語詞典』에서 '窄'의 의미가 범위 영역으로 확장되는 의미를 볼 수 없다. 그리고 '좁다/窄'은 모두 성품과 능력 영역으로 확장이 되지만, 능력 영역에서 '窄'은 '좁다'보다 더 제한적이다. 이외에 '좁다'는 관계를 나타내는 단어와 결합할 수 있지만, '窄'은 이러한 추상적 어휘와 함께 사용되지 않는다.

6.2. '굵다/粗' 및 '가늘다/細'의 의미 대응 양상

6.2.1. '굵다/粗'의 의미 대응 양상

1) 공통점

차원 형용사 '굵다/粗'는 대상물의 단면의 둘레가 상대적으로 크다는 의미를 나타낸다.

  (234) a. 굵은 {나무/기둥/끈…}
     b. 粗 {樹/柱子/繩子…}

예시 (234)에서 한국어 '굵다'와 중국어 '粗'는 모두 물리적 속성에 기반한 형용사로서, 대상물의 단면이 두껍고 둘레가 크다는 의미를 표현한다. '굵은 나무', '굵은 기둥', '굵은 끈'과 같은 표현은 구체적 사물의 직경이나 둘레가 일반적인 기준보다 크다는 물리적 특성을 지시한다. 마찬가지로 중국어 '粗樹', '粗柱子', '粗繩子' 또한 동일하게 대상의 단면이 크고 두터움을 나타낸다. 이때 '굵다/粗'는 단순히 물리적 두께를 지시하는 데 그치지 않고, 시각적으로 인지되는 거칠고 강한 인상을 함께 전달한다. 이러한 의미를 도식화하면 다음 <그림 31>과 같다.

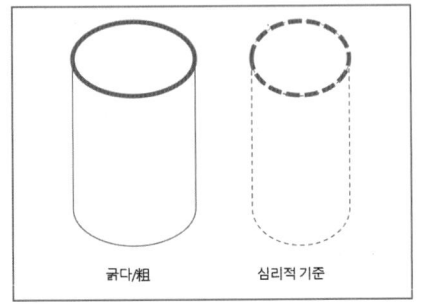

<그림 31> '굵다/粗'의 도식 1(장가영, 2013:418)

<그림 31>에서 볼 수 있듯이, 일정한 길이 특성을 지닌 원형 물체의 단면 둘레가 개념화자의 심리적 기준을 초과할 경우, 이를 '굵다/粗'라고 인식하게 된다. '굵다/粗'는 물체 단면의 둘레를 측정할 때 고유적 특징이 나타나고, 방향 제한이 없다는 특징이 있으며, 기준점이 필요 없다는 특징이 있다.

또한, 차원 형용사 '굵다/粗'는 대상물의 너비가 상대적으로 넓다는 의미를 나타내기도 한다.

(235) a. 굵은 {눈썹/허리/글씨…}
　　　 b. {眉/腰/筆畫…} 粗

예시 (235)에서 한국어 '굵다'와 중국어 '粗'는 단면의 크기를 나타내는 기본 의미에서 확장되어, 대상의 너비가 일반적인 기준보다 넓거나 두텁다는 물리적 특성을 표현한다. '굵은 눈썹/粗眉'은 털 한 올의 두께가 두텁게 인지되거나 눈썹 전체의 폭이 넓게 보이는 현상을 지시하며, '굵은 허리/粗腰'는 신체의 둘레가 큼을 의미한다. '굵은 글씨/粗筆畫'의 경우 획의 폭이 넓어 시각적으로 두텁게 지각되는 것을 나타낸다. 이처럼 '굵다/粗'는 단순히 직경의 크기에 한정되지 않고, 시각적으로 인지되는 폭과 두터움이라는 속성 전체를 아우르며 표현되는 특징을 보인다. 이러한 공간적 의미는 <그림 32>와 같은 도식으로 시각화할 수 있다.

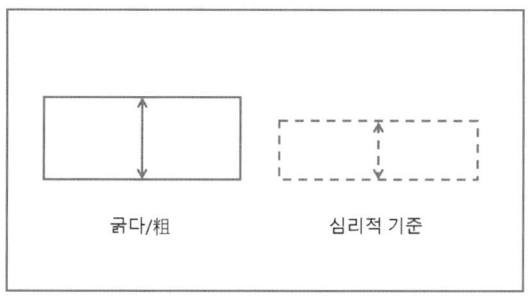

<그림 32> '굵다/粗'의 도식 2

<그림 32>에서 보듯이, 물리적 대상물의 긴 한쪽과 이와 평행 관계에 있는 다른 한쪽 간의 너비가 일정한 정도를 넘어서면 '굵다/粗'로 인식된다. '굵다/粗'는 물체의 너비를 측정할 때 고유성의 특징이 나타나고, 방향 제한이 없다는 특징이 있으며, 기준점이 필요 없다는 특징이 있다.

'굵다/粗'는 대상물의 입자(粒子) 크기가 상대적으로 크다는 의미로도 사용된다.

  (236) a. 굵은 {모래/소금/가루…}
     b. 粗 {沙/鹽/粉…}

예시 (236)에서 한국어 '굵다'와 중국어 '粗'는 모두 물질의 입자 크기를 지시하는 용법으로 사용된다. 예컨대 '굵은 모래/粗沙', '굵은 소금/粗鹽', '굵은 가루/粗粉'과 같은 표현은, 해당 물질이 세분된 단위로 인지될 때 그 입자가 미세하지 않고 상대적으로 크고 거칠게 지각됨을 드러낸다. 이는

'굵다/粗'가 직경이나 둘레와 같은 연속적 차원을 넘어, 미시적 단위로 분할된 대상의 크기에도 적용될 수 있음을 보여준다. 이러한 의미는 <그림 33>과 같은 도식으로 나타낼 수 있다.

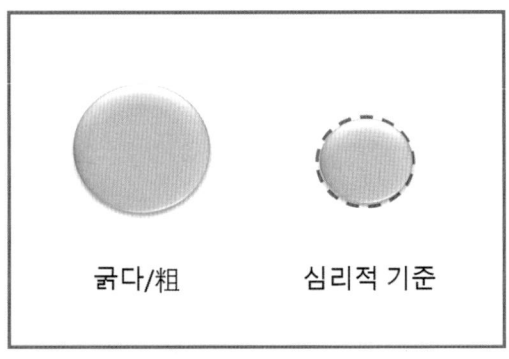

<그림 33> '굵다/粗'의 도식 3

위의 <그림 33>에서 볼 수 있듯이, 입자(粒子) 형태의 물체가 지닌 실체적 크기가 개념화자의 심리적 기준을 초과할 경우, '굵다/粗'로 인식된다. '모래'나 '소금', '가루' 등과 같은 물체의 입자 크기는 해당 대상물 자체의 특징을 가리키기 때문에 고유성의 특징이 나타난다. 또한, '굵다/粗'는 해당 대상물의 입자 크기를 측정할 때 방향 제한이 없다는 특징, 그리고 기준점이 필요 없다는 특징이 있다.

이 외에도 차원 형용사 '굵다'와 '粗'는 구멍의 크기가 일반적인 기준보다 크다는 의미로 사용된다.

  (237) a. 굵은 {구멍/체/망…}
     b. 粗 {孔/篩/网…}

위의 예시 (237)을 보면, 차원 형용사 '굵다'와 중국어 '粗'는 모두 구멍이나 체, 망과 같이 내부가 뚫려 있는 구조의 너비가 일반적인 기준보다 크다는 의미로 사용된다. 예를 들어, '굵은 구멍/粗孔', '굵은 체/粗篩', '굵은 망/粗网'이라는 표현은 각각 구멍이나 체, 망의 틈이 상대적으로 넓어 내부를 통과하거나 내용을 수용하는 여유가 크다는 속성을 나타낸다. 이러한 의미는 <그림 34>와 같은 도식으로 시각화할 수 있다.

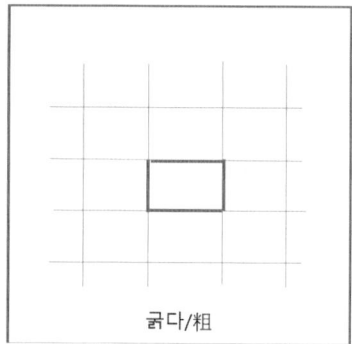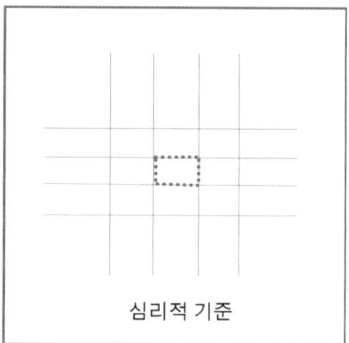

<그림 34> '굵다/粗'의 도식 4

위의 <그림 34>에서, 구멍의 실체적 크기가 개념화자의 심리적 기준을 초과하면 '굵다/粗'라고 인식하게 된다. '체', '망' 등 대상물의 구멍의 크기는 대상물 자체의 공간적 특징이 아니기에 비고유적 특징을 나타낸다. 또한 '굵다/粗'가 이러한 대상들과 결합할 때에는 특정한 방향의 제약이 없으며, 기준점을 필요로 하지 않는다는 특징을 가진다.

'굵다/粗'의 공간 개념이 촉각 영역으로의 공감각적 의미 전이 양상을 나타낸다. 관련 예시를 보면 다음과 같다.

(238) a. 굵은 {천/베⋯}

b. 粗 {布/麻布…}

위의 예시 (238)에서 '굵다/粗'는 '천/布', '베/麻布'와 같은 단어와 결합하여 질감이 두껍고 거칠다는 의미로 사용된다. '굵은 천/粗布', '굵은 베/粗麻布'라는 표현은 실제로 해당 직물을 구성하는 '실'이 굵다는 사실을 전제하며, 이로 인해 직물이 시각적으로 더 두껍고, 촉각적으로는 더 무겁고 거칠게 인식된다. 다시 말해, 굵은 실이라는 부분적 속성을 통해 천이나 베의 전체적인 질감을 유추하는 이러한 개념화 방식은, 인지의미론적 관점에서 '부분이 전체를 대신 지시하는' 환유적 인지 기제의 전형적인 사례라고 할 수 있다.

2) 차이점

한국어에서 '굵다'는 작은 원형 물체의 부피를 나타내는 데 사용되며, 이는 중국어 '粗'의 공간적 의미 체계에서는 드러나지 않는 개념적 특성이라 할 수 있다.

(239) a. 굵은 {감자/대추/씨알…}
b. * {土豆/棗/种子…} 粗

예시 (239)에서 한국어 '굵다'는 '감자', '대추', '씨알' 등과 결합하여 작은 둥근 사물의 크기가 보통보다 크다는 것을 의미한다. 원래 '굵다'는 줄기나 막대기처럼 길게 뻗은 사물의 지름이 크다는 뜻으로 쓰였으나, 의미가 확장되어 둥근 덩어리에도 적용된다. 따라서 '굵은 감자', '굵은 대추', '굵은 씨알'이라는 표현은 해당 대상이 일반적인 기준에 비해 덩치가 크다는 사실을 강조한다. 반면 중국어 '粗'는 줄기, 머리카락, 실과 같이 길고 가는 사물의 두께를 나타내는 데 주로 쓰인다. 감자나 대추, 씨앗처럼 둥글고 단단한 물체에는 보통 '大'와 같은 형용사가 결합하며, '粗'는 사용되지 않는다.

한국어에서는 '감자', '대추', '씨알'과 같은 대상이 '굵다'와 결합할 수 있는 반면, 중국어에서는 '粗'가 이러한 대상들과 결합하지 않는다. 이러한 차이는 중국인과 한국인의 인식 방식의 차이에서 비롯된다. 중국어에서 '粗/細'로 수식되는 대상은 일반적으로 3차원 물체이면서 동시에 1차원적인 '선(線)'의 속성이 두드러져야 한다(任永軍, 2002:113). 다시 말해, '粗/細'는 '길이'나 '높이'와 의존적인 관계를 형성하고 있으며, 일반적으로 '길이'나 '높이' 특성이 없는 사물은 '粗/細'의 수식을 받을 수 없다(徐今, 2015:15). 예를 들어, '계란', '연탄', '대추'는 모두 전형적인 횡단면을 가진 3차원 물체이지만, 선형 속성이 뚜렷하지 않기 때문에 '粗/細'로 표현되지 않는다. 반면, '머리카락', '끈', '나무'처럼 길이나 높이가 강조되는 사물은 자연스럽게 '粗/細'의 수식을 받을 수 있다. 그렇기에 중국어에서 '粗/細'가 수식하는 대상물은 반드시 '선'의 특징이 두드러져야 한다는 인식 측면의 특성이 있다.

중국어에서 '粗'는 성격이나 성질과 같은 추상적인 단어와 결합하여 사용될 수 있지만, 한국어의 '굵다'는 이와 같은 추상 명사와는 결합되지 않는다.

(240) a. * {성질/성격…}이 굵다
     b. {脾气/性子…} 粗

예시 (240)에서 볼 수 있듯이, 중국어 '粗'는 성격이나 성질과 같은 추상적 범주의 명사와 결합하여 사용될 수 있다. 예를 들어 '脾气粗', '性子粗'라는 표현은 사람이 세밀하지 못하고 거칠며 대체로 대범한 성향을 지니고 있음을 나타낸다. 이때 '粗'는 물리적 두께의 크기라는 기본의미에서 출발하여, 태도나 성격이 거칠고 세밀하지 못한 속성을 가리키는 추상적 의미로 확장된 것이다. 반면 한국어 '굵다'는 이러한 추상 명사와 결합하지 않는다. '굵다'는 주로 물리적 크기나 형태와 관련된 범위에서만 쓰이며, 구체적으로는 선이나 줄기, 원통형 사물의 지름, 또는 작은 둥근 사물의 덩치가 크다는 성질을 표현한다. 따라서 성격이나 성질과 같은 비물질적 속성을 표현할 때에는 '굵다'가 아닌 '거칠다', '투박하다', '대범하다'와 같은 다른 형용사가 사용된다.

중국어에서 '粗'가 '성품' 영역으로 확장되는 원인은 중국인의 거친 것과 섬세한 것에 대한 인식과 관련이 있다. 일반적으로 큰 입자(粒子)로 구성된 것이 거칠다는 느낌을 주며, 작은 입자로 이루어진 것은 비교적 섬세한 느낌을 준다(王銀平, 2016:5). 이러한 촉각적 경험에 기반하여, 중국 사람들은 '가는 것'은 긍정적이고 '굵은 것'은 부정적이라는 인식을 형성해 왔다. 이와 같은 인식 구조 속에서, 성격이 거칠다는 개념은 '粗'를 통해 개념화되는 것이다.

한국어에서 '굵다'는 자연 현상과 관련된 단어와 결합하여, 해당 현상의 밀도나 강도가 진하다는 의미를 나타낸다.

(241) a. 굵은 {비/연기/빛…}
b. * 粗 {雨/烟/光…}

예시 (241a)에서 차원 형용사 '굵다'는 '비', '연기', '빛'과 같은 자연 현상과 관련된 어휘와 결합하여, 해당 현상이 강하고 밀도 높게 나타난다는 의미를 지닌다. 한국어에서 '굵다'가 비, 연기, 빛과 같은 자연 현상과 관련된 단어와 결합할 수 있는 것은, 해당 현상을 개별 입자의 크기나 밀도의 집합으로 파악하는 언어적 사고방식과 긴밀히밀접하게 관련된다. 즉, 한국어 화자는 빗방울이 크고 굵게 떨어지는 모습, 연기의 입자가 굵게 뭉쳐 피어오르는 모습, 빛줄기가 굵고 강하게 뻗어 나가는 모습을 시각적 구체성 속에서 포착

하며, 이를 '굵다'라는 물리적 형용사를 통해 표현한다. 이러한 인식은 미시적 단위인 입자, 줄기, 선의 두께가 곧 현상 전체의 강도나 밀도로 환유적으로 전이되는 개념적 연속성을 전제로 한다.

반면 중국어에서는 '粗'가 주로 사물의 단면적 두께나 질감을 나타내는 데 쓰이기 때문에, 자연 현상과 같은 비물질적 대상에는 잘 적용되지 않는다. 대신 중국어에서는 '大雨'처럼 양적 크기를, '濃烟'처럼 밀도를, '强光'처럼 강도를 직접 지시하는 형용사를 선호하는데, 이는 중국어에서 현상을 부분적 속성의 환유로 파악하기보다 전체적 크기, 밀도, 강도로 직접 지칭하는 언어적 관습과 관련된다.

'굵다'와 '粗'는 모두 소리와 관련된 어휘와 결합할 수 있으나, '굵다'는 '粗'에 비해 청각 영역으로의 의미 확장이 상대적으로 덜 제한적이다.

(242) a. 굵은 {목소리/음성/소리⋯}
　　　 b. {嗓音/聲音/音⋯} 粗

위의 예시 (242)에서 볼 수 있듯이, 차원 형용사 '굵다/粗'는 '목소리/嗓音', '음성/聲音', '소리/音' 등의 어휘와 결합하여, 소리의 강도나 울림이 일반적인 수준보다 크고 강하다는 의미를 나타낸다. 한국어에서 '굵다'는 이러한 단어들과 결합되는 것 외에도, 다음과 같은 다양한 소리 관련 어휘들과도 함께 사용될 수 있다.

(243) a. 지붕을 두드리는 굵은 빗소리가 요란스러웠다.
　　　 b. 어느 방 앞에 굵은 웃음소리가 흘러나왔다.

위의 예시 (243)에서 보듯이, 한국어 '굵다'는 '빗소리', '웃음소리'와 결합하여 소리의 강도나 울림이 크다는 의미를 나타낸다. 반면, 중국어에서는 '粗' 대신 '大'가 '雨聲(빗소리)', '笑聲(웃음소리)' 등과 결합하여 소리의 세기를 표현하는 데 사용된다.

한국어 '굵다'와 중국어 '粗'가 모두 청각 영역으로 확장되는 원인은 물리학적인 측면에서 설명할 수 있다. 사람이 내는 소리는 음파 형태로 흘러나오는데 이는 마치 물기둥, 연기 기둥과 같은 원통형 물체로 볼 수 있다(權美玲, 2015:17). 이러한 음파는 본래 추상적이고 무형의 성질을 가지지만, 인간은 이를 물리적으로 유형화된 공간 개념인 원통 형태를 통해 인식한다. 이러한 경험을 바탕으로, 음파 기둥의 단면이 크면 '굵은 소리'로, 단면이 작으면 '가는 소리'로 개념화된다.

차원 형용사 '굵다/粗'의 기본의미와 확장의미의 공통점과 차이점을 정리하면 다음과 같다.

<표 41> '굵다/粗'의 기본의미와 확장의미[18]

의미			결합어	굵다	粗
기본 의미	단면의 둘레		나무/樹, 기둥/柱子, 끈/繩子…	+	+
	너비		눈썹/眉, 허리/腰, 글씨/筆畫…	+	+
	부피	입자 형태 물체	모래/沙, 소금/鹽, 가루/粉…	+	+
		작은 원형 물체	감자, 대추, 씨알…	+	-
	구멍의 크기		구멍/孔, 체/篩, 망/网…	+	+
확장 의미	성품		脾气, 性子…	-	+
	감각	시각	비/雨, 연기/烟, 빛/光…	+	-
		청각	목소리/嗓音, 음성/聲音, 소리/音…	+	+
			빗소리, 웃음소리…	+	-
		촉각	천/布, 베/麻布…	+	+

---

18 <표 41>에서 '+'는 '굵다/粗'가 해당 의미 영역에서 결합어와 자연스럽게 결합되어 일상 언어 사용에서도 무리가 없는 표현임을 나타낸다. 반면, '-'는 의미적 조합은 가능하더라도 실제 언어 사용에서 자주 쓰이지 않거나 결합에 제약이 따르는 경우를 의미한다.

위의 <표 41>을 보면 알 수 있듯이, 차원 형용사 '굵다/粗'는 '물체의 단면의 둘레', '너비', '부피', '구멍의 크기'와 같은 공간적 의미를 나타낸다. 또한, 이들의 추상적 영역으로의 의미 확장은 '굵다'와 '粗'는 모두 청각 영역과 촉각 영역으로 이루어진다. 또한, 말뭉치 자료를 보면 한국어 '굵다'는 시각 영역으로 확장되는 양상을 나타낸다. 그러나 『표준국어대사전』에서는 '굵다'의 시각과 관련된 의미가 나타나지 않았다. 중국어에서 '粗'는 시각 영역으로 확장되는 양상을 보이지 않아 '굵다'와 차이가 있다. 그리고 중국어에서 '粗'는 성격과 관련된 어휘와 함께 사용될 수 있지만, 한국어에서 '굵다'는 이러한 어휘와 함께 사용되지 않는다.

6.2.2. '가늘다/細'의 의미 대응 양상

1) 공통점

차원 형용사 '가늘다'와 '細'는 대상물의 단면 둘레가 작다는 의미를 가리킨다. 이와 관련된 예시는 다음과 같다.

  (244) a. 가는 {나무/기둥/끈…}
     b. 細 {樹/柱子/繩子…}

위의 예시 (244)에서, 한국어 '가늘다'와 중국어 '細'는'가늘다/細'는 '나무/樹', '기둥/柱子', '끈/繩子' 등과 같은 대상과 결합하여, 해당 물체의 단면 둘레가 개념화자의 심리적 기준에 비추어 비교적 작거나 일정한 수준을 넘지 않는다는 의미를 나타낸다. 이러한 의미를 도식으로 보면 다음 <그림 35>와 같다.

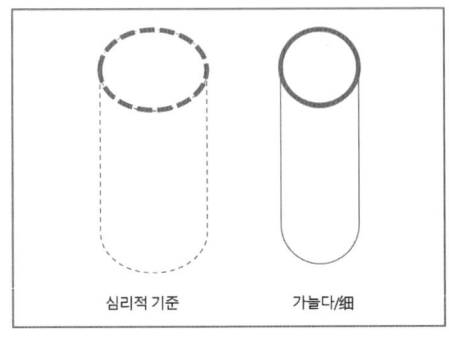

<그림 35> '가늘다/細'의 도식 1

위의 <그림 35>에서, 막대 입체물의 단면 크기가 개념화자의 심리적 기준에 미치지 못하면 '가늘다/細'라고 인식하게 된다. '나무', '기둥', '끈' 등과 같은 원형 물체의 단면 둘레는 해당 대상물 자체의 특징을 나타내는 것이기 때문에 고유성의 특징을 보인다. 또한, '가늘다/細'는 이러한 의미를 나타낼 때 방향 제한이 없으며, 기준점이 필요 없다는 특징이 나타난다.

차원 형용사 '가늘다'와 '細'는 대상물의 너비가 일반적인 기준보다 좁다는 의미를 나타낸다.

(245) a. 가는 {눈썹/허리/글씨…}
　　　 b. {眉/腰/筆畵…} 細

예시 (245)에서, '가늘다/細'는 단면 둘레의 크기에서 확장되어, 대상의 너비가 일반적인 기준보다 좁음을 표현한다. '가는 눈썹/細眉'은 눈썹 한 올의 굵기가 가늘게 인지되거나 눈썹 전체의 폭이 좁게 보이는 현상을 가리킨다. '가는 허리/細腰'는 신체의 둘레가 작고 날씬하게 보이는 것을 지시하며, 이는 단순한 물리적 크기를 넘어 미적 평가와도 연결된다. 또한 '가는 글씨/細筆畫'의 경우, 획의 두께가 얇아 시각적으로 섬세하고 가볍게 지각되는 특징을 드러낸다. '가늘다/細'의 이러한 의미를 도식으로 보면 다음 <그림 36>과 같다.

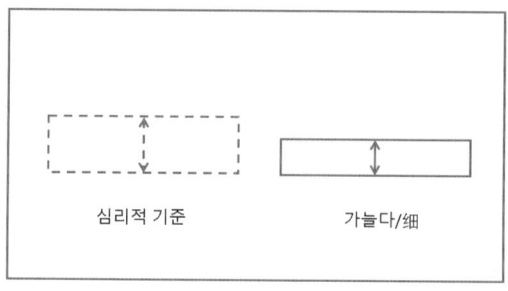

<그림 36> '가늘다/細'의 도식 2

<그림 36>에서 보듯이, 대상물의 긴 한쪽과 이와 평행 관계에 있는 다른 한쪽 간의 너비가 보통 정도에 미치지 못하면 '가늘다/細'로 인식된다. '눈썹', '허리', '글씨' 등의 대상물의 너비가 해당 대상물 자체의 물리적 특징을 나타내기 때문에 고유성이 나타난다. 또한, '가늘다/細'는 물체의 너비를 측정할 때 방향적 제한성이 없으며, 기준점이 필요 없다는 특징이 있다.

'가늘다/細'는 대상물의 입자(粒子) 크기가 상대적으로 작다는 의미를 나타낸다.

(246) a. 가는 {모래/소금/가루…}
    b. 細 {沙/鹽/粉…}

예시 (246)에서 '가늘다/細'는 모두 입자의 크기가 상대적으로 작음을 표현하는 데 사용된다. '가는 모래/細沙'는 알갱이 하나하나의 크기가 작아 부드럽고 곱게 인지되는 상태를 나타내며, '가는 소금/細鹽'은 소금 결정의 입자가 잘게 부서져 세밀하게 지각되는 특성을 지시한다. '가는 가루/細粉' 역시 가루 입자가 미세하여 표면이 매끄럽고 고운 느낌을 준다. 이처럼 '가늘다/細'는 본래 선, 둘레의 좁음이라는 의미에서 확장되어, 입자의 크기가 작고 세밀하게 나뉨을 표현하는 기능으로 쓰인다. 이러한 의미를 도식으로 보면 다음 <그림 37>과 같다.

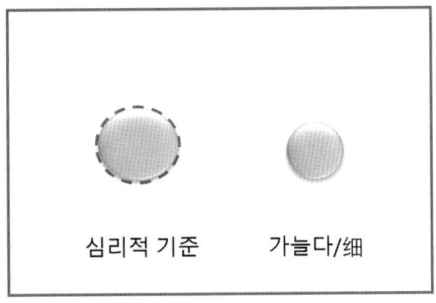

<그림 37> '가늘다/細'의 도식 3

위의 <그림 37>에서 볼 수 있듯이, 입자형 물체의 실체적 크기가 일반적인 기준에 미치지 못할 경우, 이를 '가늘다/細'로 인식하게 된다. '가늘다/細'는 이러한 의미를 나타낼 때 고유성이 나타나고, 방향적 제한이 없으며, 기준점이 필요 없다는 특징이 나타난다.

차원 형용사 '가늘다/細'는 구멍의 크기가 상대적으로 작다는 의미를 나타내기도 한다.

    (247) a. 가는 {구멍/체/망…}
          b. 細 {孔/篩/网…}

예시 (247)에서 한국어 '가늘다'와 중국어 '細'는 모두 구멍이나 망의 틈이 상대적으로 작고 촘촘함을 표현하는 기능으로 사용된다. '가는 구멍/細孔'은 구멍의 지름이 작아 잘 보이지 않거나 통과하는 물질의 양이 제한되는 상태를 지시하며, '가는 체/細篩'는 체의 눈이 잘게 짜여 있어 입자가 작은 물질만 걸러낼 수 있음을 나타낸다. '가는 망/細网' 역시 그물코의 간격이 촘촘하여 작은 물체까지 걸러내는 특성을 드러낸다. 이러한 의미는 <그림 38>과 같은 도식으로 시각화할 수 있다.

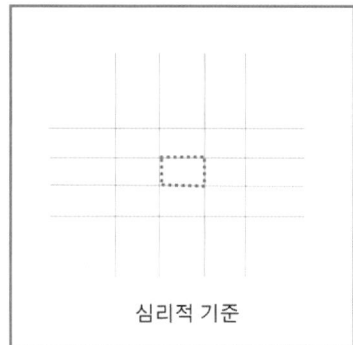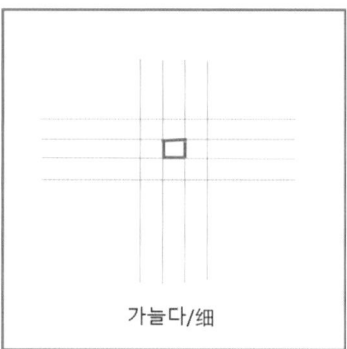

<그림 38> '가늘다/細'의 도식 4

위의 <그림 38>에서 보듯이, 구멍의 크기가 보통 정도에 미치지 못하면 '가늘다/細'를 통해 개념화한다. '가늘다/細'는 구멍의 크기를 측정할 때 비고유적 특징, 방향 제한이 없다는 특징, 기준점이 필요 없다는 특징이 있다.

'가늘다'와 '細'는 자연 현상과 관련된 단어와 결합하여, 해당 현상이 약하거나 미세한 정도를 나타낸다.

(248) a. 가는 {비/연기/빛…}
  b. 細 {雨/烟/光…}

예시 (248)에서 보듯이, '가늘다'와 '細'는 '비', '연기', '빛'과 같은 자연 현상과 관련된 어휘와 함께 사용되어 해당 현상이 약하고 섬세하다는 의미를 표현한다. 인지의미론적 관점에서 이러한 표현은 환유적 인지 기제를 통해 설명될 수 있다. 구체적으로 살펴보면, 인간은 비를 지각할 때 낱낱의 빗방울이 형성하는 가는 선적 형태를 주목하며, 연기를 인식할 때는 공기 중에 퍼져 있는 미세하고 가는 줄기의 형태를 지각한다. 빛 역시 동일하게, 강하게 퍼지는 전체 현상보다는 일정한 방향성을 가진 가느다란 광선을 통해 체험된다. 이처럼 개별적이고 부분적인 지각 요소가 전체 현상의 성격을 대표한다고 인식되는 것이다. 따라서 '가는 비'라는 표현은 단순히 빗방울의 크기가 작다는 물리적 묘사에 머무르지 않고, 전체적인 비의 성격이 약하고 섬세하다는 의미로 확장된다. '가는 연기'와 '가는 빛' 역시 각각 연기가 옅고 희미하다거나, 빛이 부드럽고 강도가 약하다는 의미로 일반화된다. 즉, 부분적 속성이 전체의 특성을 환유적으로 드러내는 인지적 과정이 이러한 언어 표현의 배경에 자리 잡고 있는 것이다.

차원 형용사 '가늘다'와 '細'의 물리적 개념은 촉각 영역으로 확장되는 양상을 나타낸다.

(249) a. 가는 {천/베…}
  b. 細 {布/麻布…}

예시 (249)에서 보듯이, '가늘다/細'는 '천/布', '베/麻布'와 함께 사용되어 질감이 얇고 가볍다는 의미를 나타낸다. '가는 천'이나 '가는 베'라는 표현은 실제로는 해당 천이나 베를 구성하는 실이 가늘다는 것을 의미한다. 이러한 가는 실로 짜인 천이나 베는 시각적으로 더 얇고, 촉각적으로는 더 가볍고 부드럽게 느껴진다. 다시 말해, '가는 실'이라는 구체적이고 부분적인 속성을 통해 '천'이나 '베' 전체의 질감적 특성, 특히 부드럽고 가볍다는 점을 이해하는 것은, 부분이 전체를 지시하는 환유적 인지 기제를 바탕으로 개념화된 것이다.

2) 차이점

한국어에서 '가늘다'는 '가늘게'라는 부사어 형식으로 뒤에 나타나는 동사와 함께 사용되어 은유적 의미를 나타낸다.

(250) a. 가늘게 {떨리다/흔들리다/움직이다…}
　　　b. * 細　{抖/搖動/移動…}

예시 (250a)에서 보이듯이, 부사어 '가늘게'는 동작 동사인 '떨리다', '흔들리다', '움직이다' 등과 함께 사용되어, 해당 동작의 움직임이 매우 약하고 미세하다는 의미를 나타낸다. 반면 중국어에서는 '細'가 아닌 '輕輕地(가볍게)'라는 단어가 이러한 동사들과 결합하여 동작의 강도나 움직임이 작고 부드럽다는 의미를 나타낸다.

한국어에서 '가늘게'가 '떨리다', '흔들리다', '움직이다'와 같은 동작 동사와 결합할 수 있는 것은, 신체적 움직임이나 사물의 진동을 세밀하고 미세한 선적(線的) 움직임으로 지각하는 언어적 관습과 관련이 있다. 즉, 인간은 작은 떨림이나 흔들림을 경험할 때 그것을 일정한 방향성을 가진 '가는 선의 움직임'으로 인식하며, 이러한 지각 방식이 부사 '가늘게'의 용법으로 언어화된 것이다. 반면 중국어의 '細'는 기본적으로 사물의 물리적 형태적 특성을 서술하는 데 국한되는 경향이 강하다. 동작의 강도나 진폭과 같은 움직임의 양상을 표현할 때는 '輕輕地'와 같이 강약의 정도를 나타내는 어휘가 선택되는 것이 관습화되었다. 따라서 이러한 차이는 각 언어가 움직임을 개념화하는 방식, 곧 한국어는 선적이고 미세한 이미지를 강조하고, 중국어는 강약의 정도 차원을 중심으로 동작을 표현하는 어휘 체계를 발전시켜 온 결과라고 할 수 있다.

'가늘다/細'는 공간 영역에서 청각 영역으로 의미가 공감각적으로 전이되는 양상을 나타낸다.

(251) a. 가는 {목소리/음성/소리…}
b. {嗓音/聲音/音…} 細

위의 예시 (251)에서 '가늘다/細'는 '목소리/嗓音', '음성/聲音', '소리/音' 등의 단어와 결합하여, 소리가 개념화자의 심리적 기준보다 약하다는 의미를 나타낸다. '가늘다'는 또한 다음과 같은 소리와 관련된 어휘와 함께 사용될 수 있다.

(252) a. 가는 빗소리를 내며 부슬부슬 내린다.
b. 여자들의 가는 웃음 소리가 쏟아져 나왔습니다.

예시 (252)에서, '가늘다'는 '빗소리', '웃음소리'와 결합하여 소리의 세기가 상대적으로 약하다는 것을 의미한다. 반면 중국어에서는 '細' 대신 '小'라는 형용사가 '雨聲(빗소리)', '笑聲(웃음소리)'과 결합하여 소리의 강도가 약하다는 의미가 된다.

한국어 '가늘다'와 중국어 '細'가 소리와 관련된 어휘와 결합하는 양상은 물리적 선(線)의 미세함이나 얇음이 청각적으로 인지되는 소리의 세기나 가는 음색으로 공감각적으로 전이되는 인지적 관습과 밀접하게 연관된다. 즉, 시각적으로 인지되는 '가는 선'의 이미지는 청각적으로 인지되는 '미세하고 약한 소리'와 대응되며, 이러한 공감각적 사상을 통해 언어적 확장이 이루어진 것이다. 이러한 인지적 연속성 때문에 한국어에서는 '가는 목소리', '가는 음성'과 같은 표현이, 중국어에서는 '嗓音細', '聲音細'와 같은 표현이 자연스럽게 정착할 수 있었다.

차원 형용사 '가늘다/細'의 기본의미와 확장의미의 공통점과 차이점을 정리하면 다음 <표 42>와 같다.

<표 42> '가늘다/細'의 기본의미와 확장의미[19]

의미			결합어	가늘다	細
기본 의미	단면의 둘레		나무/樹, 기둥/柱子, 끈/繩子…	+	+
	너비		눈썹/眉, 허리/腰, 글씨/筆畫…	+	+
	물체의 부피		모래/沙, 소금/鹽, 가루/粉…	+	+
	구멍의 크기		구멍/孔, 체/篩, 망/网…	+	+
확장 의미	정도		떨리다, 흔들리다, 움직이다…	+	-
	감각	시각	비/雨, 연기/烟, 빛/光…	+	+
		청각	목소리/嗓音, 음성/聲音, 소리/音…	+	+
			빗소리, 웃음소리…	+	-
		촉각	천/布, 베/麻布…	+	+

위의 <표 42>를 보면, 한국어 '가늘다'와 중국어 '細'는 '물체 단면의 둘레', '너비', '부피', '구멍의 크기'와 같은 물리적 의미를 나타낸다. 그리

---

[19] <표 42>에 사용된 '+' 기호는 '가늘다/細'가 해당 의미 범주에 제시된 결합어와 자연스럽게 결합하여 실제 언어 사용에서 자주 나타나는 경우를 의미한다. 반면, '-' 기호는 '가늘다/細'가 해당 의미 범주의 결합어와 자연스럽게 결합하지 않거나, 의미상 어색하여 일반적으로 사용되지 않는 경우를 나타낸다.

고 이들의 확장의미를 보면 '가늘다/細'는 모두 청각, 촉각 영역으로 확장되는데 『표준국어대사전』에서는 '가늘다'의 촉각적 의미를 볼 수 없다. 또한, '가늘다/細'는 시각 영역으로 확장된다. 그러나 『現代漢語詞典』에는 '細'의 시각적 의미가 기재되지 않았다. 또한 한국어 '가늘다'는 '동작이 움직이는 정도가 약하다'라는 추상적 의미를 나타내지만, '細'에는 이러한 의미가 없다.

6.3. '크다/大' 및 '작다/小'의 의미 대응 양상

6.3.1. '크다/大'의 의미 대응 양상

1) 공통점

한국어 차원 형용사 '크다'와 중국어 차원 형용사 '大'는 구체적인 대상물의 부피가 일반적인 기준보다 크다는 의미를 나타낸다. 이에 대한 예시를 보면 다음과 같다.

   (253) a. 큰 {건물/배/돌…}
      b. 大 {建筑物/船/石頭…}

예시 (253)에서 한국어 '크다'와 중국어 '大'는 모두 구체적인 사물의 부피를 지시하는 용법으로 사용된다. 먼저 '큰 건물/大建筑物'은 건축물이 차지하는 공간적 부피가 일반적 규모보다 크다는 점을 드러낸다. '큰 배/大船'은 선박의 길이와 폭, 높이 등 삼차원적 크기가 커서 많은 사람이나 화물을 수용할 수 있는 특성을 강조한다. '큰 돌/大石頭'은 돌덩이가 일반적인 기준보다 부피가 커서 눈에 띄거나 이동에 어려움이 있다는 의미를 나타낸다.

이러한 의미를 도식으로 보면 다음 <그림 39>와 같다.

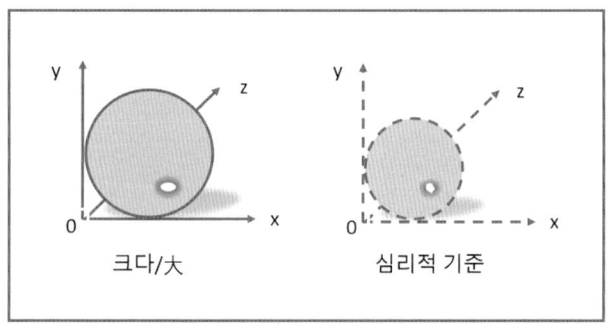

<그림 39> '크다/大'의 도식 1

<그림 39>에서 보듯이, 어떤 물체의 부피가 일반적인 기준을 초과할 경우, 해당 대상은 '크다/大'로 인식된다. '크다/大'는 이러한 의미를 나타낼 때 고유성의 특징, 방향 제한이 없다는 특징, 그리고 기준점이 필요 없다는 특징이 있다.

또한, 차원 형용사 '크다'와 '大'는 대상물의 면적 크기를 나타내는 데에도 사용된다.

(254) a. 큰 {문/창문/운동장…}
　　　 b. 大 {門/窗戶/運動場…}

예시 (254)에서 '크다/大'는 '문/門', '창문/窗戶', '운동장/運動場'과 같은 대상의 면적이 개념화자의 심리적 기준을 초과함을 의미한다. 이러한 의미는 도식적으로 <그림 40>과 같이 나타낼 수 있다.

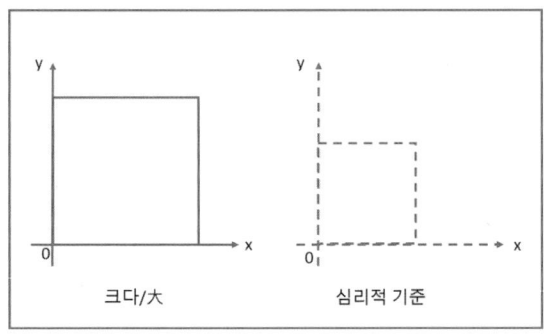

<그림 40> '크다/大'의 도식 2

위의 <그림 40>에서, 물리적 대상물의 실체적 면적이 개념화자의 심리적 기준을 초과하면 '크다/大'를 통해 이해한다. '문', '창문', '운동장' 등 대상물의 면적의 크기는 해당 대상물 자체의 특징이기 때문에 고유성이 나타난다. 또한, '크다/大'는 해당 대상물의 면적을 나타낼 때 방향 제한이 없으며, 기준점이 필요 없다는 특징이 있다.

'크다/大'는 대상물의 부피나 면적뿐만 아니라, 구멍의 크기를 나타내는 데에도 사용될 수 있다.

(255) a. 큰 {구멍/입구/틈…}
b. {洞/洞口/縫隙…} 大

예시 (255)에서 한국어 '크다'와 중국어 '大'는 모두 구멍이나 틈, 입구와 같이 공간이 열려 있는 부분의 크기를 나타내는 데 사용된다. '큰 구멍/洞大'는 구멍의 지름이 보통보다 커서 눈에 잘 띄고, 물체나 물질이 쉽게 드나들 수 있음을 드러낸다. 또한, '큰 입구/洞口大'는 출입구의 폭이 넓어 여러 사람이 동시에 지나가거나 큰 물체가 자유롭게 통과할 수 있는 조건을 보여준다.

그리고 '큰 틈/縫隙大'는 두 사물 사이의 간격이 넓어 내부가 노출되거나 외부 요소가 쉽게 스며들 수 있는 상태를 표현한다. 이러한 의미적 특성을 도식으로 보면 다음 <그림 41>과 같다.

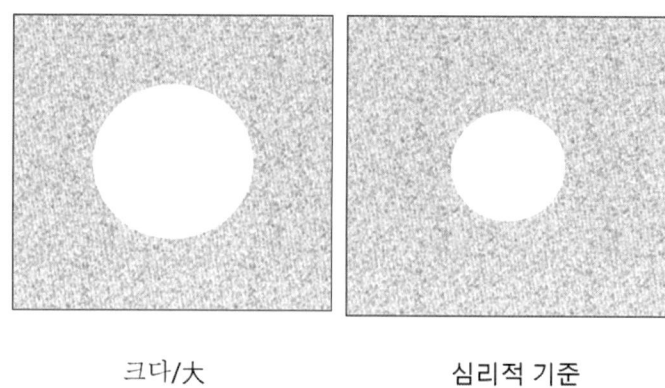

크다/大　　　　　심리적 기준

<그림 41> '크다/大'의 도식 3

<그림 41>에서, 구멍의 크기가 개념화자의 심리적 기준을 넘으면 '크다/大'를 통해 인식하게 된다. '크다/大'는 구멍의 크기를 측정할 때 비고유적 특징이 나타나고, 방향적 제한성과 기준점이 필요 없다는 특징이 나타난다.

'크다/大'는 숫자나 수치와 관련된 단어와 함께 사용되어 추상적 의미를 나타낸다.

　　　(256) a. 큰 {숫자/수치/비용…}
　　　　　　b. {數字/數值/費用…} 大

예시 (256)에서 보면 알 수 있듯이, 한국어 '크다'와 중국어 '大'는 모두

'숫자', '수치', '비용'과 같은 추상적 명사와 결합하여, 물리적 크기의 개념이 양적 규모를 나타내는 추상적 의미로 확장된다. 먼저 '큰 숫자/大數字', '큰 수치/大數値'와 같은 표현은 특정 수량이 일반적인 기준보다 많거나 규모가 크다는 의미를 나타낸다. 또한 '큰 비용/大費用'은 경제적 지출의 절대적 액수가 크다는 것을 의미한다.

차원 형용사 '크다/大'는 숫자나 수치와 관련된 단어와 함께 사용될 뿐만 아니라, 비율이나 정도를 나타내는 단어와도 결합할 수 있다.

(257) a. 큰 {가능성/비중/비율…}
b. {可能性/比重/比例…} 大

예시 (257)에서 '크다/大'는 '가능성/可能性', '비중/比重', '비율/比例' 등의 단어와 함께 사용되어, 어떤 사건이나 현상이 발생할 가능성이나 차지하는 비중이 일반적인 기준보다 크다는 의미를 나타낸다.

차원 형용사 '크다/大'가 숫자, 수치, 비율, 정도와 관련된 어휘와 함께 사용되는 이유는 일상 경험을 통해 설명할 수 있다. 비록 숫자나 양은 추상적인 개념이지만, 구체적인 사물의 양을 통해 그 크고 작음을 체감할 수 있기 때문이다. 즉, 특정 대상의 양이 많아질수록 그것이 차지하는 물리적 공간도 커지고, 이를 나타내는 수치 역시 자연스럽게 커진다(徐天龍, 2013:16). 예를 들어 사과의 개수가 많아질수록 사과가 차지하는 실제 공간도 넓어지며, 이를 나타내는 숫자도 증가한다. 마찬가지로, 돈을 한데 쌓으면 그 부피가 커지고, 이를 나타내는 수치 역시 커진다. 이러한 인지적 경험을 바탕으로, 숫자나 수치, 비율이나 정도 등이 개념화자의 심리적 기준을 초과할 경우, '크다/大'로 인식되는 것이다.

차원 형용사 '크다/大'는 '범위나 규모의 크기가 상대적으로 크다'는 의미를 가진다.

 (258) a. 큰 {분야/범위/폭…}
   b. 大 {領域/范圍/幅度…}

 예시 (258)에서 보듯이, 한국어 '크다'와 중국어 '大'는 모두 '분야', '범위', '폭'과 같은 추상적 명사와 결합하여, 어떤 사물이나 현상이 차지하는 범위나 규모가 일반적인 기준보다 넓거나 크다는 의미를 나타낸다. 예컨대 '큰 분야/大領域'는 특정 학문이나 활동 영역이 포괄하는 범위가 넓음을 드러낸다. 또한, '큰 범위/大范圍'는 해당 대상의 영역이 일반적 범위를 넘어 확장되었음을 지시한다. 그리고 예시 '큰 폭/大幅度'은 변화의 정도나 차이가 상당히 크다는 의미를 나타낸다.

 '크다/大'가 '분야, 범위, 폭'과 같은 어휘와 결합하는 것은 물리적 크기에 대한 인간의 지각 경험이 추상적 개념으로 전이된 결과라 할 수 있다. 구체적으로, 큰 사물이나 공간은 더 넓은 면적을 차지하고 더 많은 대상을 포함한다는 점에서 '포괄성'과 '확장성'의 속성을 지닌다. 일상적 경험에서도 이러한 대응은 쉽게 확인된다. 예를 들어, 넓은 공원은 운동장, 놀이시설 등 다양한 공간을 포함하지만, 작은 공원은 단순히 벤치 몇 개에 그치는 경우가 많다. 행정 단위에서도 마찬가지로, 관할 구역이 클수록 더 많은 지역을 포함한다. 이러한 경험적 인식이 언어적 표현에 반영되어, 한국어의 '크다'와 중국어의 '大'가 물리적 크기를 넘어 추상적 범위 개념을 나타내는 데 사용된다.

 '크다/大'의 물리적 개념은 '정도'의 의미 영역으로 확장될 수 있다. 먼저 이러한 형용사가 사건과 관련된 어휘와 결합되어 사용되는 양상을 살펴보면 다음과 같다.

(259) a. 큰 {전쟁/사고/충돌…}

　　　b. 大 {戰/事故/冲突…}

예시 (259)에서 한국어 '크다'와 중국어 '大'는 모두 '전쟁', '사고', '충돌'과 같은 사건 관련 명사와 결합하여, 사건의 규모나 심각성이 일반적인 수준을 넘어 크다는 의미를 드러낸다. 예컨대 '큰 전쟁/大戰'은 전투의 범위가 광범위하거나 피해 규모가 크다는 것을 의미한다. 또한 '큰 사고/大事故'는 단순한 사고가 아니라 사회적 파급력이나 재산 피해가 심대한 사건을 의미한다. 그리고 '큰 충돌/大冲突'은 사소한 다툼이 아닌 정치나 사회, 집단 간의 갈등이 격렬하게 발생한 상황을 나타낸다.

'크다/大'가 사건과 관련된 어휘와 함께 사용되는 것은 문화적 측면에서 설명할 수 있다. 문자 사용이 보편화되기 이전에는 끈에 매듭을 짓는 방법, 즉 '매듭 기사(結繩記事)'를 통해 정보를 전달하거나 사건을 기록하였다(陳含章, 2003:71). 이 고대의 기록 방식에서는 매듭의 크기와 형태에 따라 표현되는 사건의 중요도나 성격이 달라졌으며, 매듭이 클수록 더 중대한 사건을 나타내는 의미를 지녔다고 전해진다(陶園 외, 2017:87-88). 예를 들어 동한 정현(鄭玄)은 『주역주』에서 '結繩爲約, 事大, 大結其繩; 事小, 小結其繩'라고 하였다(靳青万, 1996:17). 즉 중요한 일을 기록하려면 큰 매듭을 짓고, 사소한 일을 기록하려면 작은 매듭을 짓는 것이다. 이러한 문화의 영향을 받으면서 일반적으로 규모가 큰 사건을 '크다/大'를 통해 인식하게 된다.

'크다/大'는 동작과 관련된 어휘와도 함께 사용될 수 있다. 이에 대한 구체적인 사용 양상은 다음 예시를 통해 확인할 수 있다.

(260) a. 크게 {떨리다/흔들리다/움직이다…}

　　　b. 大的 {抖動/晃動/移動…}

위의 예시 (260a)에서 보이듯이, 한국어에서 '크다'는 '크게'라는 부사어 형식으로 뒤에 나타나는 동사인 '떨리다', '흔들리다', '움직이다'와 함께 사용되어 동작이 움직이는 정도가 강하다는 의미를 나타낸다. 또한, 예시 (260b)에서 보이듯이, 중국어에서 '大'는 '大的'라는 관형사 형식으로 뒤에 나타나는 동작 명사인 '抖動(떨림)', '晃動(흔들림)', '移動(움직임)'과 함께 사용되어 동작의 강도가 상대적으로 강하다는 것을 나타낸다.

차원 형용사 '크다/大'가 동작의 강도를 나타내는 추상 영역으로 확장되는 것은 인간의 기본적 지각 경험에 근거한다. 일반적으로, 부피가 크거나 무게가 많이 나가는 물체가 움직일 때, 그 떨림이나 흔들림은 시각적·청각적으로 더 크게 감지되며 주변에 미치는 영향도 강하다. 예를 들어, 거대한 건물이 흔들릴 경우 작은 물체의 진동보다 훨씬 두드러지게 느껴지고, 큰 짐승의 움직임은 작은 동물의 움직임보다 강렬한 충격을 준다. 이러한 물리적 세계에서의 지각 경험이 언어적 표현에 반영되면서, '크다/大'의 공간적 속성이 동작의 강도를 나타내는 추상 영역으로 은유적으로 확장된다. 그 결과, 강한 움직임이나 두드러진 동작은 '크게 떨리다/흔들리다/움직이다' 또는 '大的抖動/晃動/移動'과 같이 '크다/大'로 표현되게 된다.

차원 형용사 '크다/大'는 관계와 관련된 단어와 함께 사용되어 은유적 의미를 나타낸다.

(261) a. 큰 {관계/관련/인연…}
b. 大的 {關系/關聯/緣分…}

위의 예시 (261)에서 보듯이, 한국어 '크다'와 중국어 '大'는 '關系/관계', '關聯/관련', '緣分/인연' 등의 단어와 함께 사용되어, 공간적 개념이 관계 영역으로 확장되며 대상 간의 관계가 일반적인 수준보다 더 밀접하다는 의미를 나타낸다.

차원 형용사 '크다/大'가 관계 영역으로 확장되는 것은 물리적 크기와 강도의 인지적 경험 구조에서 비롯된다. 일상 경험에서 크기가 큰 사물은 더 많은 부분을 포괄하거나 강한 영향력을 미친다고 인식된다. 예를 들어, 큰 공동체는 작은 집단보다 더 많은 구성원을 포함하고, 그 내부의 상호작용과 유대 역시 더 복잡하고 긴밀하게 형성된다. 또한 큰 사건은 개인의 삶이나 사회 전반에 미치는 파급력이 작지 않으며, 그 안에서 형성되는 관계 역시 더욱 강하게 인지된다. 이러한 경험을 바탕으로, '크다/大'는 '관계', '관련', '인연'과 같은 추상적 명사와 결합하여, 단순한 연결이 아니라 보다 긴밀하고 중요한 연계를 지칭하는 의미로 확장된다.

차원 형용사 '크다/大'는 긍정적이나 부정적인 감정 어휘와 함께 사용되어, 감정의 강도가 강하다는 의미를 나타낼 수 있다.

    (262) a. 큰 {행복/슬픔/고통…}
           b. 大的 {幸福/悲傷/痛苦…}

예시 (262)에서 '크다/大'는 '행복/幸福', '슬픔/悲傷', '고통/痛苦'과 같은 감정 어휘와 함께 사용되어, 특정 감정 상태가 일반적인 수준보다 훨씬 강하다는 의미를 나타낸다. 물리적으로 큰 대상은 그만큼 더 강한 힘을 발휘하며, 파급 범위와 영향력도 넓어진다는 것은 일반적인 경험이다(권희정, 2019:230). 예를 들어, 강도 높은 지진은 진동의 범위가 넓어져 더 많은 지역에 큰 영향을 끼치며, 큰 파도 역시 해안 침식이나 건물·시설물의 붕괴 등에서 더 큰 파괴력을 지닌다. 이러한 일상적 경험에 기반하여, 사람의 내면에 강한 영향을 주는 감정 또한 '크다/大'라는 형용사를 통해 개념화된다.

차원 형용사 '크다/大'는 권력과 관련된 어휘와 결합하여 공간 개념이 추상적 영역으로 확장된다.

    (263) a. 큰 {권력/영향력/세력…}
          b. {權力/影響力/勢力…} 大

위의 예시 (263)에서 보이듯이, 차원 형용사 '크다/大'는 '권력/權力', '영향력/影響力', '세력/勢力'과 같은 추상적인 어휘와 결합하여, 타인을 지배하거나 복종시킬 수 있는 권리와 힘이 일반적인 수준보다 강하다는 의미가 된다.
  차원 형용사 '크다/大'가 권력 영역에 적용되는 것은 물리적 크기와 힘 사이의 관계를 통해 설명할 수 있다. 일반적으로 물체가 클수록 더 큰 물리적 힘을 발휘할 수 있으며, 충돌이나 압력 등에서 미치는 영향력도 커진다. 예를 들어, 큰 돌은 작은 돌보다 더 강한 충격을 주고, 큰 파도는 작은 파도보다 더 많은 에너지와 강한 파괴력을 지닌다. 이러한 물리적 크기와 힘의 관계는 권력, 영향력, 세력과 같은 추상적 개념에도 확장되어 적용된다. 따라서 강한 지배력과 통제력을 바탕으로 많은 사람에게 영향을 미치는 것은 차원 형용사 '크다/大'를 통해 개념화되는 것이다.
  차원 형용사 '크다'와 '大'는 단순한 물리적 크기를 넘어, 포용력이나 도량이 넓다는 추상적 의미를 나타낸다.

    (264) a. {배포/도량/마음…}이 크다
          b. {胸怀/度量/心胸…} 大

위의 예시 (264)에서 보이듯이, 차원 형용사 '크다/大'는 '배포/胸怀', '도량/度量', '마음/心胸'과 같은 단어와 결합하여, 한 사람의 포용력이나 마음 씀씀이가 일반적인 수준보다 넓고 크다는 의미를 나타낸다.

'크다/大'가 성품과 관련된 단어와 함께 사용되는 이유는 일상적 경험을 통해 설명할 수 있다. 일반적으로 큰 물체는 더 넓은 공간을 차지하고, 더 많은 것을 담거나 수용할 수 있다. 예를 들어, 큰 방은 더 많은 사람이나 물건을 포용할 수 있는 공간적 여유를 지닌다. 이와 같은 물리적 경험은 사람의 성품에 대한 인식으로 확장되어, 마음이 크다는 것은 다양한 상황이나 타인을 너그럽게 받아들이는 포용력을 의미하게 된다. 이러한 인지적 연관성에 따라, '배포'나 '도량'과 같은 추상적 개념이 차원 형용사 '크다/大'를 통해 개념화되는 것이다.

차원 형용사 '크다'와 '大'는 소리를 나타내는 어휘와 결합하여, 소리의 강도나 크기가 크다는 의미를 나타낸다. 이에 대한 예시는 다음과 같다.

(265) a. 큰 {소음/웃음소리/울음소리…}
b. {噪音/笑聲/哭聲…} 大

예시 (265)에서 보이듯이, '크다/大'는 '소음/噪音', '웃음소리/笑聲', '울음소리/哭聲' 등의 어휘와 결합하여, 해당 소리가 일반적인 수준보다 더 강하게 들린다는 것을 의미한다.

'크다/大'가 소리와 관련된 어휘와 함께 사용되는 이유는 물리적·신체적 경험을 통해 설명할 수 있다. 먼저 물리학적 관점에서 소리의 크기는 진폭과 밀접한 관련이 있으며, 진폭이 클수록 음파의 압력 변화도 커져 더 큰 소리로 인식된다(장영평, 2014:38). 또한 소리를 낼 때 사람의 자세 변화 역시 소리의 크기와 연결된다. 예를 들어, 큰 소리를 낼 때 사람은 어깨를 넓게 펴고 가슴을 열며, 턱을 약간 들어 올려 목을 길게 뻗는 등의 신체적 움직임을 보인다(임혜원, 2006:142). 이러한 물리적·신체적 경험에 기반하여, 강한 소리는 '크다/大'로 개념화되는 것이다.

2) 차이점

중국어에서 '大'는 나이를 나타내는 어휘와 함께 사용될 수 있는 반면, 한국어에서는 '크다'가 이러한 용법으로 쓰이지 않는다. 구체적인 예시를 살펴보면 다음과 같다.

(266) a. * {나이/연령…}이 크다
     b. {年紀/年齡…} 大

예시 (266b)에서 '大'는 '年紀(나이)', '年齡(연령)' 등의 어휘와 함께 사용되어, 사람이 세상에 태어나 살아온 시간이 오래되었음을 의미한다. 반면, 한국어에서는 '크다'가 아닌 '많다'라는 단어가 나이 관련 어휘와 결합한다는 점에서 '大'와 차이를 보인다.

중국어에서 '大'가 나이와 결합하여 '年紀大', '年齡大'와 같이 사용되는 현상은 단순히 공간적 크기가 시간적 길이로 전이된 결과라기보다, 성장 경험과 사회적 관습이 결합된 언어적 발현으로 이해할 수 있다. 첫째, 아이가 성장하면서 신체적 크기가 커지는 경험이 '長大(자라다)', '變大(커지다)'와 같은 표현을 통해 성숙과 직접적으로 연결되었고, 이는 '大人(어른)'이라는 어휘에서 보듯이 연령적 성숙을 지시하는 핵심 표지로 자리 잡았다. 둘째, 중국어 친족 호칭에서 '大哥', '大姐'와 같이 '大'가 서열과 연장자를 지시하는 접두로 널리 사용되면서, 연령의 많음을 '大'로 표현하는 방식이 고착화되었다. 셋째, '大'가 본래 정도나 규모의 확대를 나타내는 보편적 형용사로 기능한다는 점에서(예: 大量, 大幅), 나이 역시 축적된 삶의 정도라는 개념으로 자연스럽게 '大'의 범주 안에 포함될 수 있었다. 반면, 한국어에서는 나이를 신체적 크기나 서열로보다는 시간적 축적의 양으로 인식하여 '나이가 많다'와 같이 '많다'를 중심으로 표현한다. 이러한 차이는 두 언어가 성장과 연령을 개념화하는 방식의 문화적·언어적 차이를 반영하는 것이다.

중국어에서 '大'는 공간 개념을 기반으로 하여 추상적인 시간 영역으로 의미가 확장되는 양상을 보인다.

(267) a. * 큰 {아침/밤/겨울…}
b. 大 {淸早/晩上/冬天…}

예시 (267b)에서 차원 형용사 '大'는 '淸早(아침)', '晩上(밤)', '冬天(겨울)'과 같은 단어와 결합하여 '이미 어떤 시점에 이르렀다'는 의미를 나타낸다. 이러한 표현은 특정 시점에 이르렀음을 강조함으로써, 어떤 일이나 상황의 중요성이나 사람이 행하는 행위의 특수성을 부각시키고, 그것이 일상적인 경우와 다름을 드러낼 때 자주 사용된다(마교교, 2017:27). 한국어에서는 차원 형용사 '크다'가 이러한 시간 관련 어휘와 결합하지 않으며, 대신 '이른 아침', '한밤중', '한겨울' 등과 같이 특정 시간의 한 시점을 강조하는 표현이 사용된다는 점에서 중국어의 '大'와 차이를 보인다.

중국어에서 '大'가 '淸早(아침)', '晩上(밤)', '冬天(겨울)' 등과 같은 시간 명사와 결합하는 현상은 몇 가지 요인에 기인한다. 첫째, 통사적·형태적 조건을 보면, 중국어는 단음절 형용사가 명사 앞에서 직접 수식어로 결합하는 구조적 여지가 크다. 이로 인해 '大淸早', '大晩上'과 같이 짧고 결합하기 쉬운 관형구가 구어에서 빈번히 생성되고 고착되었다. 한국어에서도 관형사 '큰'을 통해 명사를 수식할 수 있으나, 시간 명사를 대상으로 '큰'이 자연스럽게 의미를 전달하는 관습은 형성되지 않았다. 한국어는 시간 강조를 위해 '이른 아침', '한밤중', '한겨울', '깊다'와 같은 표현을 선호한다. 둘째, 인지적 차원에서 보면, 공간 개념이 시간 영역으로 전이될 때 어떠한 공간적 속성을 활용하는가는 언어마다 다르다. 중국어는 구체적 사물의 크기를 시간적 강도나 특수성을 드러내는 방식으로 전이하는 경향이 있는 반면, 한국어는 시간의 진행이나 후반부의 상태를 주로 '깊다'라는 어휘를 통해 개념화된다.

중국어에서 '大'는 '색깔이 보통 정도보다 진하다'는 추상적 의미를 표현할 수 있다.

(268) a. * 큰 {빨간색/녹색/자색…}
   b. 大 {紅色/綠色/紫色…}

예시 (268b)에서 중국어 '大'는 '紅色(빨간색)', '綠色(녹색)', '紫色(자색)' 등과 같은 색채 어휘와 결합하여 색이 일반적인 기준보다 더 진하고 선명하다는 의미를 나타낸다. 이는 색채가 지닌 물리적 속성이 인간의 시각 체계에 강렬한 자극을 주는 현상과 관련된다. 즉, 빛의 파장이 강하고 색채 대비가 뚜렷할수록 시각 기관은 더 큰 충격을 경험하게 되며, 이러한 지각적 강도가 심리적 차원에서 크기로 개념화되는 것이다. 이러한 인지적 경로를 통해 '大'가 색채 어휘와 결합하는 용법이 정착하였다.

반면 한국어에서는 색채의 강도를 크기의 차원에서 이해하지 않고 주로 농도와 깊이의 차원에서 파악한다. 다시 말해, 색이 선명하고 강렬할 때 한국어 화자는 이를 크다로 표현하지 않고 진하다라는 어휘를 사용하여 색채의 밀도적 속성을 직접적으로 지시한다. 이는 한국어가 색채 인식을 물리적 크기의 차원보다는 질적 농도의 차원에서 개념화하는 언어적 전통과 관련되며, 결과적으로 중국어와 한국어는 색채 강도의 표현에서 서로 다른 형용사가 사용되는 양상을 보인다.

중국어에서 '大'는 '냄새가 보통 정도보다 진하다'는 추상적인 의미를 나타낸다. 관련된 예시는 다음과 같다.

(269) a. * {냄새/비린 냄새/이상한 냄새…}가 크다
　　　 b. {气味/腥味/异味…} 大

예시 (269b)에서 보면 알 수 있듯이, '大'는 '气味(냄새)', '腥味(비린 냄새)', '异味(이상한 냄새)'와 같은 단어와 결합하여, 크기 개념이 후각 영역으로 전이되며 공감각적 의미 확장의 양상을 보인다. 한국어에서는 이러한 의미를 표현할 때 '크다' 대신 '진하다'라는 형용사가 사용된다는 점에서, 중국어의 '大'와 차이를 보인다.

'大'가 후각 영역으로 의미가 확장되는 현상은 물리학적 관점에서 설명할 수 있다. 즉, 냄새는 공간 내에서 방사형으로 확산되며, 그 확산 범위는 일반적으로 원형으로 인식된다(李軍·任永軍, 2002:58). 특정 지점에서 냄새의 강도가 더욱 뚜렷하게 감지될수록, 해당 냄새가 공간적으로 더 넓은 범위에 퍼져있을 가능성이 크다. 이러한 인식에 기반하여, 강하고 짙은 냄새는 '大'를 통해 개념화되는 것이다.

중국어에서 '大'는 시각 영역과 후각 영역뿐만 아니라 미각 영역으로도 의미가 확장될 수 있다.

(270) a. * {신맛/매운 맛/고기 맛…}이 크다
　　　 b. {酸味/辣味/肉味…} 大

예시 (270b)에서 '大'는 '酸味(신맛)', '辣味(매운 맛)', '肉味(고기 맛)' 등과 같은 미각과 관련된 어휘와 함께 사용되어 맛이 보통 정도보다 진하다는 의미가 된다. 반면에 한국어에서는 '크다' 대신 '진하다'라는 형용사를 사용하여, 미각의 강도를 표현한다.

중국어에서 '大'는 공간적 크기 개념을 넘어 강도, 정도, 두드러짐을 나타

내는 일반적인 척도로 기능하며, 이러한 확장성이 맛의 진함이나 강렬함을 표현하는 영역까지 이어지게 된다. 반면 한국어에서 '크다'는 주로 물리적 크기나 추상적 비중, 범위 등을 나타내는 데 제한적으로 사용되며, 감각적 강도를 표현할 때는 '진하다', '강하다' 등과 같은 형용사가 활용된다.

'크다/大'의 기본의미와 확장의미의 공통점과 차이점을 정리하면 다음 <표 43>과 같다.

<표 43> '크다/大'의 기본의미와 확장의미[20]

의미			결합어	크다	大
기본 의미	부피		건물/建筑物, 배/船, 돌/石頭…	+	+
	면적		문/門, 창문/窗戶, 운동장/運動場…	+	+
	구멍		구멍/洞, 입구/洞口, 틈/縫隙…	+	+
확장 의미	분량	수치	숫자/數字, 수치/數值, 비용/費用…	+	+
		비율	가능성/可能性, 비중/比重, 비율/比例…	+	+
		나이	年紀, 年齡…	-	+
	범위		분야/領域, 범위/范圍, 폭/幅度…	+	+
	관계		관계/關系, 관련/關聯, 인연/緣分…	+	+
	감정		행복/幸福, 슬픔/悲傷, 고통/痛苦…	+	+
	시간		清早, 晚上, 冬天…	-	+
	정도	사건	전쟁/戰爭, 사고/事故, 충돌/冲突…	+	+
		동작	떨리다/抖動, 흔들리다/晃動, 움직이다/移動…	+	+
	평가	권력	권력/權力, 영향력/影響力, 세력/勢力…	+	+
		성품	배포/胸怀, 도량/度量, 마음/心胸…	+	+
	감각	시각	紅色, 綠色, 紫色…	-	+
		청각	소음/噪音, 웃음소리/笑聲, 울음소리/哭聲…	+	+
		후각	气味, 腥味, 异味…	-	+
		미각	酸味, 辣味, 肉味…	-	+

---

20 <표 43>에 사용된 '+' 기호는 '크다/大'가 '부피, 면적, 구멍의 크기' 등 해당 의미 범주에 제시된 결합어와 자연스럽게 결합하여 실제 언어 사용에서 빈번히 나타나는 경우를 의미한다. 반면, '-' 기호는 '크다/大'가 해당 의미 범주의 결합어와 의미상 잘 어울리지 않거나 일반적으로 결합되지 않는 경우를 나타낸다.

위의 <표 43>을 보면, '크다/大'는 '대상물의 부피'나 '면적의 크기', 그리고 '구멍의 크기'라는 의미를 나타낸다. 또한, 이들의 기본의미는 여러 가지 추상적인 의미를 나타낸다. 분량 영역에서 '大'는 '크다'보다 더 활성화되어 있는 것을 볼 수 있다. 또한 '크다/大'는 범위, 관계, 감정, 정도, 평가, 청각 영역으로의 확장에서 서로 대응을 이루고 있다. 한편 '大'는 시간 영역으로 확장되는데, 이러한 의미 특성이 '크다'에서는 보이지 않는다. 이외에 '大'는 시각, 후각, 미각 영역으로도 확장되지만, '크다'는 이러한 추상적인 영역으로의 확장 양상을 보이지 않는다.

6.3.2. '작다/小'의 의미 대응 양상

1) 공통점

차원 형용사 '작다/小'는 대상의 부피나 크기가 상대적으로 작다는 의미를 나타낸다.

  (271) a. 작은 {건물/배/돌…}
     b. 小 {建筑物/船/石頭…}

예시 (271)에서 한국어 '작다'와 중국어 '小'는 모두 구체적 대상의 부피나 크기가 일반적인 기준보다 작음을 나타낸다. 먼저 '작은 건물/小建筑物'은 건축물이 차지하는 공간적 부피가 크지 않아 규모가 제한적임을 나타낸다. '작은 배/小船'은 선박의 길이나 폭, 높이가 상대적으로 작아 탑승 인원이나 적재 용량이 제한된다는 의미를 드러낸다. '작은 돌/小石頭'은 돌덩이의 크기가 기준에 비해 작아 눈에 잘 띄지 않거나, 비교적 손쉽게 옮길 수 있다는 것을 의미한다. 이러한 개념화 양상은 <그림 42>와 같이 도식화할 수 있다.

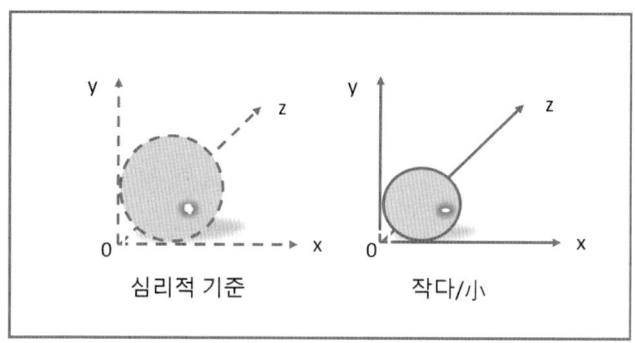

<그림 42> '작다/小'의 도식 1

위의 <그림 42>처럼, 물체의 공간적 부피가 일반적인 기준에 미치지 못하면 '작다/小'를 통해 인식하게 된다. '건물', '배', '돌' 등 대상물의 부피는 해당 대상물 자체의 공간적 특징이기에 고유성의 특징을 나타낸다. 또한, '작다/小'는 물건의 부피를 나타낼 때 방향 제한이 없으며, 기준점이 필요 없다는 특징이 나타난다.

차원 형용사 '작다/小'는 대상의 면적이 상대적으로 작다는 의미로도 사용된다.

(272) a. 작은 {문/창문/운동장…}
　　　 b. 小 {門/窓戶/運動場…}

예시 (272)에서 '작다/小'는 '문/門', '창문/窓戶', '운동장/運動場' 등의 면적이 일반적인 기준에 미치지 못한다는 의미가 된다. 이는 <그림 43>의 도식으로 나타낼 수 있다.

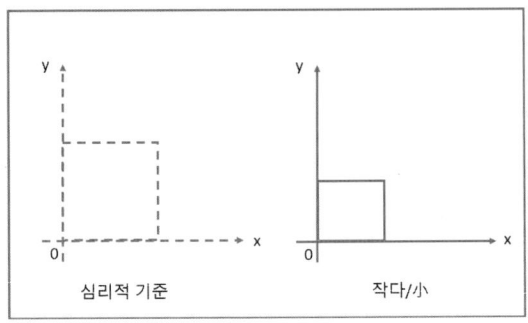

<그림 43> '작다/小'의 도식 2

위 <그림 43>에서 볼 수 있듯이, 사물의 면적이 일반적인 기준에 미치지 못할 경우, '작다/小'를 통해 그 의미가 개념화된다. '작다/小'는 '문', '창문', '운동장' 등 대상물의 면적의 크기를 측정할 때 고유성의 특징이 나타나고, 방향적 제한성과 기준점이 필요 없다는 특징이 있다.

차원 형용사 '작다/小'는 구멍의 크기가 상대적으로 작다는 의미를 나타낼 수 있다.

(273) a. 작은 {구멍/입구/틈…}
　　　b. {洞/洞口/縫隙…} 小

예시 (273)에서 한국어 '작다'와 중국어 '小'는 모두 구멍이나 입구, 틈과 같은 열린 공간의 크기가 일반적인 기준보다 상대적으로 작음을 나타낸다. '작은 구멍/小洞'은 구멍의 지름이 협소하여 눈에 잘 띄지 않거나, 그를 통해 드나들 수 있는 물체의 크기나 양이 제한됨을 드러낸다. '작은 입구/小洞口'는 출입구의 폭이 좁아 이동이 불편하거나, 큰 물체의 통과가 어려운 상태를 표현한다. 또한, '작은 틈/縫隙小'는 두 사물 사이의 간격이 거의 벌어져 있지 않아 내부가 쉽게 보이지 않거나, 외부 요소가 통과하기 힘든 특성을 지시한다. 이러한 의미를 도식으로 보면 다음 <그림 44>와 같다.

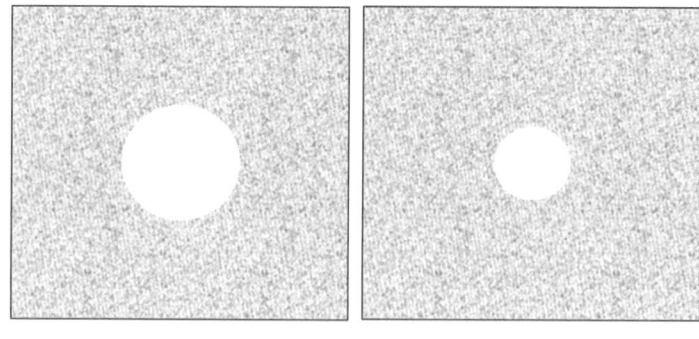

심리적 기준　　　　　　　작다/小

<그림 44> '작다/小'의 도식 3

<그림 44>에서 보이듯이, 구멍의 크기가 일반적인 기준에 미치지 못할 경우 '작다/小'로 인식된다. 이때 '작다/小'는 구멍의 크기를 표현할 때 비고 유성, 방향의 제한 없음, 그리고 기준점이 필요 없다는 특징이 나타난다.

차원 형용사 '작다/小'는 숫자나 수치를 나타내는 단어와 함께 사용될 수 있다.

　　(274) a. 작은 {숫자/수치/비용…}
　　　　　 b. {數字/數值/費用…} 小

예시 (274)에서 '작다/小'는 '숫자(數字)', '수치(數值)', '비용(費用)' 등의 어휘와 결합하여, 해당 수량이나 수치, 비용이 일반적인 기준보다 적거나 낮다는 의미를 나타낸다.

'작다/小'는 수치나 숫자를 나타내는 단어와 함께 사용될 뿐만 아니라, 비율이나 정도를 나타내는 어휘와도 결합하여 사용될 수 있다.

  (275) a. 작은 {가능성/비중/비율…}
     b. {可能性/比重/比例…} 小

위의 예시 (275)에서 보이듯이, '작다/小'는 '가능성/可能性', '비중/比重', '비율/比例' 등의 단어와 결합하여 어떤 사건이나 현상이 발생할 가능성이나 차지하는 비율이 일반적인 수준보다 낮다는 의미를 나타낸다.

'작다/小'가 숫자, 수치, 비율, 정도 등과 같은 추상적 개념과 함께 사용되는 이유는 일상적 경험을 통해 설명할 수 있다. 물리적 크기는 종종 양과 밀접하게 연관되는데, 예를 들어 작은 통에 담긴 쌀은 큰 통에 담긴 쌀보다 적고, 작은 병에 담긴 물도 큰 병에 담긴 물보다 적다. 이러한 물리적 크기와 양의 관계에 대한 경험을 바탕으로, '숫자', '수치', '비용'과 같은 추상적 개념 역시 '작다/小'를 통해 개념화되는 것이다.

차원 형용사 '작다'와 '小'는 물리적 공간을 넘어, 범위나 규모가 일반적인 기준에 미치지 못하다는 추상적 의미를 나타낸다.

  (276) a. 작은 {분야/범위/폭…}
     b. 小 {領域/范圍/幅度…}

예시 (276)에서 보이듯이, '작다/小'는 '분야/領域', '범위/范圍', '폭/幅度' 등의 단어와 결합하여, 해당 대상이 포괄하거나 다루는 영역이나 측면이 상대적으로 좁다는 의미를 나타낸다.

'작다/小'가 '분야', '범위', '폭'과 같은 단어와 함께 사용되는 이유는 일상적인 경험을 통해 설명할 수 있다. 작은 물체가 좁은 공간을 차지하듯이, 연구나 프로젝트와 같은 대상이 다루는 주제나 영역이 제한적이거나 협소할 경우 이를 '작다/小'로 개념화하게 된다.

'작다/小'는 사건과 관련 단어와 함께 사용될 수 있다. 관련된 예시를 보면 다음과 같다.

(277) a. 작은 {전쟁/사고/충돌…}
b. 小 {戰/事故/冲突…}

예시 (277)에서 한국어 '작다'와 중국어 '小'는 모두 '전쟁', '사고', '충돌'과 같은 사건 명사와 결합하여, 사건의 규모나 심각성이 일반적인 수준에 미치지 못한다는 의미를 드러낸다. 예컨대 '작은 전쟁/小戰'은 제한된 지역에서 발생하거나 관련 세력이 크지 않아 전면전으로 확대되지 않는 전투를 가리키며, '작은 사고/小事故'는 사회적 파급력이나 피해 규모가 크지 않은 사건을 지시한다. 또한 '작은 충돌/小冲突'은 집단이나 개인 간의 갈등이 비교적 경미하여 심각한 사태로 발전하지 않은 경우를 나타낸다.

'작다/小'가 사건과 관련된 어휘와 함께 사용되는 이유는 고대의 '매듭기사(結繩記事)'와 같은 문화적 요인뿐만 아니라, 물리적 크기와 힘 사이의 관계를 통한 인지적 경험으로 설명할 수 있다. 일반적으로 작은 물체는 더 적은 충격을 가하고, 미치는 영향도 상대적으로 약하다. 예를 들어, 작은 돌은 큰 바위보다 충격이 약하고, 작은 파도는 큰 파도보다 에너지 강도가 낮다. 이러한 문화적·물리적 경험이 추상적인 개념인 '사건'에도 투사되어, '전쟁', '사고', '충돌' 등의 규모나 파급력이 크지 않을 경우 '작다/小'로 개념화되는 것이다.

'작다/小'의 공간 의미는 정도 영역으로 확장된다. 이에 대한 예시를 보면 다음과 같다.

(278) a. 작게 {떨리다/흔들리다/움직이다…}
b. 小的 {抖動/晃動/移動…}

위 (278a)에서 보듯이, 한국어에서 '작다'는 '작게'라는 부사어 형식으로 '떨리다', '흔들리다', '움직이다'와 같은 동사와 함께 사용되어 동작이 움직이는 정도가 약하다는 의미가 된다. 그리고 (278b)에서는 중국어의 '小'는 '小的'라는 관형어 형태로 '抖動(떨림)', '晃動(흔들림)', '移動(움직임)'과 같은 동작 명사와 결합하여, 해당 동작의 강도가 상대적으로 약하다는 의미를 나타낸다.

일상생활에서 크기가 작은 물체일수록 움직임의 폭이나 강도 역시 작다는 경험을 자주 하게 된다. 예를 들어, 작은 유리 구슬이나 어린아이가 던진 공은 동일한 힘을 가해도 큰 바위나 성인용 공보다 움직임의 범위가 훨씬 제한된다. 이러한 체험을 바탕으로, 동작의 정도가 약하거나 미미할 때 한국어에서는 '작게', 중국어에서는 '小的'와 같은 표현을 사용하여 이를 개념화한다.

차원 형용사 '작다/小'는 공간적인 의미를 넘어 관계적 의미 영역으로도 확장되어 사용된다. 이에 대한 예시는 다음과 같다.

(279) a. 작은 {관계/관련/인연…}
b. {關系/關聯/緣分…} 小

예시 (279)에서 확인할 수 있듯이, '작다/小'는 '關系/관계', '關聯/관련',

'緣分/인연'과 같은 단어와 함께 사용되어, 두 대상 간의 연관성이 약하거나 거리가 멀다는 의미를 은유적으로 드러낸다.

'작다/小'는 감정의 약한 정도를 나타낸다. 이에 대한 예시를 보면 다음과 같다.

  (280) a. 작은 {행복/슬픔/고통…}
     b. 小的 {幸福/悲傷/痛苦…}

예시 (280)에서 한국어 '작다'와 중국어 '小'는 모두 '행복/幸福', '슬픔/悲傷', '고통/痛苦'과 같은 감정 명사와 결합하여, 그 감정이 지니는 강도나 정도가 약하거나 경미함을 표현한다.

물리적으로 작은 대상은 그만큼 발휘하는 힘이 약하고, 파급 범위나 영향력 또한 제한적이라는 사실을 우리는 일상 경험을 통해 인식하게 된다. 예를 들어, 약한 태풍은 강한 태풍에 비해 상대적으로 파괴력이 작다는 인식이 보편적이다. 이러한 경험에 기반하여, 사람에게 미치는 영향이 미약한 감정 상태는 '작다/小'라는 표현을 통해 개념화된다.

차원 형용사 '작다/小'는 권력과 관련된 어휘와 함께 사용되어 의미를 확장할 수 있다. 아래 예시를 통해 이를 확인할 수 있다.

  (281) a. 작은 {권력/영향력/세력…}
     b. {權力/影響力/勢力…} 小

예시 (281)에서 볼 수 있듯이, '작다/小'는 '권력(權力)', '영향력(影響力)', '세력(勢力)' 등의 어휘와 결합하여, 권한이나 힘이 상대적으로 약하다는 의미로 확장된다. 일반적으로 크기가 작은 물체는 발휘하는 힘이 약하고 주변에 미치는 영향도 제한적이라는 인식이 있다. 이러한 경험을 바탕으로, 권력이나 영향력이 약한 상태는 '작다/小'라는 표현을 통해 개념화된다.

차원 형용사 '작다/小'는 성품이나 성격과 관련된 어휘와 결합하여 추상적인 의미로 확장될 수 있다.

  (282) a. {배포/도량/마음…}이 작다
      b. {胸怀/度量/心胸…} 小

예시 (282)에서 볼 수 있듯이, '작다/小'는 '배포/胸怀', '도량/度量', '마음/心胸'과 결합하여 포용력이나 도량이 개념화자의 심리적 기준에 미치지 못함을 나타낸다. 일반적으로 크기가 작은 물체는 차지하는 공간도 작고, 수용할 수 있는 범위 역시 제한된다는 것이 일상적 경험을 통해 이해된다. 예를 들어, 작은 방은 수용할 수 있는 사람이나 물건의 수가 제한적이다. 이러한 경험을 바탕으로, 타인에 대한 이해나 포용의 범위가 좁을 때 '작다/小'를 통해 개념화하게 된다.

차원 형용사 '작다/小'는 공간적 의미를 기반으로 하여 청각 영역으로 공감각적 의미 전이 양상을 보인다.

  (283) a. 작은 {소음/웃음소리/울음소리…}
      b. {噪音/笑聲/哭聲…} 小

예시 (283)에서 보이듯이, '작다/小'는 '소음/噪音', '웃음소리/笑聲', '울음소리/哭聲' 등과 결합하여, 소리가 화자의 심리적 기준보다 작게 들린다는 의미로 사용된다.

'작다/小'가 청각 영역으로 의미가 확장되는 이유는 두 가지로 설명할 수 있다. 첫째, 물리학적 관점에서 진폭이 작아지면 음파의 압력 변화도 감소하여 소리의 크기가 작게 느껴진다. 둘째, 신체적 경험 측면에서는 작은 소리를 낼 때 사람들은 허리를 굽히거나 어깨를 움츠리는 등 몸을 수축시키는 자세를 취하는 경향이 있다. 이러한 물리적·신체적 경험을 바탕으로 약한 소리는 '작다/小'로 개념화된다.

2) 차이점

중국어에서 '小'는 아래와 같은 수사(數詞)와 함께 사용될 수 있으며, 이는 한국어의 '작다'가 갖는 추상적 의미에서는 나타나지 않는 표현 방식이다.

(284) a. 20여 가구/만 명 정도/거의 이천
　　　 b. 小 {二十戶/一万/兩千…}

위의 예시 (284b)에서 볼 수 있듯이, 중국어의 '小'는 '二十', '一万', '兩千'과 같은 수사와 결합하여 '수치가 어느 정도에 거의 근접하다'는 의미를 나타낸다. 반면, 예시 (284a)에서 보이듯이, 한국어에서는 이러한 의미를 표현할 때 '작다'보다는 '여', '거의', '곧', '가깝다', '정도' 등의 어휘와 결합하는 것이 자연스럽다.

중국어에서 '小'는 나이와 관련된 어휘와 함께 사용되어 특정 인물의 나이가 어리다는 의미를 나타낼 수 있다. 아래 예시를 통해 확인할 수 있다.

(285) a. * {나이/연령…}이 작다
　　　 b. {年紀/年齡…} 小

예시 (285b)에서 보이듯이, 중국어의 차원 형용사 '小'는 '年紀(나이)', '年

齡(연령)' 등의 단어와 결합하여 누군가의 나이가 어리다는 의미로 사용된다. 반면, 한국어에서는 나이를 표현할 때 '작다'가 아닌 '어리다'를 사용하는 것이 자연스럽기 때문에, 이 점에서 '小'와 '작다'는 의미 범위에 차이를 보인다.

차원 형용사 '小'는 '냄새가 상대적으로 연하다'는 의미를 나타낸다. 이는 한국어 '작다'의 확장 의미에서는 나타나지 않는 용법이다.

(286) a. * {냄새/비린 냄새/이상한 냄새…}가 작다
b. {气味/腥味/异味…} 小

예시 (286b)에서 '小'는 '气味(냄새)', '腥味(비린 냄새)', '异味(이상한 냄새)'와 결합하여 냄새가 연하다는 뜻으로 나타난다. 예시 (286b)에서 '小'는 '气味(냄새)', '腥味(비린내)', '异味(이상한 냄새)'와 결합하여 냄새가 약하다는 의미로 사용된다. '小'가 후각 영역으로 의미가 확장되는 이유는 물리학적 관점에서 설명할 수 있다. 냄새는 일반적으로 공간 내에서 방사형으로 퍼지며, 그 강도는 퍼지는 범위에 따라 달라진다. 어떤 지점에서 냄새가 약하게 느껴진다면, 해당 냄새가 퍼지는 공간적 범위가 작을 가능성이 있다. 이러한 인식을 바탕으로 냄새의 강도가 약한 경우 '小'를 사용하여 개념화하는 것이다. 반면, 한국어에서는 이와 같은 의미를 표현할 때 '작다' 대신 '연하다'라는 표현을 사용하며, 이로 인해 '小'와 '작다' 사이의 의미적 차이가 드러난다.

중국어에서 '小'는 미각 영역으로 의미가 확장될 수 있으며, 이는 한국어 '작다'의 추상적 의미에서는 나타나지 않는 개념이다.

(287) a. * {신맛/매운 맛/고기 맛…}이 작다
b. {酸味/辣味/肉味…} 小

위의 예시 (287b)에서 보이듯이, 중국어에서 '小'는 '酸味(신맛)', '辣味(매운 맛)', '肉味(고기 맛)' 등의 단어와 결합하여 맛의 강도가 상대적으로 약하다는 의미가 된다. 반면, 한국어에서는 '작다'가 아닌 '연하다'라는 표현을 사용하여 '맛이 연하다'는 의미를 나타낸다.

'작다/小'의 기본의미와 확장의미의 공통점과 차이점을 정리하면 다음 <표 44>와 같다.

<표 44> '작다/小'의 기본의미와 확장의미[21]

의미			결합어	작다	小
기본 의미	부피		건물/建筑物, 배/船, 돌/石頭…	+	+
	면적		문/門, 창문/窗戶, 운동장/運動場…	+	+
	구멍		구멍/洞, 입구/洞口, 틈/縫隙…	+	+
확장 의미	분량	수치	숫자/數字, 수치/數值, 비용/費用…	+	+
			二十, 一万, 兩千…	-	+
		비율	가능성/可能性, 비중/比重, 비율/比例…	+	+
		나이	年紀, 年齡…	-	+
	범위		분야/領域, 범위/范圍, 폭/幅度…	+	+
	관계		관계/關系, 관련/關聯, 인연/緣分…	+	+
	정도	감정	행복/幸福, 슬픔/悲傷, 고통/痛苦…	+	+
		사건	전쟁/戰爭, 사고/事故, 충돌/沖突…	+	+
		동작	떨리다/抖動, 흔들리다/晃動, 움직이다/移動…	+	+
	평가	권력	권력/權力, 영향력/影響力, 세력/勢力…	+	+
		성품	배포/胸怀, 도량/度量, 마음/心胸…	+	+
	감각	청각	소음/噪音, 웃음소리/笑聲, 울음소리/哭聲…	+	+
		후각	气味, 腥味, 异味…	-	+
		미각	酸味, 辣味, 肉味…	-	+

---

21 <표 44>에서 '+'는 '작다/小'가 해당 의미 영역에 제시된 결합어들과 의미적으로 자연스럽게 어울리며 실제 언어 사용에서 비교적 자주 나타나는 결합임을 나타낸다. 반면, '-'는 그러한 의미적 결합이 어렵거나 일반적으로 잘 사용되지 않는 경우를 의미한다.

<표 44>를 보면, '작다/小'는 '대상물의 부피'나 '면적의 크기', 그리고 '구멍의 크기'라는 의미를 나타낸다. 또한, 확장의미를 보면, 분량 영역에서 '小'는 '작다'보다 더 활성화되어 있는 것을 볼 수 있다. 또한, '작다/小'는 범위, 관계, 감정, 정도, 평가, 청각 영역으로의 확장에 대응을 이루고 있다. 그리고 '小'는 시각, 후각, 미각 영역으로도 확장되지만, '작다'는 이러한 추상적 영역으로의 확장을 보이지 않는다.

제7장

맺음말

 본 연구는 한·중 차원 형용사의 기본의미와 확장의미를 인지의미론의 관점에서 분석하였고, 의미 확장의 원인을 물리적, 신체적, 문화적, 인지적 측면에서 탐색하고 규명하였다. 본 논문의 연구 결과를 정리하면 다음과 같다.
 2장에서는 개념적 은유의 성분들인 근원 영역, 목표 영역, 사상의 개념과 특성을 분석하였다. 또한, 의미 확장의 인지 기제인 개념적 환유와 개념적 은유의 하위 유형인 구조적 은유와 지향적 은유, 그리고 존재론적 은유를 살펴보았다. 그리고 연구 대상인 차원 형용사에 대한 분류 기준을 정하였으며, 한·중 차원 형용사의 기본 범주를 규정하였다. 본 연구에서는 한·중 차원 형용사를 '선', '면', '부피'의 특징에 따라 각각 1차원, 2차원, 3차원 형용사로 분류하였다. 또한, 각 차원 형용사에는 다양한 하위 유형이 포함되어 있는데, 본 연구에서는 세 가지 분류 기준에 따라 한·중 차원 형용사를 각각 8쌍으로 분류하였다.
 한·중 차원 형용사의 의미를 분석하기 전, 사전에 수록된 각 차원 형용사의 의미 항목 양상을 검토하였다. 하지만 사전에 수록된 각 차원 형용사의 의미 항목들이 그 차원 형용사의 전체적인 의미를 모두 포함하고 있지 않을 수 있기에, 한국어와 중국어 차원 형용사의 의미를 분석하기 위해 사전적 의미 항목만을 참고하면 제한성이 나타날 수 있다. 따라서 본 연구에서는 한·중 차원 형용사의 기본의미와 확장의미를 분석하기 위해 연세 20세기 한국어 말뭉치와 BCC 말뭉치를 활용하였고, 각 차원 형용사에 관한 예시를 300개씩 수집하여 유형별로 정리한 후 각 차원 형용사의 의미 분석의 기본 자료로 삼았다. 말뭉치 자료를 기반으로 한·중 차원 형용사의 의미를 살펴보는 과정에서, 차원 형용사의 사전적 의미에 존재하는 문제들도 밝혀낼 수 있었다. 예를 들어,『표준국어대사전』에서 수록된 '길다'의 세 번째 의미(말이나 글 따위의 분량이 많다)는 중국어 '長'의 사전적 의미와 대응되는 의미 항목이 없다. 그러나 BCC 말뭉치 자료를 보면, '信息長(긴 메시지)', '論文長(긴 논문)', '文章長(긴 글)', '句子長(긴 문장)' 등 매우 많은 표현에서 '내용이 많다'는 의미를 나타내고 있다. 그러므로『現代漢語詞典』의 '長' 항목에 '말이나 글 따위의 분량이 많다'라는 의미가 추가되어야 한다. 또한, 깊이 개념의 전형적인 지시물은 '액체'인데,『표준국어대사전』에 수록된 '깊다'의 기본의미는 '겉에서 속까지의 거리가 멀다'라는 것이다. 이러한 의미는 '깊은 골목', '깊은 동굴', '깊은 숲' 등의 표현이 가지는 의미로 간주된다. 그러므로 '깊다'가 가지는 '위에서 아래까지의 길이가 길다'라는 의미도 사전에 수록되어야 하는가에 대한 고민이 발생한다.

3장과 4장은 한국어와 중국어의 차원 형용사의 기본의미와 확장의미에서 나타나는 공통점과 차이점을 살펴보았다. 먼저 이들의 몇 가지 공통점은 다음과 같다. 첫째, '길다/짧다', '長/短'이 '밤/夜', '겨울/冬', '시간/時間' 등의 단어와 함께 사용되면 시간이 오래 지속되거나 짧은 기간 동안 지속됨을 의미한다. 인지의미론의 관점에서 이는 구조적 은유, 즉 물체의 길이의 여러 가지 특징이 추상적 개념인 시간 사이에 나타나는 일련의 구조적 대응 관계를 통해 구조화하는 것이다. 둘째, '높다/낮다', '高/低'는 '신분/身份', '지위/地位', '직급/職級' 등의 단어와 함께 사용되어 사람의 사회적인 권력이나 지위가 높거나 낮다는 의미를 나타낸다. 이는 [힘이 강한 것은 위이다], [힘이 약한 것은 아래이다]라는 지향적 은유를 통해 개념화하는 것이다. 셋째, '굵다/가늘다'와 '粗/細'는 '천/布', '베/麻布'의 질감을 나타낸다. 이는 부분(굵은 실이나 가는 실)이 전체(천이나 베의 전체적 특성, 특히 질감이 거칠거나 부드럽다는 특성)를 대신 지시하는 환유적 인지 기제를 통해 개념화되는 것이다.

또한 한국어와 중국어의 차원 형용사에서 드러나는 차이점은 다음과 같은 것들이 있다. 첫째, 한국어에서 '넓다/좁다'는 방, 바다, 운동장의 면적의 크기를 나타낸다. 반면에 중국어에서 '寬/窄' 대신 '大/小'가 이러한 어휘와 결합하여 면적의 크기를 가리킨다. 둘째, 한국어에서 '굵다'는 감자, 대추, 씨알 등의 작은 원형 물체의 부피를 나타낸다. 이는 '가늘다', '粗', '細'의 공간 의미에서 보이지 않는 개념이다. 셋째, 한국어에서 '길다/짧다'가 사랑, 슬픔, 고민 등의 감정과 관련된 어휘와 결합하여 추상적 의미를 나타낸다. 이는 부분(감정의 지속 시간)이 전체(감정)를 대신 지시하는 환유적 인지 기제를 통해 개념화되는 것이다. 반면에 중국어에서 '長/短'은 감정과 관련된 어휘와 함께 사용되는 것이 자연스럽지 않다.

5장과 6장에서는 3장, 4장에서 진행한 한·중 차원 형용사의 기본의미와 확장의미에 대한 분석을 토대로, 이들의 전체적인 의미 대조 양상을 살펴보았다. 양 언어에 모두 차원 형용사가 있지만, 차원 형용사의 의미나 용법이 모두 다 동일한 것은 아니다. 그러므로 대조 연구를 통해 차원 형용사 간의 공통점과 차이점을 밝히는 것이 중요하다. 본 연구에서는 한국어와 중국어에서 각각 6쌍의 차원 형용사를 선정하여 대조 분석하였는데, 그 과정에서 이들의 공통점과 차이점을 다양하게 밝혀내었다. 또한 대조 분석을 통해, 한·중 차원 형용사의 의미 확장이 물리적, 신체적, 문화적, 인지적 측면에서 다양한 원인에 의해 발생함을 밝혔다. 예를 들어, 중국어에서 '深/淺'이 '藍色(파란색)', '綠色(녹색)', '灰色(회색)' 등의 다양한 색채와 관련된 어휘와 함께 사용되는 원인은 바닷물이 깊어질수록 색깔이 더 진한 파란색이나 어두운 색깔로 나타난다는 물리학적 현상과 관련이 있다. 또한, '높다/高', '낮다/低'가 '인품/人品', '품격/品德', '인격/人格' 등의 성격이나 품성과 관련된 단어와 함께 사용되는 원인은 신체적 경험을 통해 이해할 수 있다. 즉, 일반적으로 긍정적인 인물이 종종 머리를 높이 들고, 가슴을 펴고, 자신감 있게 걸어가는 모습을 보이며 반면에 부정적인 인물은 종종 머리를 숙이고 등을 구부리고 얼굴이 내려가는 아래 방향과 연관된 신체적 특징을 갖고 있다. 그리고 '크다/大', '작다/小'가 '전쟁/戰爭', '사고/事故', '충돌/沖突' 등과 같은 사건과 관련된 어휘와 함께 사용되는 이유는 '중요한 일을 기록하려면 큰 매듭을 짓고, 사소한 일을 기록하려면 작은 매듭을 짓다'는 오랜 문화적 영향을 받은 것이다. 마지막으로, 한국어에서는 '높다/낮다'가 아닌 '크다/작다'가 '키'와 결합하는데, 중국어에서 '高/低'와 '大/小'는 모두 '个子(키)'와 함께 사용되어 사람의 신장(身長)을 표현할 수 있다. 이는 두 나라 사람들이 가지는 인식의 차이와 관련이 있다.

　본 연구는 한국어와 중국어 차원 형용사의 기본의미와 확장의미를 대조 분석하였으며 확장의미 발생 원인을 여러 각도에서 밝혀내었다. 이러한 연구 결과는 앞으로의 차원 형용사 연구에 유의미한 기여를 할 수 있을 것이라 기대한다.

　본 연구는 차원 형용사의 기본 범주를 8쌍으로 분류하였으나, 제시한 모든 차원 형용사를 분석하지 못한 것은 미진한 한계로 남아있다. 하지만 남은 두 쌍의 차원 형용사는 연구자의 향후 연구 과제로 삼아 지속적 연구를 이어 나갈 것이다.

참고문헌

강석준(1989), "현대 국어의 감각어 연구", 충남대학교 대학원 석사학위 논문.
고양(2020), "한국어 공간형용사 '크다'와 '작다'의 중국어 대응 양상 연구", 동국대학교 대학원 석사학위 논문.
권연진(2017), 『인지언어학에서 은유의 보편성과 상대성』, 서울: 한국문화사.
권희정(2019), "중·한 공간도량 형용사 의미 대응 관계 및 개념화 연구", 한국외국어대학교 대학원 박사학위 논문.
김동환(2010), "인지언어학 연구 방법론", 『우리말연구』(27), 우리말학회, 5-28.
김억조(2009), "국어 차원 형용사의 의미 대립 연구", 경북대학교 대학원 박사학위 논문.
김억조(2021), 『국어 차원형용사의 의미』, 서울: 한국문화사.
김욱동(1999), 『은유와 환유』, 서울: (주)민음사.
김원형 외(2009), 『심리학의 이해와 적용』, 서울: 학지사.
김의수(2016), 『언어의 다섯 가지 부문 연구』, 서울: 한국문화사.
김준기(2004), "척도 형용사의 다의성 연구", 『새국어교육』 67, 한국국어교육학회, 119-142.
김중현(2001), "국어 공감각 표현의 인지언어학적 연구", 『담화와인지』 8(2), 담화·인지언어학회, 23-46.
김진수·오금희(2014), "한·중 공간형용사 '크다'와 '大'의 기본의미 대조 연구", 『어문연구』(79), 어문연구학회, 31-52.
김찬화(2005), "韓·中 감각형용사 의미 연구", 인천대학교 대학원 박사학위 논문.
김태현(2010), "개념적 은유를 촉발하는 언어 표현", 『언어과학연구』(54), 언어과학회, 21-40.
김혜원(2006), "중국어 감각 형용사의 공감각적 의미전이 특징", 『중국학연구』(38), 중국학연구회, 115-135.
노대규(1988), 『국어 의미론 연구』, 서울: 국학자료원.
노재민(2009), "공간어에 관한 인지의미론적 연구", 충북대학교 대학원 박사학위 논문.
마교교(2017), "한·중 척도형용사의 대조 연구: '크다', '높다', '길다', '깊다'를 중심으로",

부산대학교 대학원 석사학위 논문.
민영란(2009), "한·중 공간감각어의 다의 구조 연구: 한국어에 대한 중국어의 대응표현을 중심으로", 경북대학교 대학원 박사학위 논문.
민영란(2010), "{높다/낮다}와 {高/低}의 다의 구조 비교·대조 연구-한국어와 중국어의 대응 관계를 중심으로", 『한중인문학연구』(31), 한중인문학회, 371-402.
민현식(1990), "시간어와 공간어의 상관성(1) - 품사 하위분류의 새로운 가능성과 관련하여-", 『국어학』(20), 국어학회, 47-71쪽.
박건희·오금희(2014), "漢韓空間維度詞'深'与'깊다'的認知語義對比", 『중국학논총』(41), 한국중국문화학회, 29-52.
박동근(2013), "공간감각 형용사의 원형 인식과 언어 표현", 『문법 교육』(19), 한국문법교육학회, 147-179.
박상진(2011), "국어 감각형용사의 의미 변천 연구", 고려대학교 대학원 박사학위 논문.
박선영·홍기선(2007), "공간 차원 형용사의 대립 관계 연구: '깊다/얕다'를 중심으로", 『한국어 의미학』23, 한국어의미학회, 57-76.
박종갑(2001), 『(토론식 강의를 위한) 국어의미론』, 서울: 도서출판 박이정.
박천식(1999), 『심리학-재미있는 심리여행-』, 서울: 교육과학사.
방원(2019), "한국어 공간 형용사 '넓다/좁다'의 중국어 대응 양상 연구", 동국대학교 대학원 석사학위 논문.
서상규(2019), 『한국어 기본어휘 의미빈도 사전』(개정판), 서울: 한국문화사.
서은(2004), "공간어에 나타나는 개념적 은유 연구", 이화여자대학교 대학원 석사학위 논문.
송정근(2007), "현대 국어 감각형용사의 형태론적 연구", 서울대학교 대학원 박사학위 논문.
쉬앙(2013), "한·중 양극적 맞섬말의 다의 구조 연구: 척도 형용사를 중심으로", 영남대학교 대학원 박사학위 논문.
안명철(2013), "한국어 공간형용사의 시간성에 대하여", 『어문연구』41(1), 한국어문교육연구회, 7-32.
양태식(1985), "국어 차원낱말의 의미구조", 부산대학교 대학원 박사학위 논문.
오예옥(2011), 『언어사용에서의 은유와 환유』, 서울: 도서출판 역락.
왕난난(2016), "한·중 공간어의 인지언어학적 연구", 경북대학교 대학원 박사학위논문.
우준령(2022), "한국어 감각 형용사의 의미 파생 양상", 경희대학교 대학원 박사학위 논문.
이민우(2000), "차원 형용사 '大'의 의미와 기능에 대한 인지의미론적 고찰", 『중국언어연구』(12), 한국중국언어학회, 43-66.
이선희(2015), "한중 광고에 나타난 공감감적 은유의 인지적 연구", 『중국어문학』(68), 영남중국어문학회, 205-242.
이선희(2021), "한·중 공간형용사의 의미 확장 대조 연구 - "寬/넓다, 窄/좁다"를 중심으로",

『중국학』(74), 대한중국학회, 127-152.
이종각(1982), "차원을 나타내는 형용사 의미연구", 『영어교육』23호, 한국영역교육학회, 235-256.
이종열(2003), 『비유와 인지』, 서울: 한국문화사.
이천택(2017), "한·중 시각 형용사의 의미 확장 양상에 대한 대조 연구", 고려대학교 대학원 박사학위 논문.
이총민(2018), "한국어와 중국어의 공간개념어 비교 연구 - 크기를 나타내는 공간개념어를 중심으로-", 강원대학교 대학원 석사학위 논문.
임재숙(1998), "크기 그림씨 연구 대상어와 의미를 중심으로", 건국대학교 대학원 박사학위 논문.
임지룡 외(2015), 『비유의 인지언어학적 탐색』, 파주: 태학사.
임지룡(1984), "공간감각어의 의미 특성", 『배달말』9, 배달말학회, 119-137.
임지룡(1995), "은유의 인지적 의미특성", 『韓國學論集』(22), 계명대학교 한국학연구원, 157-176.
임지룡(2008), 『의미의 인지언어학적 탐색』, 서울: 한국문화사.
임지룡(2017), 『인지의미론(개정판)』, 서울: 한국문화사.
임평(2022), "한·중 공간 척도 형용사의 은유적 개념화 양상 대조 연구 — '짧다/短'을 중심으로", 『중국언어연구』(100), 한국중국언어학회, 81-108쪽.
임혜원(2003), "한국어 대화에 나타난 수직공간개념화 은유", 『담화와 인지』10(1), 담화·인지언어학회, 217-239.
임혜원(2006), "국어 사물 개념의 은유적 확장 연구", 『한국어 의미학』(19), 한국어의미학회, 125-155.
임혜원(2013), 『언어와 인지 - 몸과 언어 의미에 대한 인지언어학적 고찰』, 서울: 한국문화사.
장가영(2013), "중국어 공간차원형용사의 의미 고찰", 『중국문학』(74), 한국중국어문학회, 403-429.
장가영(2014), "현대중국어 공간척도사의 의미와 개념화 연구", 서울대학교 대학원 박사학위 논문.
장영평(2014), "한국어 '크다/작다'와 중국어 '大/小'의 통사적·의미적 대조 연구", 서울시립대학교 대학원 석사학위 논문.
전혜영(2020), "'물'을 근원 영역으로 한 은유 연구", 『이화어문논집』 52, 이화어문학회, 101-128.
정성임(2004), "현대중국어 차원 낱말의 의미소에 관한 고찰", 『중국학연구』(29), 중국학연구회, 437-462.
정수진(2010), "국어 공간어의 의미 확장 연구", 경북대학교 대학원 박사학위 논문.

정혜란(2022), "의미 확장 원리에 기반한 한국어 공간형용사의 의미 확장 유형 분포 양상 연구", 『한국어문교육』(40), 한국어문교육연구소, 277-312.

주송희(2012), "현대 한국어 공간형용사 연구", 인하대학교 대학원 박사학위 논문.

한지오(2013), "한국어 시각형용사에 대한 인지의미론적 분석", 숙명여자대학교 대학원 석사학위 논문.

한희우(2012), "한국어 공간 차원 어휘에 대한 인지언어학적 연구", 충남대학교 대학원 석사학위 논문.

허발(1979), 『낱말밭의 이론』, 서울: 고려대학교 출판부.

홍달오(2011), "국어 공간어의 시간 개념화 양상 연구", 중앙대학교 대학원 박사학위 논문.

Aitchison, J. (2003). *Words in the Mind: An Introduction to the Mental Lexicon*. Oxford: Blackwell.

Clark, H. H. (1973). Space, Time, Semantics, and The Child. In T. E. Moore(ed.), *Cognitive Development and the Acquisition of Language*. New York: Academic Press, 27-63.

Clausner, T. C. & Croft, W. (1999). Domains and Image Schemas. *Cognitive Linguistics* 10 (1), 1-31.

Croft, W. & Cruse, D. A. (2004). *Cognitive Linguistics*. Cambridge: Cambridge University Press.

Dabrowska, E. & Divjak, D. (2015). *Handbook of Cognitive Linguistics*. Berlin: De Gruyter Mouton.

Dancygier, B. & Sweetser, E. (2014). *Figurative Language*. Cambridge University Press.

Evans, V. & Green, M. (2006). *Cognitive Linguistics: An Introduction*. Edinburgh University Press.

Evans, V. (2007). A *Glossary of Cognitive Linguistics*. University of Utah Press.

Geeraerts, D. & Cuyckens, H. (2007). *The Oxford handbook of Cognitive Linguistics*. Oxford: Oxford University Press.

Johnson, M. (1987). *The Body in the Mind*. Chicago and London: The University of Chicago Press.

Kövecses, Z. & G. Radden(1998). Metonymy: Developing a cognitive linguistic view. *Cognitive Linguistics* 9 (1), 37-78.

Kövecses, Z. (1986). *Metaphors of anger, pride, and love: A lexical approach to the structure of concepts*. Amsterdam, Philadelphia: John Benjamins.

Kövecses, Z. (1990). *Emotion Concepts*. New York: Springer-Verlag.

Kövecses, Z. (2002). *Metaphor: A practical introduction*. Oxford: Oxford University Press.

Lakoff, G. & Johnson, M. (1980). *Metaphors We Live By*. Chicago and London: The University of Chicago Press.

Lakoff, G. & Turner, M. (1989). *More than cool reason: a field guide to poetic metaphor*. Chicago: University of Chicago Press.

Lakoff, G. (1987). *Women, fire, and dangerous things: What categories reveal about the mind*. University of Chicago Press.

Lakoff, G. (1990). *Some Empirical Results about the Nature of Concepts*. Mind and Language.

Lee, D. (2002). *Cognitive linguistics: An introduction*. Oxford: Oxford University Press.

Löbner, S. (2002). *Understanding Semantics*. London: Arnold Publishers.

Radman, Z. (1997). *Metaphors: Figures of the Mind*. Dordrecht: Kluwer Academic Publishers.

Riemer, N. (2010). *Introducing Semantics*. Cambridge University Press.

Santibáñez Sáenz, F. (1999). Constraints on metaphor: some notes on the role of the Invariance Principle in meta-phoric mappings. *RESLA* 13, 177-188.

Semino, E. & Demjén, Z. (2017). *The Routledge handbook of metaphor and language*. London & New York: Routledge.

Taylor, J. R. (1989). *Linguistic Categorization: Prototypes in Linguistic Theory*. Clarendon Paperbacks.

Ungerer, F. & Schmid, H. J. (2006). *An Introduction to Cognitive Linguistics(2nd edn)*. London & New York: Pearson Education.

北京語言學院語言教學研究所(1986). *現代漢語頻率詞典*. 北京: 北京語言學院出版社.

陳含章(2003). "結繩記事的終結". *河南圖書館學刊*, 第23卷 第6期, 71-76.

陳家旭(2007). *英漢隱喻認知對比研究*. 上海: 學林出版社.

郭一誠(2012). "中韓感覺形容詞的形態及語義結构研究". 夏旦大學, 博士學位論文.

胡壯麟(2004). *認知隱喻學*. 北京: 北京大學出版社.

金海燕(2011). "漢韓空間維度詞"高/低(矮)"和"높다/낮다"的對比分析". 延邊大學, 碩士學位論文.

金美順(2009). "空間形容詞"深"的研究". 北京語言大學, 博士學位論文.

靳青万(1996). "論甲骨文字与結繩記事之關系". *殷都學刊* (3), 16-19.

蘭純(1999). "從認知角度看漢語的空間隱喻". *外語教學与研究* 第 4 期, 7-15.

李東梅(2008). "淺論空間量度形容詞的句法特点". *長江學術* 第4期, 170-173.

李福印(2008). *認知語言學槪論*. 北京: 北京大學出版社.

李軍・任永軍(2002). "空間維度詞"大、小"的隱喻義認知分析". *青島海洋大學學報(社會科*

學版) 第4期, 58-62.

劉桂玲(2017). "認知語義視角下英、漢空間量度形容詞對比研究". 東北師范大學, 博士學位論文.

劉喜樂(2018). "中韓高低概念隱喩對比研究". 大連外國語大學, 碩士學位論文.

陸儉明(1989). "說量度形容詞". *語言教學与研究* 第3期, 46-59.

羅云燕(2018). "中·韓空間形容詞"高/低(矮)" 与 "높다/낮다"的意義對比研究". *韓國語教學与研究* 第10卷 第2期, 31-38.

馬學梅(2020). "量度形容詞"寬""窄"的不對稱分析". 新疆大學, 碩士學位論文.

閔子(2012). "韓漢空間維度詞對比研究". 延邊大學, 博士學位論文.

齊滬揚(1998). *現代漢語空間問題研究*. 上海: 上海學林出版社.

權美玲(2015). "漢韓空間維度詞對比—以"粗/細"和"굵다/가늘다"爲中心". 延邊大學, 碩士學位論文.

任永軍(2000). "現代漢語空間維度詞語義分析". 延邊大學, 碩士學位論文.

任永軍(2002). "空間維度詞"粗、細"的認知語義分析". *聊城大學學報(哲學社會科學版)* (03), 113-116.

任永軍(2006). "直線型空間維度詞隱喩義認知分析". *聊城大學學報(社會科學版)* 第3期, 72-75.

任永軍·滕向農(2001). "空間維度詞深淺的認知語義分析". *柳州師專學報* 第16卷 第4期, 23-26.

沈賢淑(2002). "漢、朝空間維度詞的隱喩義對比". *延邊大學學報 第35卷 第1期*, 75-77.

沈瑩(2011). "空間形容詞"高"的語義認知研究". 上海外國語大學, 碩士學位論文.

束定芳(2000). *隱喩學研究*. 上海: 上海外語教育出版社.

孫宜琦(2014). "漢語空間形容詞語義拓展研究". 大連理工大學, 碩士學位論文.

陶園 외(2017). ""結"的起源与功能分化探析". *絲綢* 第54卷 第8期, 84-89.

田美花(2006). "漢韓空間維度詞"大/小"的語義對比". 延邊大學, 碩士學位論文.

王芳(2017). "空間形容詞"深"与"淺"的認知語義研究". 中國石油大學, 碩士學位論文.

王內(2020). "漢語空間形容詞"深/淺"語義的認知識解". *現代交際* 第11期, 209-211.

王文斌(2008). *隱喩的認知构建与解讀*. 上海: 上海外語教育出版社.

王寅(2014). *語義理論与語言教學(第二版)*. 上海: 上海外語教育出版社.

王銀平(2016). "空間緯度詞"粗、細"的認知隱喩研究". *語文學刊*(03), 4-5.

吳佳(2015). "韓漢空間感覺詞的語義學對比研究—以 {크다/작다} 和 {大/小} 爲中心". 中國海洋大學, 碩士學位論文.

伍莹(2011). "現代漢語空間維度形容詞語義系統研究". 武漢大學, 博士學位論文.

伍莹(2013). "現代漢語空間形容詞"寬、窄"面積義分析". *当代教育理論与實踐* 第5卷 第3

期, 155-157.
伍莹(2014). "漢語維度形容詞"厚、薄"語義特徵分析". *黃岡師范學院學報*34 (04), 107-109.
徐今·尹嫣然(2022). "維度形容詞的維度類屬". *通化師范學院學報* 第43卷 第7期, 29-34.
徐今(2015). "漢語空間形容詞的空間量". *漢語學報* 第1期, 13-18.
徐今·閆華(2015). "漢語空間形容詞的空間義及其詞典釋義". *淮海工學院學報(人文社會科學版)*, 第 13 卷 第 10 期, 58-60.
徐天龍(2013). "量度形容詞"大"、"小"的句法語義屬性及不對稱研究". 上海師范大學, 碩士學位論文.
張敏(1998). *認知語言學与漢語名詞短語*. 北京: 中國社會科學出版社.
趙亮(2008). *空間詞匯系統的認知研究*. 哈爾濱: 黑龍江人民出版.
中國社會科學院語言研究所詞典編輯室(2016). *現代漢語詞典*. 北京: 商務印書館.
周連英(2020). "現代漢語空間維度詞的語義研究". 南京師范大學, 碩士學位論文.

<참고 사이트>
국립국어원(1999). 『표준국어대사전』. URL: https://stdict.korean.go.kr
연세 20세기 한국어 말뭉치.
URL: https://ilis.yonsei.ac.kr/corpus/#/search/TW
北京語言大學漢語語料庫(BCC). URL: http://bcc.blcu.edu.cn/

임평(林苹)

한국외국어대학교 국어국문학과 박사, 박사후 연구과정생(韩国外国语大学国语国文系 博士、博士后研究员).
중국 산동외국어직업기술대학 한국어 강사(中国 山东外国语职业技术大学韩国语讲师).
번역 출판된 작품으로는『특별한 생일선물』,『신기한 실크』등이 있다.

한국어와 중국어의 차원 형용사에 관한 인지의미론적 대조 연구

초판 인쇄 2025년 11월 10일
초판 발행 2025년 11월 20일

지은이 임 평(林苹)
펴낸이 이대현
편집 이태곤 권분옥 임애정 강윤경
디자인 안혜진 최선주 김다윤 | 마케팅 박태훈
펴낸곳 도서출판 역락 | 등록 1999년 4월 19일 제303-2002-000014호
주소 서울시 서초구 동광로46길 6-6 문창빌딩 2층(우06589)
전화 02-3409-2060(편집부), 2058(영업부) | 팩스 02-3409-2059
전자우편 youkrack@hanmail.net | 홈페이지 www.youkrackbooks.com

字数 245,486字

ISBN 979-11-7396-335-3 93710

정가는 뒤표지에 있습니다.
파본은 교환해 드립니다.